몽골의 생활과 전통

몽골의
생활과 전통

초판 1쇄 발행 2014년 9월 4일

지은이 이안나   **펴낸이** 홍기원
편집주간 박호원   **총괄** 홍종화
편집·디자인 오경희·조정화·오성현·신나래
           정고은·김선아·이효진
관리 박정대·최기엽
펴낸곳 민속원   **출판등록** 제18-1호
주소 서울시 마포구 대흥동 337-25   **전화** 02) 804-3320, 805-3320, 806-3320(代)   **팩스** 02) 802-3346
이메일 minsok1@chollian.net, minsokwon@naver.com
홈페이지 www.minsokwon.com

ISBN 978-89-285-0633-0 93910

ⓒ 이안나, 2014
ⓒ 민속원, 2014, Printed in Seoul, Korea

몽골의 생활과 전통

이안나

민 속 원

머리말

10여 년 전만 해도 몽골은 우리와 먼 오지 국가, 드넓은 초원에서 가축을 치며 사는 문명과 어느 정도 거리가 있는 나라로 인식되었다. 그러나 이제 몽골은 더 이상 먼 나라도 오지의 나라도 아닌 우리의 가까운 이웃 나라가 되었다. 또 얼마 전까지의 후진적인 틀을 벗고 자원부국으로 새로운 비상을 준비하며 경제적 잠재력이 대단한 나라로 새 시대를 열어가고 있다. 저자가 몽골에 갔던 1999년에는 생필품이 없어서 오랜만에 한국에 나가면 필요한 물건을 사오는 게 하나의 일이었는데, 이제 이런 일은 옛날이야기가 되어 가고 있다. 경제 발전이 가속화될수록 도시가 비대해지고 사람들의 마음이 더 각박해지듯 몽골도 도시 속에서는 몽골의 원시적이고 근원적인 삶의 모습은 점점 찾아보기 힘들어져 안타까울 때가 있다. 이러한 기우에도 불구하고 매년 열리는 나담 축제나 개인의 삶을 들여다보면 도시 생활 속에서도 몽골인들의 삶과 전통은 계속 이어져 가고 있음을 느끼게 된다.

예전부터 한국인들이 몽골에 가면 이상하게 친근감을 느끼게 된다고 하고, 필자 역시 처음 몽골에 발을 디뎠을 때 한국의 어느 지방을 온 듯한 느낌을 받았었다. 이런 심적 친근감이 몽골에 대한 애정을 더하게 했는지도 모른다. 한국인과 몽골인이 같이 있으면 구분을 잘 못하는 경우도 있고, 정서적으로도 따뜻한 느낌을 받게 되면서 몽골인을 우리와 동일시하는 경우도 있어왔다.

그러나 몽골이 한국과 유사한 점은 분명 있지만 몽골은 자신만의 독자적이고 고유한 특성이 있음을 아는 것도 중요하다. 몽골의 가장 큰 특징을 들라면 '유목성'이라고 말하고 싶다. 유목성은 삶이 '자연'과 '이동성'을 통해 이루어지는 것을 말한다. 물론 가축이 중요한 매개가 되는 것은 말할 나위도 없다. 자연과 이동성은 어찌 보면 몽골을 이해하는 데 필요한 핵심 코드일 수도 있다는 생각을 한다. 도시화로 인해 몽골 사람들이 대거 도시 내지 도시 주변에 생활 터전을 마련하고 살면서 자연도 이동성도 잃은 듯이 보이기도 하지만, 도시 생활 속에서도 여름에는 대이동이 이루어진다. 몽골인들은 어떤 환경에 있든 그 심성 뿌리 깊이 이 두 가지 특성이 새겨져 있다고 할 수 있다. 한 가지를 더 든다면 건조한 기후 조건을 들 수 있는데, 이러한 기후 조건 역시 몽골인의 특성을 이루는 데 중요한 요건이 된다. 생활방식뿐 아니라 사고방식도 이런 특성에서 나오기 때문에 실제로 몽골인들과 오래 접촉하며 지내다보면 우리와 다른 정서적 기제를 발견하게 된다.

몽골을 알고자 할 때 표면적인 것만이 아닌 그 안에 몽골 고유의 것을 알면 몽골 이해의 폭을 넓히는 데 적지 않은 도움이 되리라 생각한다. 사회가 빠르게 변해가는 가운데도 쉽게 변하지 않는 것이 생활 전통 내지 민족성이 아닌가 싶다. 이런 방향에서 몽골에 관심 있는 독자들에게 몽골을 이해하는 데 도움이 될 만한 내용을 나름대로 선별하여 소개했다. 여러 모로 부족한 점이 많지만 몽골을 알고자 하는 독자들에게 작으나마 도움이 되었으면 한다. 이 책의 출판을 기꺼이 응해주신 홍종화 사장님과 편집에 힘써주신 편집부 여러분께 깊은 감사를 드린다.

2014년 6월

이안나

목차

일러두기

1 몽골어를 한국어로 전사하는 데는 표기와 표음 위주의 두 가지 방식이 있다. 본 저서에서는 저서의 특성상 발음을 위주로 하는 방식을 따랐다.

2 Θ는 'ㅜ', O는 'ㅓ'의 현실 발음 위주로 표기하기로 한다. 단, 관행적으로 굳어진 단어의 경우 관행적인 표기 방식을 따랐다.

3 일반적으로 O를 현실 발음이 아닌 'ㅗ'로 표기하는 경향이 있기 때문에 필요에 따라 괄호에 'ㅗ' 표기 방식의 단어를 부기했다.

몽골의
자연지리

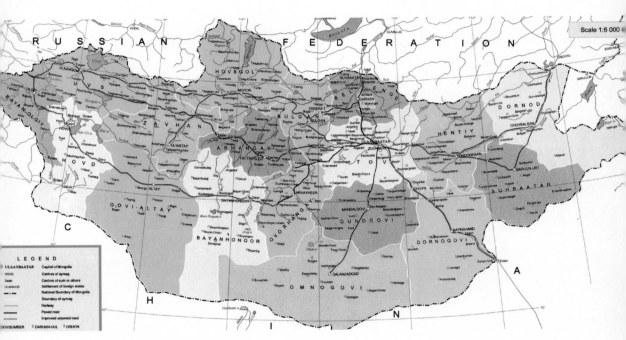

몽골 전도 몽골은 바다가 없는 내륙국가이다.

1

몽골의 지리와
자연환경

위치와 영토

몽골은 아시아의 중앙에 해당하는 넓은 지역에 위치하며, 북위 41° 35′~52° 06′, 동경 87° 44′~119° 57′에 걸쳐있다. 같은 위도 대에 있는 나라로는 러시아, 카자흐스탄, 이탈리아, 불가리아, 프랑스, 미국, 캐나다, 일본 등 20개가량의 나라이다. 한국과는 약 1시간의 시차를 갖는다. 몽골은 동서의 거리가 길어 울란바타르와 서부 헙드 아이막 간에 1시간 시차를 보인다. 영토의 크기는 한반도의 7배, 남한의 15배에 해당하는 1,566,600㎢에 달하며, 서고동저형의 지형을 이룬다. 몽골 영토의 거리는 서쪽 알타이산에서 동쪽까지 2,392km, 남북의 거리는 1,259km의 넓은 지역을 아우른다.

영토의 크기는 세계 200여 나라 가운데 19번째, 아시아에서는 7번째에 속한다. 몽골 국경의 전체 길이는 8,216km이며, 총 길이 가운데 3,543km는 러시아연방에 4,709km는 중국에 접해 있다. 몽골의 평균 해발 고도는 1,580m이며, 이는 우리나

1 **만년설 뭉흐 하이르항** 오랑하이 종족이 신앙하는 몽골 서부 알타이 성산이다.
2 **소태 산** 몽골에서 여섯번째로 국가 대제를 드리게 된 알타이 성산

1
2

라 오대산의 1,563m보다 17m나 높고, 금강산의 1,638m보다 약 58m 정도 낮은 고도이다. 전 국토의 6% 가량은 해발 800m, 13%는 800~1,000m, 40%가 1,000~1,600m, 32%는 1,600m 이상의 고지대에 속한다. 울란바타르 시는 평균 해발 1,350m이며, 가장 높은 곳은 서부 알타이 산맥의 위쪽 끝에 있는 타왕버그드산의 주봉 후이텐Xyйтэн으로 해발 4,374m, 다음으로 오량하이 종족이 신앙하는 뭉흐하이르항Мөнххайрхан으로 해발 4,204m이며, 가장 낮은 곳은 동부 더르너드Дорнод 지방의 후흐 호수의 저지대로

1 톨 강은 왕비 강으로 헨티 하깅 호수에서 발원하여 어르헝 강에 합류한다.
2 바이칼 호수

| 1 |
| 2 |

532m이다. 알타이 산맥에는 만년설로 덮여 있는 산이 20개 이상 있다.

주요 3대 산맥으로는 알타이, 항가이, 헨티 산맥이다. 알타이 산맥은 서쪽 끝에서 동남쪽으로 900km 이상 뻗어 있으며, 고비-알타이 산맥으로 연결되어 700km이상 계속된다. 산맥의 높이는 해발 3,500~4,374m이다. 항가이 산맥은 해발 3,000~4,021m의 높이로 서쪽에서 동남쪽으로 뻗쳐져 있으며, 중앙 지역으로 800km 정도 계속된다. 헨티 산맥은 해발 2,000~2,800m의 높이로 동북쪽에서 서남쪽으로 300km정도 뻗어 있으며, 그 끝은 항가이 산맥의 동쪽 끝에 접해있다.

몽골에는 3,800가량의 크고 작은 강과 내 그리고 1,200개가량의 호수가 있으며, 바다가 없는 내륙 국가이다. 주요 5대 강은 셀렝게Сэлэнгэ, 어넝Онон(오논), 어르헝Орхон(오르혼), 헤를렌Хэрлэн, 톨 강Туул이며, 강줄기가 남에서 북으로 흐른다. 여러 강줄기가 셀

훕스굴 호수 어머니 바다라 불린다.

렝게 강으로 흘러들어, 북쪽의 바이칼 호수로 모여든다. 어넝 강은 몽골 동북부로 흘러 태평양에, 헤를렌 강은 동부 달라이 호수에 합류한다. 그래서 헤를렌 강은 첫째 딸, 어넝 강은 둘째 딸, 톨 강은 셋째 딸로 위의 두 딸은 다른 먼 지역으로 시집보내고, 셋째 딸을 고향에 남게 했다는 전설이 전한다. 어르헝 평원의 문화적 경관은 2004년 유네스코 세계유산으로 등재되었다.

　　3대 호수로는 옵스Увс, 훕스굴Хөвсгөл, 햐르가스Хяргас 호수이며, 이들 호수는 모두 북쪽에 위치하고 있다. 이 세 호수 가운데 가장 큰 호수는 옵스로 3,350㎢, 호수의 전체 둘레 길이는 450km이며 소금기 있는 염수이다. 옵스 분지는 2003는 유네스코 세계유산에 등재되었다. 옵스란 '쓴 물'이라는 투르크어에서 기원했다고 본다. 몽골 지역명을 보면 그 명칭이 호수나 강의 이름을 따라 생겨난 경우가 적지 않다. 옵스 호수의 옵스 아이막, 훕스굴 호수의 옵스 아이막, 잡항 강의 잡항 아이막, 셀렝게 강의 셀렝게 아이막 등.

홉스굴 호수는 옵스 다음으로 큰 호수로 평균 수심 138m, 가장 깊은 곳의 수심은 267m로 아시아에서 가장 깊다. 물이 맑아 투명도가 24m나 되며, 주변 경관이 매우 아름다워 많은 관광객들이 찾는 곳이다. 울란바타르에서 약 650km 거리에 위치해 있다. 남북으로 길이가 136km, 폭이 36.5km의 긴 타원 형태로 되어 있다. 물의 용량은 아시아에서 2번째, 세계에서 14번째에 속한다. 소금기가 없는 담수이기 때문에 5월말까지 얼음이 있으며, 몽골의 호수 가운데 물이 가장 차갑다. 바다가 없는 몽골에서는 이 호수를 '바다'라고 하며, 이 지역민들은 특별히 '어머니 바다'(달라이 에즈)라 하여 신앙시한다. 해발 1,645m에 위치한 홉스굴 호수는 크고 작은 46개의 강과 하천이 합류하고, 또 에긴 강의 남쪽으로 흐르는 셀렝게 상류에 합류하여 바이칼 호수로 흘러든다.

이 호수에는 청어, 곤들배기, 농어, 연어 류, 쏨뱅이, 모캐(대구의 일종) 등의 9가지 물고기가 서식한다. 영양, 노루, 야생염소, 순록, 곰, 시라소니, 담비 등 68 종의 포유동물, 244 종의 조류 등이 서식하며, 750가지 식물류가 있으며 이 가운데 60가지는 약용식물로 생태학적으로도 매우 중요한 곳이다. 이 지역의 차강 호수 부근과 몇몇 고산 지대에 차탄족이라고 불리는 순록을 키우는 사람들이 산다.

몽골의 지형은 자연 생태계에 따라 크게 3가지 지형으로 나누는데, 즉 서부의 알타이, 항가이-헨티의 산악지대, 동부 더르너드의 초원지대, 남부의 고비 반사막지대로 구분하며, 이를 다시 중서 고원 및 산지, 삼림 초원지대, 초원 지대, 반사막 지대, 사막 지대의 5가지 지형으로 구분할 수 있다. 이 가운데 산지가 7%, 삼림 초원 지대 25%, 초원 지대

수심이 24m에 이르는 맑고 투명한 홉스굴 호수

1 잡항 아이막의 올리아스테 서북쪽으로 펼쳐진 사구 | 2 사구에서 채취한 곡물 | 3 흡스굴 아이막의 무성한 산림지역

26%, 반사막 지대 27%, 사막 지대 15%에 해당한다. 남부의 고비 지역은 주로 풀과 모래가 뒤섞인 반사막 지대로 목축이 가능한 곳이다. 이로 보면 몽골에는 초원 지대가 70% 정도를 차지하는 것을 알 수 있다. 전체적인 지형을 보면 산악 지대는 주로 서부, (삼림)초원 지대는 중북부와 동부, 사막 지대는 중남부에 걸쳐 있다.

　　몽골에는 화산이 폭발해 남아 있는 지역도 있다. 아르항가이 아이막 타리아트 솜의 중앙에 위치해 있는 허릭Xopro이라는 화산 폭발 지역은 1965년부터 천연보호구역으로 정해 국가에서 관리하고 있다. 화구의 너비는 200m, 깊이는 100m 정도에 이르며 주변에는 낙엽송들이 자라고 있다. 학자들에 의하면 이 화산은 약 8,000년 전에 폭발하였다고 하며, 현재 휴화산으로 주변에는 많은 현무암이 널려져 있다. 이 지역의 남쪽으로 몇 개의 휴화산이 있으며, 이 지역에서 유용한 광석들이 발견되고 있다고 한다.

　　또 우워르항가이 아이막에는 어르헝 후르흐레라는 폭포가 있다. 폭포가 있다고 하여 가보니 폭포가 있을 만한 지역도 아닌 평평한 초원지역으로 폭포는 눈에 띄지 않았다. 이 폭포는 땅 밑으로 꺼진 함몰구로 떨어지기 때문에 멀리서는 잘 보이지 않는다. 이 폭포 물은 어르헝 강의 서쪽에서 합류한 올란 강Улаан гол에 있는데, 물이 24m 정

4 동부 더르너르 아이막의 초원지대, 가을 | 5 허륵 화산 폭발된 상태로 천연보호구역이 되어 있다.
6 8000년 전 폭발한 화구가 그대로 보존되어 있다.

도 높이에서 10m 정도의 폭으로 장대하게 떨어진다. 지금으로부터 2~3만 전에 화산이 폭발하여 생긴 폭포라 하는데, 지금도 주변에는 현무암이 적지 않게 널려 있다.

몽골은 21개 아이막과 330개 솜의 행정구역으로 이루어져 있으며, 울란바타르, 다르항, 에르데네트의 3개 시로 구성되어 있다. 다르항 시는 울란바타르에서 북쪽으로 포장도로로 230km에 위치한다. 1961년 시로 승격되었으며 공장지대이다. 여러 나라의 도움과 사람들의 참여로 이루어졌기 때문에 다르항 시를 '내람달 다르항'(친선 도시 다르항)이라고 부른다. 이곳에는 발전소, 노천 석탄 채석지, 시멘트 가공공장, 분필 공장, 고기 가공공장, 직조 공장, 식품 공장 등의 많은 공장이 있다. 다르항은 주변 도시를 잇는 경제의 중심 도시일 뿐 아니라 몽골 생산 경제의 중심지라 할 수 있다. 1980년대에 다르항 인구는 약 6만 명 정도 되었으며, 현재 9만 명 정도의 인구가 사는 것으로 추산된다.

에르데네트 시는 어르헝 아이막의 중심지로 울란바타르에서 371km 떨어져 있다. 이곳은 지하자원 풍부한 광산지역으로 아시아 최대의 구리 광산이 있다.

어르헝 폭포 2~3만 년 전 화산 폭발로 생긴 폭포

하나, 훕스굴 호수에 관한 전설

옛날에 건장한 삼형제가 살았다. 그 중 한 사람이 보니 갑자기 땅에서 물이 흘러나와 주변 지역을 넘쳐흐르고 있었다. 물이 점점 많아져 곧 산과 숲까지 차올랐다. 그는 놀라서 다른 형제들에게 "땅에서 물이 솟아 나와 우리가 사는 곳을 모두 뒤덮어버릴 거야. 어떻게든 우리 지역을 구해야 해."하고 소리쳤다. 그리고는 큰 바위를 가져와 물을 향해 던지자 바위가 물에 떨어져 섬이 되었다. 동생이 형의 말을 듣고 물줄기가 솟아오르는 구멍을 막으려고 일곱 개 산을 쓸어오는 도중 힘에 부쳐 쓰러지고 말았다. 그 바람에 산을 놓쳐 그곳에 만년설이 덮인 시얀 산이 생기게 되었다고 한다. 다른 한 사람이 바위를 가져 와 물이 솟구쳐 오르고 있는 구멍을 막았다. 이미 솟아나온 물은 훕스굴 호수가 되었다. 지금의 후이스(배꼽)라는 섬은 그가 가져와 물구멍을 막았던 바위라고 한다.

둘, 훕스굴 호수를 '어머니 바다'라 부르게 된 전설

옛날에 노모와 아들이 살고 있었다. 그 지역에 가뭄이 들어 물을 구하러 다니다가 어떤 곳에 풀이 있는 것을 보고, 그곳에 있던 돌을 들추자 물이 솟아올랐다. 노모와 아들은 물을 아끼고 소중히 여기며 지냈다. 그 아들은 성인이 되어 수신의 딸을 사랑하게 되었다. 한 번은 두 사람이 정답게 이야기를 나누며 사랑을 속삭이다가 그만 솟아오르는 샘 입구를 돌로 눌러놓는 것을 깜빡 잊어버리고 말았다. 어느새 물이 넘쳐 흐르고 주위에 가득 차올라 언덕과 산꼭대기만 보일 정도가 되었다. 이것을 안 머리 열다섯 개 달린 괴물이 물을 빨아 삼키려고 다가오자 수신의 딸은 사랑하는 연인을 도와 자신의 땋은 머리로 치며 괴물을 물리쳤다.

아침이 되어 노모가 잠에서 깨어 집밖을 나가보니 주위에 맑고 푸른 호수가 생겨 물이 넘실거리고 있었다. 늙은 어머니는 아들과 처녀가 죽었다고 생각하고 헤엄쳐가 그 샘을 겨우 막고 죽고 말았다. 엄청나게 불어난 물을 막지 않으면 땅이 사라지고 사람들에게 큰 위험이 닥칠 상황이었다. 아들과 수신의 딸은 어머니를 잃은 것을 알고 애통해 하며 푸른 호수를 '어머니 바다'라고 불렀다. 어머니의 은혜를 넓디넓은 바다에 비유했던 것이다.

훕스굴이란 호수명은 무슨 뜻일까?

원래 시베리아 사람들은 이 호수를 '커서걸Косогол'이라고 했으며 이것이 와전되어 '훕스굴'이 되었다고 한다. 몽골에는 투르크 기원의 지명들이 많은데, 훕스굴도 투르크어로 '푸른 물의 호수'란 의미로 해석한다. 훕스굴 호수의 형뻘 되는 바이칼 호수는 '풍부한 호수'란 의미를 갖는다. 몽골인들은 고대로부터 훕스굴 호수를 '아릭오스'(맑은 물)라고 불러왔다.

차탄 족

차탄 족이라고 불리는 순록을 키우는 사람들이 홉스굴의 차강 호수 부근과 올란—올, 렌친룸베, 바얀주르흐 등의 몇몇 고산 지대에 흩어져 생활하고 있다. '차_{цаа}'란 순록을 이르는 말이며, '탄_{тан}'은 사람을 나타내는 접사이다. 즉, '차탄'이란 '순록을 키우며 사는 사람'을 일컫는다. 이들은 몽골화된 투바 종족 사람들로, 자신들을 도할라르, 오이가르라고 이르며, 주로 위구르 어를 사용한다.

그들은 자신들만의 독특한 생활 습속을 가지고 있으며, 이들의 생활 전반은 무속과 관련을 갖는다. 약초나 동물을 보호하는 의식에 무속은 매우 중요한 역할을 한다. 차탄족의 무속은 홉스굴 지역의 다르하드 종족의 무속과 거의 유사하지만 고대 무속 예법을 상당히 간직하고 있으며, 불교의 영향을 크게 받지 않았다. 이들 가옥인 오르츠_{урц}의 안측에 조상들의 영혼이 깃든 옹고드를 모시고, 같은 가계의 사람들은 1년에 한두 번씩 자신들이 제의하는 장소로 가서 제의를 드리는 예법이 있다.

차탄족은 고대로부터 순록을 집짐승으로 길들여 왔지만, 그들의 주된 생산 활동은 사냥이었다. 예전에 몽골 북쪽 수림지역에 순록을 키우며 사는 일군의 사람을 타그나, 서여드 오랑하이라고 불렀는데, 그것은 타그나, 서여드 산 주변에서 살았기 때문이다. 이들은 투르크어를 사용하는 종족과 관련이 있으며 몽골 서부의 투바 지역에서 이동해 왔다고 한다. 혁명 이후 그들을 '차탄 족'이라고 부르게 되었는데, 지금부터 몇천 년 전에 그들은 순록을 집짐승으로 길들여 키워왔다. 순록의 고기와 젖을 먹을거리로 이용했으며, 순록을 타거나 썰매를 연결해 이동 수단으로도 이용한다. 옹곤(신체)이나 움막의 안측에 두는 물건을 싣는 특별한 순록 즉, '신의 순록'이 있으며 그것은 주인도 탈 수 없다.

순록의 몸길이는 180~220m이며, 무게는 100~200kg에 이른다. 수컷을 '에테르_{этэр}'라고 하고, 암컷은 '만직_{манжиг}', 새끼는 '호가쉬_{хугаш}'라고 한다. 9월 초순에 교배

1 **오르츠** | 2 **차탄족** 순록을 키우며 사는 차탄족

를 해서 4~5월에 새끼를 낳는다. 새끼는 태어난 지 열흘 정도면 스스로 풀을 뜯는다.

　　차탄족은 순록의 먹이를 따라 해마다 6번에서 8번 정도 이동을 하며, 11월에 겨울 영지에서 지낸다. 풀과 식물이 많은 곳을 따라 이동을 하지만 신성한 산과 무덤 자리에서 멀리 떨어져 지낸다. 차탄 족들이 사는 가옥을 '오르츠'라고 하며, 나무를 여러 개 겹쳐 세워 가죽으로 그 위를 둘러씌운 형태이다. 나무는 주로 젖은 낙엽송을 이용하는데, 낙엽송은 홉스굴 주변 지역에 많이 자생하며 매우 단단해서 집을 짓는 데 주로 사용한다. 3~4.5m 길이의 나무로, 비교적 큰 움막을 지을 때는 28~32개, 보통 크기의 움막에는 22~25개, 작은 것은 17~22개 정도의 나무를 사용한다. 가죽은 사냥한 동물의 가죽이나 순록을 주로 사용했으나 최근에는 천이나 방수포 등을 사용하기도 한다. 주로 고지에서 생활하기 때문에 영하 30~50도에 이르는 추운 겨울을 오르츠에서 지내기 어려울 것 같으나 그렇지 않다고 한다.

2
기후 · 인구

기후 조건

몽골은 북반구의 한랭건조 지대에 속해 있으며, 아시아 4대 건조 지역에 하나이다. 사계절이 뚜렷하고, 겨울은 매우 춥고 여름은 덥다. 그러나 한랭건조 지대에 속하는 몽골의 기후는 하강 온도에 비해 체감온도가 그리 낮지 않은 편이다. 몽골은 세계에서 맑은 하늘(연평균 250일)과 일조량(연 2,600~3,300시간)이 가장 많은 나라이다.

평균 강수량은 230㎜ 정도이며, 6~9월 사이에 90%가 내린다. 북쪽 지방은 연평균 250~400㎜ 정도의 비가 온다면, 남쪽 지방은 90~150㎜ 정도의 적은 비가 내린다. 7월이 가장 더운 달이라면 1월은 가장 추운 달이다. 몽골은 연중 건조한 편이며 또 연교차도 심해 90° 정도의 교차를 보일 때도 있다. 연평균 기온은 서북쪽의 산악지대는 -5°, 사막 지대는 5° 정도의 기온 차를 보인다.

봄은 음력으로 1월, 양력으로는 대개 2, 3월부터 시작된다. 겨울잠을 자는 동물들이 깨어나고 얼음이 녹으면서 점차 기온이 풀리지만, 연중 가장 건조한 때이며 바람이 심하게 불고, 바람에 먼지가 날려 거리가 온통 먼지로 뒤덮이는 때가 많다. 이때는 추운 겨울보다 오히려 지내기가 힘들며, 몽골 생활 가운데 가장 어려운 계절이다. 봄에는 일정한 기온을 보이지 않으며, 때로 덥다가도 갑자기 심한 바람이 불면서 추워지기도 하고, 때 아닌 눈이 오기도 한다. 그래서 변덕스러운 사람을 이러한 봄 날씨에 비유해 "봄 하늘 같다."고 말한다.

이때는 겨우내 추위와 배고픔에 지친 가축들이 '조드зуд'(자연 재해)로 인해 떼죽음을 당하기도 한다. 자연재해는 겨울 기후와 관련이 있다. 눈이 자주 그리고 많이 내리면서 매서운 추위가 몰아치면 풀이 부족하여 가축들이 고통을 겪는다. 이로 인해 자연 환경을 이길 힘이 부족한 많은 가축들이 피해를 입게 된다. 눈과 추위가 겹친 이러한 조드를 '흰 조드'(차강 조드)라고 한다. 눈이 내리지 않으면서 매서운 강추위로 가축들의 먹을 풀과 마실 것이 부족해져 일어나는 재해를 '검은 조드'(하르 조드)라고 한다. 두 가지 조드는 모두 가축과 목민들, 더 나가 국가 경제에 막대한 손실을 주기 때문에 조드에 대처하기 위해서는 여름, 가을에 건초를 준비하고 가축이 따뜻하게 지낼 수 있도록 가축우리를 손보고, 우물을 잘 건사하는 등 시기를 놓치지 않고 여러 가지 것들을 미리 대비해야 한다.

조드로 떼죽음을 당한 가축

몽골인들은 원숭이해에 반드시 조드가 생기며, 평균 13년에 한 번 대규모 자연재해가 닥친다고 한다. 또 60년에 한 번 돌아오는 갑신甲申년에 대단히 심한 조드가 있다고 한다. 가장 최근의 갑신년인 1944~45년 겨울, 몽골 전역에 대단한 조드가 발생하여 전국의 가축들의 상당수가 해를 당했다. 그러나

1999년부터는 원숭이해만이 아니라 해마다 큰 규모의 조드가 발생하여 많은 가축들이 해를 당하게 되었다. 2009년 자연재해로 엄청난 규모의 가축 떼가 죽음을 당했다. 이 해는 세계적으로 한파가 몰아친 해로 예년보다 추위의 강도가 훨씬 컸기 때문에 가축이 추위를 이기지 못하고 떼죽음을 당했다. 계속 되는 가뭄에 이어 10, 11월에 바람이 불지 않은 상황에서 내린 눈이 녹다가 얼어버린 것이 조드의 한 요인이 되었다. 보통 가축들은 겨울에 눈을 헤치며 마른 풀을 뜯어먹는데, 땅이 얼면서 풀을 덮어버린 데다 영하 40도 이하로 내려간 추위 속에서 가축들이 버틸 방법이 없어 죽음을 당한 것이라 할 수 있다. 이때 조드로 전체 가축의 1/5가량이 죽은 것으로 추정된다. 50~70%의 가축을 잃은 가정도 적지 않고, 가축이 전혀 남지 않은 가구도 9천 가구 이상 되는 것으로 집계되었다.(약 8,142,300두의 가축이 죽음) 날이 풀리면서 가축들이 썩어 악취를 풍기는 것은 물론이려니와 전염병이 도는 것을 막기 위해 유엔개발계획UNDP이 1천 800만 달러를 들여 피해가 가장 심한 지역에 사체 처리작업을 시작했는데, 가축의 떼죽음으로 영아와 5세 미만의 유아 사망이 늘고 성인들도 심장병, 뇌졸중 등의 발병이 늘어났다고 한다. 이런 자연재해는 기후가 따뜻해지면서 가축들이 저항력이 약해져 생겨난다고 보기도 한다. 이러한 상황으로 대개 봄에는 고기 값이 턱없이 많이 오르게 된다. 최근 들어 조드는 자연재해가 아니라 인재人災라는 인식이 확산되고 있어 대책 마련에 부심하고 있다. 조드로 인해 가축이 떼죽음을 당하는 것은 목축업자들뿐 아니라 사회·경제 전반에 큰 영향을 미치기 때문에 근본적인 해결 방안이 매우 시급하다고 할 수 있다.

여름은 5월 말부터 9월까지 계속된다. 이 시기는 비교적 비가 많이 내린다. 고기압에 드는 날이 많고 청명하고 하늘이 드높고 맑다. 30° 이상의 높은 기온을 나타내지만 건조한 대기로 인해 불쾌지수가 높지 않으며, 그늘에 들어가면 더위를 금방 식힐 수 있다. 7월이 가장 더운 때로 지역에 따라 15°~40°까지의 분포를 보인다. 산악지대가 시원한 편이라면, 고비지역은 매우 높은 기온을 보인다.

1 들꽃으로 흐드러진 몽골의 여름 초원
2 여름집(조스랑)

| 1 |
| 2 |

여름이 되면 도시의 사람들은 고향이나 가까운 도시 외곽으로 나가 주로 1달 정도 휴가를 보낸다. 도시의 많은 가정들은 도시 외곽에 '조스랑' 혹은 '라게리'라고 하는 여름집을 가지고 있으며, 그곳에 가서 맑은 공기를 마시며 춥고 길었던 겨울과 변덕스러웠던 봄을 지내느라 지친 심신의 피로를 푼다. 몽골 사람들은 여름집에 가면 별다른 일을 하지 않고 유유히 1달 정도를 쉬는데, 이것은 몽골의 변화가 심한 날씨 때문에 누적된 심신의 피로를 풀어 주기 위한 건강법의 하나이다. 최근 자동차가 있는 가정이 많이 생기면서 시에 있는 집과 여름집을 오가며 생활하는 경향이 늘어나 생활 방식이 변해 가고 있음을 실감할 수 있다. 식생활에 있어서 보통 여름에는 고기(올란이데)보다는 주로 가축의 젖이나 유제품을 상식하여, 가축을 보호하고 육식 위주의 생활에서 생긴 노폐물을 제거하여 신체조건을 조절한다.

몽골의 가을은 겨울로 이동해 가는 과도기적인 계절로 비교적 짧다. 9월 초부터 11월 초까지로 보며, 몇 년 전만 해도 10월 정도만 되어도 겨울이라 할 정도로 추웠으나 최근에는 기후를 예측할 수 없게 되었다. 보통 몽골 사람들은 나담(몽골의 국가적 축제)이 끝나는 7월 중순부터 가을이 서서히 시작된다고 본다. 그런데 실제로 이 시기는 상당히 덥다. 가을은 가축의 젖이 풍부하여 이것으로 유제품인 차강이데를 만들고, 말이나 낙타의 젖으로는 발효주를 만들어 겨울을 대비한다. 또 양고기나 쇠고기를 말리거나 저장을 시작하며 가축에게 먹일 건초를 준비한다.

몽골의 겨울은 가장 길고 추우며 혹독한 날씨를 보인다. 보통 11월부터 3월까지의 긴 기간을 이른다. 보통 1월이 가장 춥다. 몽골의 겨울 평균 기온은 지역에 따라 차이가 있으며 산지는 -45°~-35° 정도, 고비 지역은 -15° 그 밖의 지역은 -20°~-25° 정도의 기온을 보이는데, 최근 들어 온난화 현상으로 이전에 비해 점차 평균 기온이 올라가고 있다. 겨울에는 눈이 간헐적으로 자주 오기는 하나 그렇게 많은 눈이 오지는 않는다. 그러나 추운 날씨로 인해 눈이 오면 곧 얼어붙어 몽골의 겨울 풍경은 대개 하얀색

몽골의 겨울, 줄다리기를 하고 있다.

으로 뒤덮인다.

　일반적으로 -20°라고 하면 우리나라 사람들은 그런 곳에서 어떻게 사느냐고 놀라곤 하는데, 이곳의 기온은 건조한 대기로 인해 체감 온도가 그렇게 낮은 편이 아니며 특히, 겨울에는 바람이 적기 때문에 옷만 잘 입으면 지내는 데 큰 어려움이 없다. 그러나 바람이 없기 때문에 대기가 정체되어 있고, 저녁부터 아침까지 도시 주변 게르촌에서 때는 유연탄 가스로 심한 스모그가 발생해 겨울을 지내기 어렵게 만든다.

　울란바타르 시 같은 경우 외곽의 게르촌(몽골의 전통 가옥인 게르로 형성된 지역)을 제외한 시 전체가 중앙난방을 하며, 일반적으로 실내 온도가 20°정도는 되기 때문에 생활하는 데는 별 지장이 없다. 그러나 실내 온도가 낮은 집도 있어, 이런 집에서 겨울을 나는 일이 힘들기 때문에 사람들은 흔히 상대를 배려하는 인사를 할 때 집이 따뜻하냐고 물어보는 것이 일반적이다. 집을 사거나 세를 얻을 때도 따뜻한 집을 최고로 친다.

몽골에 처음 온 사람들은 날씨가 추워서라기보다 실내와 바깥의 심한 온도 차이로 인해, 체온 적응이 잘 되지 않아 어려움을 겪는 경우가 많다. 몽골의 겨울을 잘 지내기 위해서는 옷을 입는 요령이 필요하다. 즉, 속옷은 가볍게 입고, 겉옷인 외투를 두툼하고 따뜻하게 입는다. 한국인들은 흔히 상체를 잘 보호하고 하체는 내복 없이 지내는 일이 많은데, 몽골인들은 상체보다는 하체를 따뜻하게 한다. 몽골에서 지내다 보면 왜 그러는지 알 수 있게 된다. 몽골의 대기는 매우 건조하기 때문에 겉옷을 따뜻하게 잘 입으면, 차가운 공기가 몸속으로 스며들지 않아 그런 대로 견딜 수가 있다. 그밖에 차를 타고 다니지 않을 경우, 모자나 구두에 신경을 써야 한다.

몽골 사람들은 외투와 모자, 신발에 매우 신경을 쓰며 이런 겨울 필수품을 사는 데 드는 비용을 아끼지 않는다. 이들이 겨울에 입는 외투와 신발 등을 보면 생활수준을 넘는 고가품이 많아 매우 놀라게 되는데, 이것은 몽골 사람들이 단순히 사치스러워서라기보다 추운 자연 조건에 기인한 생활 태도라 볼 수 있다. 즉 외투나 신발, 모자는 '움직이는 집'과 같은 개념으로 보면 적당하다.

겨울에는 매우 건조한 공기로 인해 심한 정전기 현상을 경험하게 된다. 물체를 만지거나 잡을 때 흔히 발생하며, 악수를 할 때도 정전기가 일어나 깜짝 놀랄 때가 많다. 건조하기 때문에 자주 목욕을 하면 피부 건조증이 발생하기도 하기 때문에 이 점에 특히 주의할 필요가 있다. 목욕을 하고 몸에 오일을 발라주는 것도 건조증을 막는 좋은 방법의 하나이다.

몽골에는 9·9 추위라는 것이 있는데, 이것은 한겨울부터 시작하여 추위가 9일을 단위로 9번 지나야 겨울이 지나간다는 데서 생긴 말이다. 9·9 추위는 동지冬至인 12월 22일부터 계산하여 81일 동안의 기간을 이른다. 9·9추위를 인생의 흐름으로 비유하는 것은 매우 흥미롭다. 즉, 처음의 3·9를 '어린아이 추위', 다음의 3·9를 '젊은이 추위', 마지막 3·9를 '늙은이 추위'라고 단계지어 이른다. 이렇게 추위의 단위를 27일로 잡는 것은 점성술에서 한 달을 평균 27일로 보는 것과 관련이 있다.

9·9 추위 기간의 특징을 살펴보면 다음과 같다.

> 첫 번째 9일에는 증류주(가축의 젖으로 만드는 맑은 술)가 언다.
>
> 　　　　가축이 떨지 않게 옷을 입혀 주는 것이 필요하다.
>
> 두 번째 9일에는 양 우리가 언다.
>
> 세 번째 9일에는 3살배기 소뿔이 언다.
>
> 네 번째 9일에는 4살배기 소뿔이 언다.
>
> 다섯 번째 9일에는 놓아 둔 곡물이 얼지 않으며,
>
> 여섯 번째 9일에는 길을 가다가 노숙을 하여도 동사하지 않는다.
>
> 일곱 번째 9일에는 언덕 마루에 눈이 녹아 길이 나고,
>
> 여덟 번째 9일에는 햇볕에 나뭇잎과 꽃이 피고,
>
> 아홉 번째 9일에는 따뜻해지며 행복이 찾아든다.

여기서 두 번째 추위에서 네 번째 추위까지는 대체로 1월에 해당하며, 이 때가 가장 맹추위를 떨치는 시기라 할 수 있다. 어떤 지역에서는 9·9 더위라고 하여 하지夏至부터 81동안의 더위를 이르기도 한다. 그러나 이것은 9·9 추위만큼 그렇게 널리 퍼져 있지 않아 일반적으로 모르는 사람이 많다. 한 가지 눈에 띄는 점은 몽골인들은 9일을 단위로 해서 계절을 감각한다는 점이다.

행정 구역의 해발 및 평균 기온

아이막 (21개)	중앙	면적 (천㎢)	수도로부터 거리	해발 (m)	강수량 (mm)	평균 기온
바양울기	울기	46	1,698㎞	1,710	153.0	0.2
고비알타이	알타이	142	1,005	2,181	173.4	-1.6
잡항	올리아스테	82.2	1,115	1,760	156.5	-2.3
옵스	올란곰	69.3	1,336	939	166.3	-3.1
헙드	헙드	76	1,425	1,406	159.9	0.6
아르항가이	체체를릭	55.3	468	1,691	330.7	0.2
바양헝거르	바양헝거르	116	620	1,859	182.3	-0.5
볼강	볼강	49	330	1,208	318.7	-2.0
어르헝	에르데네트	0.8	371	1,300	559.5	-0.7
우워르항가이	아르왜헤르	63.5	430	1,913	325.5	0.7
흡스굴	무룬	101	671	1,283	260.4	-1.1
고비숨베르	초이르	5.5	230	1,200	135.6	0.0
더른고비	샌산드	114.5	456	938	151.2	4.1
다르항-올	다르한	3.3	219	850	394.1	-0.3
돈드고비	만달고비	78	260	1,393	175.6	1.2
우문고비	달란자드가드	165	553	1,465	186.6	4.4
셀렝게	수흐바타르	42.8	311	626	273.2	-0.1
투브	존머드	81	43	1,529	308.4	-2.3
더르너드	초이발산	123	655	747	261.0	0.2
수흐바타르	바롱-오르트	82	557	981	311.9	0.3
헨티	운두르항	82	330	1,027	319.1	-0.3

2012년 통계청 자료

사막화

사막화는 현대 환경문제 가운데 큰 부분을 차지한다. 몽골의 경우 최근 10년의 기간 동안 그 이전보다 약 5배 정도로 확산되어 국토의 94.7%정도가 사막화가 진행되고 있으며, 72.5%는 사막화의 정도가 심한 것으로 추정하고 있다. 옵스 호수 등 몽골의 큰 호수들의 규모가 줄어들고 있으며, 고비나 초원지대 145개 솜의 군청소재지들의 땅이 사

강바닥이 들어난 바양헝거르 지역

막화되어 이주가 필요한 상황에 이르렀다. 2007년 통계에 의하면 1970년 대비로 887개 하천, 2096개의 샘, 1166개의 호수, 연못이 말랐다고 한다.

현재 삼림은 전국토의 8% 정도에서 6.7%로 줄어들었고, 초지의 경우 가축수가 크게 증가하면서 초지의 70%정도를 황폐화시키는 데 영향을 미쳤다.

캐시미어 생산을 위해 급격히 불어난 염소들은 엄청난 식성으로 풀과 다른 식물들을 먹어 치우고 토양을 지탱해 사막화를 막아주는 식물들의 뿌리까지 없애버려, 커다란 자연환경 문제로 부각되고 있다. 또 사막지역에서는 땔감 혹은 자연의 기후 변화로 인해 사막식물 작sar이 사라져 가는 것이 토양의 황폐화 내지 사막화가 진행되는 큰 요인이 되기도 한다.

일반적으로 사막화의 가장 큰 요인은 기후 변화, 온난화(13%)와 자연에 대한 인간의 부적절한 사용(87%)으로 보고 있다. 급속한 사막화로 인한 '물 부족'과 초지 황폐화는 목축업, 농업, 국가경제 분야에 적지 않은 타격을 주고 있다.

몽골에서는 2003년부터 사막화가 사회적 이슈로 대두되면서 정부에서 사막화 방지를 위한 계획을 세우고, 자연이 훼손되지 않는 방향으로 수자원을 확보하고, 산림이 조성될 수 있도록 노력하고 있다. 또 몽골에서는 스웨덴 발전 지부SDC의 재정적 지원으로 2007년 3월부터 시작하여 2013까지 '사막화 방지 계획'을 세우고, 몽골 지역민들의 삶의 질을 향상시키는 방향으로 사업을 진행하고 있다. 그밖에 '몽골 사막화 방지 국가계획', '산림에 관한 국가계획', '물에 관한 국가계획', '기후변화에 관한 국가계획' 등 20개가량의 프로그램을 시행하고 있으나 뚜렷한 결과가 나오지 않고 있는 실정이다.

인구

몽골은 넓은 영토에 비해 인구가 극히 적은 국가이다. 1995년의 인구는 2,251,300명이었으며, 2002년 통계에 의하면 2,475,400명으로 집계되어 있다. 호구 수는 535,000(평균 가족수 4.6인)이며 2012년에는 768,300(평균 3.7인)으로 증가한 편이다. 일반적으로 13세기 몽골 인구가 200만 가량 되었다고 보는데, 현재 인구는 그 당시보다 크게 늘지 않은 것을 알 수 있다. 인구가 증가하지 못한 이유는 만주 지배기의 정치, 사회적 상황과 밀접하게 관련되어 있다. 만주 지배기인 1900대 초에는 만주 정부에 동참하지 않는 수많은 사람들을 죽였고, 상당수의 사람들을 중국으로 이주시켜 농사를 짓게 하는 등의 요인으로 인구가 크게 감소하게 되었다. 몽골 인구 수 감소에 영향을 미쳤던 또 하나 주된 요인은 만주 정부가 몽골에 황교를 정치에 이용하려는 목적으로 불교를 장려하고 원조하였다는 데 있다. 이렇게 불교가 널리 퍼지면서 인구 절반에 가까운 많은 남자들이 승려가 되었고, 여자들의 거의 반수 정도가 절에서 살면서 결혼을 하지 않았던 것이 인구 감소의 큰 요인으로 작용하기도 했다. 이외에도 성병이 크게 퍼졌던 점도 간과할 수 없는 요인이다.

1918년 외몽골 전체 인구는 647,500명으로 인구 증가가 거의 멈춘 상태가 되었다. 13C 칭기스 칸 시대에 인구를 200만 이상으로 추정하는데, 이에 비한다면 3분의 1이상이 감소한 수이다. 인구 문제는 몽골의 경제 성장을 막는 1차적인 요인으로 분석되어, 정부차원에서 적극적인 인구 증가 정책을 펴왔다. 다산 정책의 하나로 네 명의 자녀를 가질 때까지 낙태를 금지시켰고, 다섯 자녀 이상 나을 경우 훈장을 주는 등 자녀 출산을 장려하였다. 이런 정부의 인구 정책에 힘입어 60년대 이후에는 2.0% 이상의 증가율을 보이며 어느 정도 인구가 증가했으나, 95년 이후 자본주의 사회 속에서 직업여성 인구수가 압도적으로 많아졌을 뿐만 아니라, 핵가족 제도로 인해 자녀 양육이 어려워 인구 증가 정책에도 불구하고 인구 성장률이 크게 높아지지 않고 있다. 인구가 중요한 경제 성장 요인인데도 불구하고 인구 증가율이 하락하자 몽골 정부에서는 2004년 인구 상황과 인구 증가를 저해하는 요인 등을 다각적으로 분석하고 대책을 모색하는 '인구 증가를 위한 국가 정책안'을 내놓았다.

2012년 통계에 의하면 인구가 2,867,700명으로 집계되었는데, 이 가운데 울란바타르의 인구가 1,318,100명, 호구 수 317,100호로 전체 호구 수의 41%를 차지하는 극심한 도시화 현상을 보여준다. 도시에 인구가 집중되는 현상은 자연재해로 피해를 입은 목민들이 수도로 유입되면서 더욱 가속화되고 있다. 최근 5년 사이 울타리가 있는 일반 가옥은 65%, 게르는 55%, 주민은 2배 증가했다. 게르 구역의 인구증가는 울란바타르의 대기오염, 수질오염, 물 부족 등 환경문제의 가장 큰 요인으로 작용하고 있다.

인구밀도는 현재 1㎢ 당 1.8명으로, 2011년 세계은행world bank 통계에 의하면 몽골은 그린랜드(0.13명)에 이어 세계 두 번째로 인구밀도가 낮은 나라에 속한다.

〈표 1 ― 인구〉

연도	인구(천 단위)	인구비율		인구 밀도(인/㎞)
		도시	지방	
1918	647.5			0.4
1935	738.2			0.5
1944	759.1			0.5
1956	845.5	21.6	78.4	0.5
1963	1,017.1	40.2	59.8	0.7
1969	1,197.6	44.0	56.0	0.8
1979	1,595.0	51.2	48.8	1.0
1989	2,044.0	57.0	43.0	1.3
1990	2,095.6	57.0	43.0	1.3
2000	2,407.5	57.2	42.8	1.5
2009	2,735.8	65.3	34.7	1.7
2010	2,780.8	68.0	32.0	1.7

| 2011 | 2,811.6 | 66.2 | 33.8 | 1.8 |
| 2012 | 2,867.7 | 65.9 | 34.1 | 1.8 |

〈표 2 ─ 연령층 비율〉

연령층 \ 연도	2009 인구수(천)	2010 인구수(천)	2011 인구수(천)	2012 인구수(천)
전체 인구수	2,716.3	2,761.0	2,811.6	2,867.7
0~9세	496.3	513.68	510.3	537.1
10~19세	540.8	508.46	498.7	490.5
20~29세	546.3	582.59	596.0	597.2
30~39세	435.9	456.11	473.8	480.9
40~49세	253.0	350.92	361.5	368.9
50~59세	192.7	197.07	211.2	227
60~69세	94.9	88.36	92.4	95.3
70세 이상	66.1	63.79	67.7	71.0

〈표3 ─ 인구, 성비, 인구성장률〉

		1990	2000	2008	2009	2010	2011	2012
인구 (천)		2095.6	2407.5	2,666.0	2,716.3	2,761.0	2,811.6	2,867.7
성비(%)	남	49.9	49.9	48.8	48.9	48.7	48.5	48.6
	여	50.1	50.1	51.2	51.1	51.3	51.5	51.4
인구성장률(%)		3.1	3.5	1.59	1.81	1.77	1.74	2.00

〈표4 ─ 평균수명〉

년도	2004	2006	2008	2010	2011	2012
평균수명	64.58	65.85	67.23	68.05	68.32	68.71
남성	61.64	62.59	63.69	64.93	64.68	64.91
여성	67.77	69.38	70.98	72.26	73.76	74.32

기후 · 인구

종족

　　몽골 민족은 여러 종족들이 공존하면서 각각의 독특한 생활 풍습을 유지하며 살았다. 몽골은 16C에 세 지역으로 나누어져 있었는데, 북쪽 지역에 외몽골—이는 할하를 중심으로 하며, 중국 영내에 있는 내몽골자치구- 이들은 차하르를 중심으로 이루어져 있으며, 서쪽 지역에 오이라드를 이른다. 이들 종족들은 300여 년 간 평화로운 관계를 유지하기도 하고 때로는 적대적 관계가 되어 전쟁을 하기도 하며 공존해 왔다. 현재는 외몽골Ap монгол(몽골), 내몽골θвθр монгол 부랴트 몽골Буриад монгол, 칼묵Халимаг, 투바Тува 등 많은 몽골족 사람들이 몽골 본토 이외에 중국이나 러시아 영토에 편입된 지역에 흩어져 살고 있다. 일반적으로 몽골이라 할 때는 외몽골을 이른다.

　　현재 몽골에는 할하, 하삭그(카자흐) 두르워드, 바야드, 부랴트, 다리강가, 자흐칭, 오랑하이, 다르하드, 울드, 터르고드, 허트거이드, 먕가드, 허텅, 우젬칭, 바르가, 하르칭, 차하르, 허르칭(호르친), 차탄 등의 종족이 흩어져 살고 있다. 2010년의 통계자료로

1 부랴트 자치공화국의 수도 울란우데
2 내몽골자치구의 골동품 상가 거리

| 1 | 2 |

보면 할하 종족이 전체 인구의 82.40%, 카자흐 3.86%, 두르워드 2.75%, 바야드 2.15%, 부랴트가 1.71%, 자흐칭 1.25, 다리강가 1.04, 오량하이 1.01 등을 차지하며 3.83%는 그 밖의 종족이 차지한다.

오이라드인들

이 가운데 할하 종족이 지배적인 다수를 차지하기 때문에 이 종족은 몽골족의 근간을 이루는 특징을 갖는다고 할 수 있다. 다리강가Дарьганга 종족은 동쪽 수흐바타르 아이막의 남쪽 지역에 산다. 지명은 '다리'라는 산(혹은 어워)과 '강가'라는 호수의 명칭을 따서 '다리강가'라고 했다. 또 옛날에 귀족 집안의 다리라는 사내가 강가라는 여인과 혼인을 맺음으로 산과 어워를 '다리', 호수를 '강가'라고 이름한 데서 다리강가라는 명칭이 유래했다는 전설이 전한다. 다리강가 사람들은 목축 기술과 금은 세공 기술이 좋기로 유명하다.

오이라드라고 불리는 종족들은 몽골 서부에 살며, 바야드, 두르워드, 자흐칭, 카자흐, 망가드, 울드, 터르고드, 알타이 오량하이, 허텅 등의 종족을 아울러 이른다. 몽골의 가장 많은 수의 종족이 오이라드에 포함되며, 대개 헙드, 바양-울기, 옵스 아이막에 흩어져 산다. 오이라드 사람들은 12~13세기 초엽 바이칼 호수에서 서부 지역, 홉스굴 호수 주변 수림 지역을 따라 생활했으며, 13세기 말엽 홉스굴 산림지역에서 서북부 알타이 지역으로 이동해 살았다. 학자들에 의하면 타이가 삼림지대에 살았던 사람들은 처음에 삼림민이라고 부르다가 삼림ой과 일반민ард의 두 단어가 결합되어 '오이라드'라는 명칭이 생겨났다고 본다. 그 당시 오이라드 부족의 지도자 호토가 베히는 칭기스 칸의 통합국가 건설에 저항했지만 결국 칭기스 칸에 귀순해 들어가 힘을 바쳤다.

두르워드는 고대 몽골 선조인 도바 서허르의 네 아들의 가계에 기원을 가지는 네

| 1 |
| 2 |
| 3 |

1 비엘게를 추는 터르고드 여성들
2 카자흐 여성들
3 식사하는 카자흐인

부족의 명칭에서 생겨났다고 보는 견해와 넷씩 정렬한 병사의 대열의 명칭에서 생겨 났다는 전설이 있다. 먕가드는 헙드 아이막 먕가드 솜에 집단적으로 거주한다. 먕가드 는 처음 1206년 칭기스 칸이 즉위식을 할 때 20개가량의 부족들이 먕가드라는 이름으로 함께 참여한 데서 기원했다고 한다.

카자흐(하삭그) 종족은 서부 바양울기, 헙드와 옵스 등지에서 살며, 투르크계로 생활 풍습이 할하와 다르다. 1991년 이후 6만 명의 하삭그 족의 사람들이 카자흐스탄으로 이주해 갔으며 주로 러시아에 편입되어 살고 있다. 바양울기 지역의 전체 인구 가운데 카자흐 사람들이 90%를 차지하고, 그밖에 소수의 투바인, 몽골인들이 그 지역에서 산다. 카자흐인들은 주로 이슬람교를 신봉하며, 몽골인과 마찬가지로 유목생활을 한다. 이들의 게르는 몽골의 게르보다 크고 높으며, 게르를 짓는 등 집안일은 모두 여자들이 도맡아서 한다.

허텅 족 사람들은 200년 이전부터 서북부의 두르워드 사람들 사이에서 섞여 살면서 몽골화된 투르크 족이다. 이슬람교를 신봉하며 풍속이 두르워드 인들과 비슷하지만 투르크 식의 풍속이 남아있다. 오량하이 사람들은 '알타이 오량하이'라고 불리는 삼림민으로, 예로부터 사냥을 주로 해왔다. 이러한 생활 방식으로 인해 오량하이 사람들 사이에서 지금까지 활과 화살을 존숭하는 풍습이 있다. 오이라드 알타이 오량하이 사람들 가운데 몽골화된 투바인들도 함께 살고 있는데, 이들을 투바-오량하이라고 부른다.

몽골화된 투바인

부랴트

　몽골 종족의 하나로 13세기 역사서에 처음 기록되었다. 부랴트 조상들은 바이칼 호수 주변지역에서 주로 사냥을 하며 살았던 삼림민이었다. 9~12세기경에 바이칼 호수 서북쪽 할거, 레나 강 주변, 셀렝게 강의 하류에서 살았던 볼가친, 헤렘친과 예니세이 강 상류의 바이칼 주변 지역에 살았던 호리-투메드, 바르고진 투흄에 살았던 바르고드 등의 몽골 부족들이었다.

　몽골에 흩어져 살았던 여러 지역의 몽골족들이 13세기 초 통일국가를 이룰 때 이들 종족들은 서로 연합하기 시작했다. 이렇게 몽골족이 대제국의 기틀이 이루어지던 13세기 부랴트족은 먼저 여러 삼림민 부족 가운데 한 지도자였던 호토가 베히, 그 다음 칭기스 칸의 맏아들 주치의 통치하에 들어갔다.

　몽골 원나라가 멸망한 후 1368년 이후 생겨난 두르붕 오이라드에 바르가드 부랴트 종족이 포함되었다. 15세기부터 오이라드 종족들이 서쪽으로 대이동을 할 때 부랴

1 부랴트인들
2 가정 박물관에서 손님을 맞는 부랴트 소녀

트와 바르가드 종족은 동몽골의 통치권에 남았다. 17세기 왕정 러시아, 만주 청나라의 경계를 정했던 네르추(1689), 보오르(1727~1728)의 협상으로 부랴트 지역은 몽골의 영토권에서 러시아연방으로 복속되었다. 20세기 초 러시아의 첫 번째 혁명 후 왕정이 시베리아 지역에 행한 잔인한 압제로 인해 국경 근방에 살던 상당수의 부랴트인들이 몽골 국경으로 넘어왔던 역사가 있다.

1730년 이후 바이칼 주변 지역은 몽골에서 분리되어 러시아 왕정에 식민지화 되었다. 1923년 부랴트—몽골 소비에트 사회주의 자치공화국이라는 명칭으로 러시아연방에 복속되었고, 1937년 스탈린 정부는 민족주의가 고개를 든다는 명목 아래 부랴트-몽골을 분리하고, 동부를 치타 현에 편입시키고 그 안에 아기(부랴트 부족) 구역을 만들었다. 또 올혼 섬 지역을 이르쿠츠크에 통합시켰다. 1958년에는 부랴트 소비에트 사회주의 자치국이라 하여 몽골이라는 명칭을 없앤다. 1992년에 부랴트 공화국으로 승격된다.

3 더르너드 아이막 다쉬발바르 솜의 아기 부랴트인들
4 이르쿠츠크의 중심가

| 1 | 2 | 3 | 4 |

부랴트 종족은 몽골의 동북쪽에 위치하여 생활하였으며, 지금은 더르너드, 헨티, 셀렝게, 홉스굴, 볼강 아이막의 10개가량의 솜에 흩어져 살고 있다. 부랴트 가운데 호리 부랴트 종족은 신화나 샤먼의 유풍을 통해 볼 때 우리 민족과 매우 깊은 관련을 가졌던 종족으로 추측된다.

수도는 울란우데. 이 지역은 금, 텅스텐, 몰리브덴, 알루미늄, 철, 석탄, 흑연, 운모, 석회암 등의 광물자원이 풍부하다. 가축 사육 이외에 농업활동으로 생활하며 여우, 너구리, 담비 등을 사냥하기도 하고, 바이칼 호수 주변에서는 어업이 이루어지기도 한다.

3
울란바타르

울란바타르

울란바타르는 370년 이상의 역사를 가진 몽골의 수도로 정치·경제·상업·문화의 중심지이다. 몽골의 수도는 울란바타르라고 명명하기 전에 '우르거' '이흐 후레', '니스렐 후레' 등으로 불렸다.

울란바타르는 처음에는 지금의 위치가 아닌 쉬레트 차강 노오르(지금의 우워르 항가이 아이막의 부르드 솜)에 1639년 우르거('궁전'이라는 뜻)라는 이름으로 세워졌다. 이 도시는 칭기스칸의 황금 가문이며, 할하Халх 의 세 족장 가운데 가장 영향력이 있었던 투셰트 한 검버더르지가 그의 아들 자나바자르를 위해 세웠다. 검버더르지는 만주의 손아귀로부터 벗어나 나라의 주권을 찾기 위해 불교를 이용했는데, 그 방법으로 그의 아들 자나바자르를 다섯 살 때 불교계 지도자인 버그드로 삼고, '샤르 우르거'라는 궁전을 지어 준 것이 우르거의 중심이다. 그 이후 셀렝게, 어르헝, 톨 강의 유역을 28번 정도 옮겨 다니다가 1778년 현재 울란바타르 시 중심부에 있는 셀베 강 유역에 수도를 정하고, 이름을 '이흐 후레'라 하였다. 그 이후 톨 강 북쪽 유역에 이동하여 16년가량 정착한

1 몽골의 수도 울란바타르 전경
2 국영 백화점
3 드리밍 떼아뜨르

1	
2	3

후 1855년 다시 셀베 강 유역으로 이동했다. 초기에 이 지역은 불교의 중심지로 자리 잡았으나 점차 정치, 문화의 중심지로 발전하고, 19C부터는 외국 상인이 들어와 상업이 활발히 이루어졌다. '후레'는 원래 '사원'의 의미로 사원을 중심으로 형성된 도시를 의미한다. '후레'를 만주인들은 '고륜庫倫'이라 했다.

1911년 만주의 압제로부터 벗어나 독립을 찾은 몽골은 제8대 버그드 자브장담바를 초대 왕으로 추대하였으며, '이흐 후레'를 몽골 정부의 중심지로 삼고 그 명칭을 '니스렐 후레'라고 하였다. 다시 1924년 인민혁명이 달성된 후 혁명 영웅인 수흐바타르를 기념하여 수도명을 '붉은 영웅'이란 뜻의 '울란바타르'라고 개칭하였다. 울란바타르 중심에 수흐바타르 광장이 있고, 광장 중앙에 수흐바타르 장군상이 세워져 있다. 이 상은 혁명 25주년 기념으로 세워져 1946년 7월 8일 제막식이 행해졌다. 이 상이 세워

1 칭기스 칸 동상이 조형된 종합청사 앞 칭기스 광장
2 칭기스 칸과 좌우 신하

| 1 |
| 2 |

진 것에 대한 재미있는 일화가 전한다. 1921년 7월 몽골 민중의 자유와 독립을 위해 싸웠던 데. 수흐바타르 장군이 지휘하는 의병이 러시아연방의 군대와 함께 히아크트(부랴트의 한 아이막 : 캬흐타)에서 몽골의 수도로 들어왔을 때 수흐바타르 장군의 말이 오줌을 싸는 것을 보고, 가와라는 병사가 말이 오줌 싼 곳을 크게 길하게 여겨 쇠막대기를 꽂아 표를 해두고 나중에 수흐바타르 장군의 기념상을 세웠다고 한다.

현재 광장의 정부종합청사 앞쪽으로 8m에 이르는 칭기스 칸 좌상이 조성되어 있다. 그 양쪽으로 우구데이, 쿠빌라이 칸 상이 있으며, 두 명의 기병이 함께 하고 있다. 이 두 기병을 사람들은 칭기스 칸의 충신 버르치, 모호라이라고 이르기도 한다. 이 조형물들은 2006년 몽골건국 800주년을 기념하여 세워졌다. 또 2013년 7월 광장의 명칭

1 서울의 거리 입구, 1996년 울란바타르 중심부에 조성되었다.
2 서울의 거리에 세워진 서울정

몽골의 생활과 전통

을 수흐바타르 광장에서 '칭기스 광장'으로 변경하기로 결정했다. 이는 칭기스 칸의 민족정신을 계승하고 이를 기념하고자 하는 의미가 있다고 볼 수 있다.

울란바타르는 해발 1,350m에 위치하며, 이 산의 가장 봉우리인 체체궁은 해발 2,268m에 이른다. 면적은 전국토의 0.3%를 차지하지만 인구밀도는 246.7/㎢로 전체 인구밀도 1.75/㎢의 140배에 해당하여 극심한 도시화 양상을 보여준다.

면적은 1,358㎢로 서울의 2.2배에 해당한다. 인구는 2003년에 869,912명, 2011년 에는 1,287,100명, 2012년에는 1,318,100명(내국인 1,232,400명, 외국인 85,700명)으로 꾸준히 증 가추세에 있으며, 전체 인구의 약 45% 정도가 수도에 밀집해서 산다. 헨티 산맥의 마 지막 지산이자 자연보호구역인 버그드 칸 산의 남쪽, 톨 강, 셀베 강, 돈드 강의 교차점 에 위치한다.

연평균 기온은 -0.3도, 1월에는 평균 기온은 -21.7도, 가장 더운 7월은 16.9도이 다. 가장 추웠을 때의 기온은 -49도, 가장 더웠을 때 기온은 38.5도로 몽골이 다른 지역과 마찬가지로 심한 연교차를 보인다. 연평균 강수량 236mm, 연평균 습도 69%이다. 예전에는 5월 말이 되어야 나뭇잎을 볼 수 있었는데, 최근에는 5월 중순이 되면 나무에 싹이 나오기 시작해 하루하루 느낄 정도로 빠르게 나뭇잎이 자란다.

　행정구역은 9개 구(두륵)와 152동(허러)이 있다. 해마다 10월 9일을 '수도의 날'로 정해 기념하고 있다. 9개 구로는 동쪽으로 바양주르흐, 날라이흐, 바가노르, 동남쪽에 박한가이, 서쪽에 성긴 하이르항, 남쪽에 항—올, 북쪽에 칭겔테, 중앙부에 수흐바타르, 바양골 두륵이 있다. 몽골의 수도 울란바타르 시는 한국의 수도 서울과 1995년 10월 6일 우호 협력을 다지는 자매결연을 맺음으로써 양국의 수도는 역사적 관계를 시작했다. 이를 기념하여 1996년 울란바타르 시 중심부에 총 길이 2.1km의 '서울의 거리'가 조성되었으며, '서울정'이라는 정자가 세워져 울란바타르 시민들의 휴식 공간이 되고 있다.

버그드 항 산

　울란바타르 시는 분지 지역으로 동서남북의 네 개의 산으로 둘러싸여 있다. 남쪽의 산은 몽골인이 신성하게 여기는 성산 중의 하나인 '버그드 항Богд хан' 산으로, '버그드'(보그드)는 정치 혹은 종교적 지도자, '항'은 '왕'을 이른다. 한국인들은 이 산을 '복드 칸 산'이라고 부르기도 한다. 버그드 산을 '둔진갈랍'이라고 이르기도 하는데, 이 말은 '남쪽 수호자인 흰 소라'라는 티베트어로 수신의 왕을 이르는 말이며, 이 산의 수호신을 지칭한다. 12~13세기 몽골 헤레이드 아이막의 지도자 왕 칸은 이 산을 신성시하며 제의를 지내고 항(왕) 산이라고 했다는 전설이 있다. 이 산의 북쪽 톨 강의 계곡에 약 370년 전부터 우르거 즉, 이흐 후레 시를 세우고 계속해서 버그드와 왕, 귀족들이 거주해 살았기 때문에 이 산 이름에 버그드라는 단어를 더하여 1678년 버그드 항 산이

울란바타르의 표장 항가리드

라고 부르게 되었다고 한다. 또 둔진 가랍 어워(오보; 신앙적인 돌무지)를 세운 이후 이 산을 '둔진갈랍'이라 부르게 되었다.

이 산의 주인은 신화적인 새인 항가리드 새이다. 항가리드는 새의 날개, 독수리 머리와 인간의 몸을 하고 뱀을 잡아먹는 새의 왕이며 태양의 새이다. 이 새는 인도의 지고신 비쉬누의 탈것인 '가루다'라는 새에서 기원한다. 항가리드가 뱀을 쥐고 있는 것은 천상의 힘이 지상의 힘을 제압하는 의미가 있다. 사람들은 이 산의 형상에 대해서는 여러 가지로 이야기하는데, 바위 위에 앉은 항가리드 새의 모습을 한 왕과 왕비가 의자에 나란히 앉아있는 형상 같기도 하고, 사슴을 탄 백발의 노인 또는 눈 덮인 산에 흰 사자가 누워있는 것 같다고 말하기도 한다.

이 산은 1778년 이흐 후레(지금의 울란바타르 시)의 대신大臣 윤덴더르지가 자연보호구역으로 지정할 것을 제안하였으며, 만주 정부의 승인을 얻어 입산제한 구역으로 정하고 산의 이름을 '버그드 항' 산이라고 불렀다. 그 이후 버그드 항 산을 자연보호지역으로 삼고 가장 높은 두 봉우리를 투셰공과 체체공이라는 작위를 내려주고, 해마다 50랑의 옘부(약 1.9kg의 은괴)로 녹을 주도록 했다고 한다.

이 산의 서남쪽으로는 만즈쉬르(문수보살) 람 사원이 있으며, 이 절은 문수보살의 현신인 아그왕-롭상잠발단잔이 탕구트의 승려들과 함께 1733~1747년에 지은 절로 사원

버그드 산 이흐 텡게링 암의 벽화

이 번성하였을 때는 20여 개의 전과 350여 명의 스님들이 생활했다. 처음에 승려 롭상 잠발단잔이 땅을 살피며 다닐 때 땅에 묻혀 있던 흰 돌에 예술적으로 조각된 차강 우브 겅(백발노인)과 부처가 나왔기 때문에 이를 예조로 여겨 이곳에 사원을 세웠다고 한다. 이곳은 1937년 대숙청 시기 폐허가 될 때까지 의학, 천문학, 철학 교육이 이루어졌던 지성의 산실이었다.

이 산의 잘라아트 어귀 끝에 있는 자이산 산의 남쪽에는 고대인의 주거지가 있으며, 이흐 텡게르 입구 동편의 바위에는 독수리 벽화 등 고·현대의 역사, 문화 유적이 많이 남아있다. 1995년부터 대통령의 칙령으로 버그드 산에 국가 대제를 지내게 되었으며, 그 문화적 가치가 인정되어 1996년 유네스코 세계자연유산으로 지정되어 '인간과 생물권 보존지역'으로 등재되었다.

자이승 전승 기념탑 할하 골 전쟁에서 전사한 러시아 연합군을 기념하기 위해 1971년 세웠다.

〈자이승 산〉의 전설

이 산의 뒤쪽 산자락에 있는 작은 산을 자이승(자이산)이라 한다. 이 산을 자이승이라고 명명하게 된 것에 관한 전설이 전한다. 이 봉우리가 있는 땅은 원래 평평한 초원 지역이었다. 어느 날 버그드 칸이 해가 뜰 무렵 남쪽을 보고 있는데—버그드가 겨울 궁전에 있었던 것 같다—, 지금의 자이승 산이 있는 곳에 한 작은 언덕이 솟아오르고 있었다. 이런 현상을 매우 이상하게 여긴 버그드는 다음날 다시 남쪽을 바라보았다. 그런데 놀랍게도 전날 생겨난 언덕이 점점 커져가고 있었다. 오래지 않아 그것은 꽤 큰 언덕이 되었는데, 더 이상한 것은 주변의 나무들이 그 산쪽을 향해 나란히 움직여 가고 있는 것이었다. 버그드가 좌우 신하들을 모아 이 이상한 사건에 대해 이야기하자 한 지혜로운 신하가 이렇게 말했다.

"티베트에서 몽골의 나무를 가져오라고 산을 보낸 것입니다. 이 산은 티베트에서는 높은 지위를 가지지 않은 보통 산입니다. 산은 원래 작위를 좋아하니 작위를 주면 여기에 남아 있을 것입니다." 버그드가 그 말을 듣고 대신들과 상의하여 티베트에서 온 산에 '자이승'이라는 벼슬을 내려 산을 이곳에 남게 하였다. 이렇게 하여 자이승 산은 더 이상 커지지 않고, 버그드 산의 나무도 그쪽을 향해 가지 않게 되었다고 한다. 이것은 티베트가 불교를 통해 몽골을 좌지우지하려고 한 데서 생겨난 전설로 보인다.

티베트와 관련된 다른 이본을 보면, 티베트에 대단히 사나운 산신이 거하는 마르친봄바라이라는 큰 산이 있었는데, 그 산의 일부를 끊어 버그드 항 산의 사서司書로 삼아 '자이승'이라는 벼슬을 내려 몽골에 보낸 것이 지금의 '자이승' 산이라고 한다. 이 산은 티베트에서 보낸 벼슬을 가진 산이므로 몽골에 거주하는 티베트 스님과 상인들이 이 봉우리에 와서 제의를 드렸다고 한다.

또 다른 이본을 보면 북쪽 산과 연관시켜 설명한다. 남쪽의 버그드 산은 북쪽의 칭겔테 산과 서로 사이가 좋지 않았다고 한다. 이 주변 지역은 좋은 일이 생기지 않고 계속해서 심한 폭풍과 거센 눈비가 내렸다. 이런 연유로 후레의 대신들이 모여 두 산이 서로 불화한 것과 천기가 나쁜 이유에 대해 말했다. 두 산을 불화하게 만들고 있는 것은 못된 악귀의 장난이며, 그 악귀가 톨 강 앞쪽 어떤 한 곳에서 나오는 것 같다는 결론을 내렸다. 그 악귀를 누르는 방법으로 작은 산 하나를 가져다가 그곳을 눌러 악귀가 나오지 못하도록 했는데, 그 소산이 지금의 자이승이라고 한다.

지금 자이승 봉우리에 세워져 있는 기념탑은 1939년에 있었던 일본과의 할하 강 전투에 참전했던 러시아 연방의 전사와 몽골의 독립과 자유를 위해 싸운 병사들을 추모하기 위해 세워졌다. 1971년 몽골 민중혁명 50주년을 기념하여 조각가 아.히식그트를 비롯한 여러 장인들이 협력하여 완성했다.

대암 이태준 기념 공원

울란바타르의 남산 버그드 산자락에는 이태준이라는 한국인을 기리는 공원이 자리하고 있다. 대암 이태준大岩 李泰俊은 1883년 11월 21일 경남 함안에서 태어났으며, 1911년 세브란스 의학교를 졸업하고 안창호 선생이 조직한 '청년학우회'에 가입하여 독립운동을 했다. 세브란스병원에서 인턴으로 일하던 1912년 중국 남경으로 망명하여 '기독교의원'에서 일하다가 1914년 몽골로 오게 되는데, 몽골 입국의 동기는 그의 처 사촌이자 대한민국 임시정부 부주석을 지냈던 김규식의 권유 때문이라 한다.

김규식은 해외에서 한국을 대표하는 매우 다양하고 적극적인 정치활동을 벌인 인물로, 1913년 중국으로 망명한다. 그 동기는 일제의 종교·정치적 탄압의 배경을 가지고 있었는데, 이태준도 이와 마찬가지였던 것으로 보인다. 1911년 일제는 민족운동 세력을 뿌리 뽑기 위해 소위 '데라우치 총독 암살미수 사건'을 조작해 대대적으로 국내 인사를 잡아들인다. 이른바 '105인 사건'으로 기소자 123명 중 94명이 기독교인이었다고 하는데, 기독교사에서는 이를 기독교의 최대 박해사건으로 본다. 일제는 '신민회' 중심의 항일 독립운동가를 색출하고 자신들에게 비판적인 선교사를 추방할 목적으로 사건을 날조하여 민족주의자와 기독교인들에 대한 대규모 핍박을 자행한다. 일제는 이 사건으로 신민회를 해체시키고 비밀 항일단체를 제거는 했지만, 이로 인해 많은 독립운동가들이 해외로 운신의 폭을 넓혀 가는 계기가 되었다. 이러한 배경에서 우사 김규식, 몽양 여운형 등의 많은 기독교계 민족주의자들이 중국 망명길에 오르게 된다.

이태준 기념 공원 버그드 항 산자락에 조성되어 있다

이태준은 김규식의 권유로 1914년 몽골 후레(현재 울란바타르 시)로 와서 '동의의국'이라는 병원을 개설하고, 마지막 황제인 제8대 버그드의 주치의로 일했다. 그는 병에 신음하는 일반민들을 위해서도 많은 노력을 기울인다. 1918년 인구조사에 의하면 당시 몽골의 인구가 65만 명 정도밖에 되지 않았는데, 인구가 이렇게 적었던 주원인은 지배국 청나라가 정치적 목적으로 전개했던 불교정책과 이민정책, 성병 확산에 있었다. 이태준은 몽골인들에게 엄청나게 퍼져있던 성병을 퇴치하는 데 앞

이태준 기념 공원비

장섰으며, 1919년에는 몽골로부터 '에르덴오치르'라는 최고 국가훈장을 받게 된다.

김규식은 1920년 만주로 건너가 대한독립단, 고려혁명군 조직에 참여하고 미국, 중국, 소련 등을 오가며 활발하게 독립운동을 전개한다. 이태준 역시 몽골에서 인술을 베풀며 조국의 독립을 도모하며 지내던 중 1921년 2월, 38세 나이에 친일적인 군대 러시아 백군에 의해 피살되고 만다. 그의 묘는 울란바타르의 성산 버그드산에 있다고 하나 현재 정확히 어디에 있는지는 아무도 모른다. 모스크바에서 레닌이 주최한 만국무산자대회에 한국대표로 참석한 여운형이 울란바타르를 경유하여 모스크바로 갈 때 그의 묘에 참배한 적이 있다고 하는데, 역사적으로 보면 1921년 11월 소련 이르쿠츠크에서 '극동피압박민족회의'가 열린다. 이때 여운형을 선두로 김규식·나용균 등 30여 명이 이 회의에 참가하게 된다. 이들 일행은 상해를 떠나 만주를 통과하려고 할 때 일

본 경찰이 미행하고 있는 것을 알고 예정된 코스를 변경하여 몽골을 통과하게 된다. 이때 이태준의 죽음을 알고 있었던 김규식의 말에 따라 일행이 그의 묘소를 참배했던 것으로 보인다.

그의 애국정신을 기리기 위해 한국정부는 1980년 대통령 표창을 추서했다.

동 · 서 · 북쪽의 산들

수도의 서남쪽에 위치하고 있는 산의 이름은 성긴 하이르항 산으로, 숲과 나무가 드물고 바위와 암석이 많은 위용 있는 산이다. 이 산의 주인은 푸른 소를 탄 푸른빛의 노인으로 술을 좋아한다고 하여, 사람들이 술을 마실 때 서쪽 산의 산신인 이 노인에게 먼저 술을 올려드린다고 한다. 이 산의 형상을 말할 때 대 군사를 이끄는 장군의 모습을 하고 있다고도 한다. 보통 몽골에서는 신성한 산에 '하이르항'이라는 칭호를 붙여 부른다. 이 산 주위 특히 남쪽과 서쪽 편으로 고대 흉노와 선비 시대의 무덤 등의 기념 유적지가 적지 않다.

수도의 북쪽에는 칭겔테 산이 있다. 이 산에 대한 전설을 보면 제자들에게 경전을 가르치고 있는 나이 많은 사부의 특징을 지니고 있다고 하며, 스님을 주인으로 하는 산이라고 말한다. 이러한 전설대로 이 산에는 수도하는 스님들이 살면서 책을 저술하는 일들이 많았다.

수도의 동쪽으로 바양주르흐가 있다. 이 산은 동쪽 평원으로 톨 강이 흐르고 숲과 나무가 빼곡히 자란 아름다운 산으로, 산정을 올라서면 울란바타르 시의 전경이 한 눈에 들어온다. 이 산의 산신은 붉은 분홍빛 얼굴에 비단을 걸치고 무서운 호랑이를 타고 다닌다고 한다. 이 산신은 모든 사물을 자신의 권한에 두고 물질을 비처럼 내려 준다고 여긴다. 그렇기 때문에 예전에 상인들이 이 산에 제의를 드리며 신앙했다고 한다. 이 산에는 여러 가지 꽃들과 약초, 버섯이 많이 자란다. 예전에는 늑대, 여우, 사슴, 곰, 스라소니 등이 서식했었다고 하는데 지금은 거의 사라졌다.

울란바타르를 둘러싸고 있는 네 산에는 각기 독특한 상징성을 지닌다. 남쪽의 버그드 칸 산은 '정치', 서쪽의 성긴 하이르항 산은 '용기', 북쪽의 칭겔테 산은 '지식', 동쪽의 바양주르흐 산은 '재물'을 각각 상징한다.

버그드 칸 궁전 박물관

이 건물은 몽골 종교의 수장인 제8대 버그드 자브장담바의 겨울 궁전으로 1893~1903년 동안 약 10년에 걸쳐 지어졌으며, 버그드의 겨울 궁전과 일곱 개의 전으로 이루어져 있다. 이 궁전은 일명 '녹색 궁'이라고도 한다. 버그드의 겨울 궁전은 1905년에 유럽식으로 지어진 2층 건물로 이 곳에서 버그드는 20년 동안 던덕돌람 왕비와 겨울을 지냈다.

청나라 지배기에 만주는 몽골에 불교가 전파되는 것을 지지함으로써 몽골인들의 인심을 얻으려고 했으며, 정치적 목적으로 불교를 이용하려는 정책을 폈다. 그러한 불교 정책의 하나로 황교의 첫 번째 활불인 자브장담바의 현신을 불교의 지도자로 앉혔다. 제1대는 성자의 열다섯 번째 화신인 자나바자르였는데, 그는 칭기스 칸

버그드 칸 박물관 종루

평화의 문

의 황금가계인 투셰트 한 아이막의 검버더르지의 아들로 다섯 살에 버그드가 되었다. 제2대 자브장담바도 황금가계 출신의 몽골인이었으나, 그가 독립운동가 친군자브의 봉기를 돕는 등 조국을 위한 일에 가담했기 때문에 몽골인의 정신적 결집을 두려워한 만주 정부는 제3대부터 티베트에서 버그드를 모셔오게 된다. 제8대 버그드는 세 살 때 23번째 자브장담바 화신으로 지목돼 다섯 살 때 스승, 부모 형제와 함께 몽골로 왔다.

제8대 버그드 자브장담바 아그반롭상처이진냠은 1869에 태어나서 1924년 55세의 나이로 운명했다. 왕비 던덕돌람은 세첸 한아이막의 조논 왕 척그바다라흐 지역의 첸딩의 딸이며, 1923년 49살의 나이로 서거했다. 그녀는 매우 사려 깊고 활동적이었으며, 불교 지도자의 아내로서 역할을 다했던 인물로 크게 존경을 받았다.

자브장담바는 어린 나이에 몽골에 와서 불교 지도자로서의 예절과 법도를 익히

제8대 자브장담바와 왕비 던덕돌람

고, 몽골의 풍습과 관습을 몸에 익힘으로써 몽골인과 다름없이 몽골을 위해 일생을 살았다. 그는 만주지배기에 독립 운동을 적극적으로 이끌었으며, 1911년 몽골을 만주로부터 독립시키는 데 많은 공로를 세운다. 이러한 공로로 1911년 12월 29일 독립국가의 새로운 왕으로 추대된다. 그는 1911년부터 인민혁명에 승리한 1921년까지 정교政敎의 최고 지도자로 추앙을 받았으며 1924년 운명했다. 그해 11월 26일 인민 대회의에서 몽골 인민공화국을 선포하고 최초의 법을 제정했다. 1925년 몽골혁명당 4차 회의에서 버그드의 재산을 국가에 귀속시키고, 1926년 민주당 중앙위원회에서 이 궁전을 박물관으로 지정했다. 이 박물관에는 17세기에서 20세기 초에 이르는 왕정, 종교, 예술 문화의 값진 유물들이 보관되어 있다.

평화의 문은 1911년 말엽 만주에 저항했던 몽골인들의 자유를 위한 투쟁이 승리

버그드 칸 박물관의 궁전 도서관

로 끝나고, 8대 버그드 활불을 몽골의 정교의 지도자요, 왕으로 추대한 일을 기념하여 1912~1919년까지 오랜 기간에 걸쳐 공들여 만들어졌다.

겨울 궁전에는 버그드와 그의 왕비가 사용하던 많은 유품들이 전시되어 있다. 이곳에 전시되고 있는 표범가죽으로 덮은 게르는 1893년 8대 버그드 자브장담바의 25세 기념으로 세쳉 항 아이막의 베이스(직명) 상길릭 더르지가 보낸 선물로 모두 150마리의 표범 가죽으로 게르를 덮고 있다. 이 게르는 비가 오지 않을 때는 밖에 설치했는데, 문 위에 있는 스와스티카卍 문양은 게르 주인의 영원한 장수를 기원하는 상징적 의미가 있다.

또 장츠라는 걸치는 덧옷은 몽골 최초의 버그드인 자나바자르에게 만주 엥흐암갈랑 왕이 선물한 것으로, 80마리의 여우가죽을 이어 만들었다고 한다. 길이가 186cm, 61개의 산호, 800진주로 장식한 옷으로 8대 버그드까지 대를 물려 사용했다. 또 황색 비단에 진주로 문양을 넣어 꿰맨 짧은 겉옷에는 22,000개 정도의 진주가 들어갔다고 한다. 또 이곳에는 버그드가 어린 시절 사용하던 물건과 장난감들이 전시되어 있는데, 그는 어린 시절 여러 가지 장난감으로 종교적인 의례와 몽골 풍습을 훈련받았다고 한다.

겨울 궁전의 안쪽에 있는 7채의 전에는 각종 불교 미술품 및 불상, 유물들이 전시되어 있다. 박물관의 전체 건물은 1893~1903년 10년 동안 지어졌다. 1912년 니스렐 후

제8대 자브장담바의 용상

레에는 버그드의 겨울 궁전 이외에 여름 궁전과 의정궁인 샤르 궁이 있었는데, 이 두 건물은 1924년에 불타 없어졌다.

처이진 람 숨 박물관

몽골에는 고대 문화 예술의 값진 유적들이 풍부하게 남아있다. 그 가운데 사원 건축물이 큰 지위를 점한다. 16세기부터 몽골에 개혁 불교인 황건파 불교가 전파되면서 많은 사원 건축물이 지어졌다. 19세기 말부터 20세기 초의 몽골 사원 건축 가운데 매우 우수한 건축물 가운데 하나인 '처이진 람' 절은 당대 국가 원찰이었다는 점에서 매우 뜻 깊은 절이다. 처이진ЧОЙЖИН이란 '불법의 수호자'란 뜻으로, 불교와 무속이 접합된 무당의 초능력적인 힘을 가진 승려를 이른다.

이 절은 1904~1908년 기간에 제8대 버그드 자브장담바 활불의 친동생이며 황교

처이진 람 박물관

의 영향력 있는 큰스님인 롭산하이다 브Лувсанхайдав를 위해 세워졌다. 처이 진 스님은 버그드만큼이나 인기가 있었고 그 영향력도 막강했다. 예전에 인도에서 공부하고 온 스님들이 현재 처이진 람 박물관의 자리가 절 자리로 적당하다고 했다 전한다. 대웅전 안에는 지금도 처이진 롭산하이다브와 그의 사부였던 영존 함바 발당처임벌의 미라가 모셔져 있다. 롭산하이다브는 이 사원에서 영원히 살고 싶어 했다. 그는 죽기 3개월 전 끓인 물에 소금을 넣어 마시고 죽은 후 몸에서 나쁜 냄

전각의 내부

새가 나지 않게 했다고 한다. 밖이 아무리 더워도 이 사원 안에 들어가면 서늘한 느낌이 드는 것이 이상하다고 사람들은 말한다.

이 사원은 몽골 건축가들의 기술로 지어졌으며, 여기에서 1938년까지 법회가 열렸다. 1941년 11월 13일 인민대회의 대표자들의 지시로 가장 중요한 역사·문화 유적으로 자리하게 되면서 관리 권한이 경전 연구소(현 과학아카데미)로 이전되었다. 그리고 1942년부터 박물관으로 일반인들에게 공개되었다. 이 박물관은 예술적인 건축물과 그림, 조형 예술물들이 조화되어 불교 예술의 진수를 유감없이 보여주고 있으며, 불교 미술의 빼어난 작품을 모아 전시해 놓았다는 점과 함께 체계적인 구조로 지어진 불교 사원 양식이라는 점에서 중요한 학술적 가치를 지닌다.

현재 박물관의 건축물은 다섯 채 전殿과 다섯 개 문으로 이루어져 있으며, 전마다

1 자나바자르의 Sitasamvara
2 자나바자르 작품 미륵불

몽골의 탁월한 재능을 가진 화가, 조각가 등 여러 분야의 미술 전문가들의 작품들이 전시되어 있다. 전 가운데 야담 전은 다른 사람은 들어갈 수 없었으며 처이진 혼자만 들어가 명상을 하던 전이라고 한다.

　　박물관에 보관되어 있는 예술품들은 17세기에서 20세기 초의 작품들을 아우르고 있다. 특히 팔각 모양으로 지어진 '평화의 전' 안에는 제1대 버그드였으며 몽골의 위대한 예술가인 자나바자르의 상 및 그의 예술품들이 전시되어 있다. 자나바자르의 작품들은 생동감이 있고, 맑고 순수함을 간직한 몽골 특유의 정서를 내포하고 있어 탁월한 예술적 가치를 지닌다. 또 이곳에는 17세기 자나바자르가 인도에서 가져온 1,000년 전에 만들어진 스투파(소브륵)가 오랜 역사적 시간을 간직한 채 숨쉬고 있다.

몽골의
유목생활과
사냥

1 이동하는 유목민들
2 알타이 산악지대 목양

4
유목생활

　몽골인들은 고대로부터 중앙아시아의 넓은 초지를 이동하며 유목생활을 해왔다. 유목생활이란 일정한 주거지를 갖지 않고, 가축을 몰고 계절에 따라 이동하며 생활하는 방식을 이른다. 이는 처해진 자연 조건에 적합한 생활 방식을 찾으며 형성된 오랜 전통을 가진 생활 형태라고 할 수 있다.

　이동에는 대이동과 소이동이 있으며, 대이동은 자연재해를 피하거나 특별한 상황으로 인해 고향에서 멀리 이주하는 것을 말한다. 몽골인들은 일반적으로 소이동을 하는데, 이것은 계절마다 일정한 지역을 돌며 가까운 거리에서 거주지를 바꾸는 형태를 이른다.

　몽골은 지대가 높고 추운 날씨가 오래 지속되며, 강수량이 적기 때문에 농사를 짓기에는 적합한 자연 조건을 갖지 못한 나라이다. 그러나 스텝 지역(초지)이 광활하게 펼쳐져 있어 가축들을 기르는 데는 천혜 조건을 가지고 있는 나라라 할 수 있다. 북쪽 삼림 지역의 수림민들은 주로 사냥을 하며 살고, 저지대의 기온이 비교적 온난한 곳에서

1 이동하기 위해 준비하는 목민 가정
2 헙드 아이막의 이동민, 저자가 낙타 고삐를 잡아보았다.

는 농사도 짓지만, 몽골의 주된 생산 방식이자 생활 방식을 말할 때 유목생활을 빼놓고 말하기는 거의 불가능하다. 그만큼 유목생활은 몽골인들의 삶의 보편적인 형태이자 정치, 경제, 문화, 풍습의 전반을 지배하는 생활 방식이기도 하다.

몽골의 유목민들은 초지를 적절히 이용하기 위해 우월저(겨울 영지), 하와르자(봄 영지), 조스랑(여름 영지, 여름집), 나마르자(가을 영지)라 하여 계절을 따라 영지를 바꾸어 생활을 한다. 초원길을 지나가다 보면 흔히 바람을 피할 수 있는 구릉의 중턱쯤에 돌이 둥글게 놓여 있거나 가축우리가 지어져 있는 것을 볼 수 있는데, 이것은 주로 겨울 영지일 경우가 많다. 겨울 영지는 바람을 피하기 좋고, 눈이 덜 쌓이는 구릉의 남쪽에 터를 잡는다. 봄 영지는 가축이 새끼를 낳아 성장하기 좋은 지대가 높지 않은 곳으로, 겨울 영지에서 그리 멀지 않은 물과 초지가 풍부하게 형성된 곳을 잡는다. 계절에 따라 이동하는 횟수는 지역마다 조금씩 다르다. 북쪽의 부랴트 종족의 경우 겨울과 여름에 두

| 1 | 2 | 3 | 4 |

3 여름영지
4 알타이 산악지대 겨울영지, 삿된 것의 접근을 막기 위해 문앞에 소머리를 걸어 놓았다.

번 이동하는데 비해, 중부 항가이 지역에서는 물과 초지가 좋기 때문에 4~6번 정도 이동한다. 그러나 남부의 반사막 지역인 고비 지역은 오히려 물과 초지가 좋지 않기 때문에 초지와 물을 찾아 10회 이상을 이동하기도 한다. 이동을 할 때는 말, 뱀, 개 일, 일요일에는 이동하지 않는다. 일반적으로 수, 목, 금요일, 24, 25, 26일에 이동한다.

목자들이 이동을 할 때는 먼저 날씨를 관찰하고, 맑은 날을 예견하여 날을 잡는다. 몽골인들은 이동을 하거나 길을 떠날 때 화요일을 대체로 피하는 경향이 있다. 가장은 어느 쪽으로 이동할 것이며 어떤 지역에 머물 것인지 주변의 경험 많은 연장자와 상의를 하여 정하고, 여러 가지 필요한 것들을 준비한다. 이동하는 사람들이 자기 집 쪽으로 지나게 되면 차를 끓여 먹을 것과 함께 정성껏 대접한다. 이동하는 사람들에게는 반드시 새 차를 끓여 주는 습속이 있는데, 만약 끓여 놓았던 차를 덥혀서 주면 이동하는 가정이 새 영지에서 그리 오래 머물지 못하게 된다는 속신이 있다. 차를 마신 다

1
2
3

1 몽골 동부 초원지대 겨울영지
2 겨울영지 축사
3 트럭으로 이동하는 풍경

음 주인은 이동하는 가정이 새로운 영지에 도착하여 잘 지내기를 바라는 축원의 말을 한 후 떠나보낸다. 가는 길에 사람들을 만나면 오른쪽 방향으로 비켜가고 연장자에게 먼저 인사를 한다. 이렇게 사람을 만나게 될 때는 말의 발걸이에서 발을 빼고 인사를 나누고 지나가는데, 이러한 예로 인사하는 것은 사람이 길에 내려 존경의 예를 표하는 것과 차이가 없다고 생각한다.

또 이동민들이 정착할 곳에 도착하면 근처 이웃에서 차와 음식으로 그들을 맞이하고 대접하며 집 짓는 일을 도와준다. 몽골인들은 이동하는 것을 번거롭고 불편한 것으로 생각지 않으며, 몸을 건강하게 하고 마음을 즐겁게 하는 일이라고 생각한다. 예전에는 소나 낙타에 짐을 싣고 이동을 했는데 최근에는 트럭으로 이동하는 일이 많아졌다.

이동 생활의 특징 중 하나에 '사할트 아일саахалт айл'이라는 것이 있다. 이것은 그리 멀지 않은 거리를 둔 두 이웃 부락을 말하는 것으로 두세 이웃이 보통 1~3km 영역 안에 살면서, 가축을 칠 때나 어려운 일이 있을 때 서로 도울 수 있도록 일정 거리를 유지하는 것을 이른다. '사할트'라는 단어는 '사일саалъ' 즉, 젖이나 유제품을 이르는 말에서 생겨났다. 이것은 젖을 짤 때 양이나 염소새끼들을 다른 이웃에 서로 교차하여 보내 어미에게서 젖을 짜는 일을 쉽게 한다든가 물과 초지를 함께 이용하는 등 이웃이 서로 도우며 노동을 수월하게 하기 위한 유목 생활의 한 방식이다.

오축

몽골인들은 청동기시대부터 야생의 동물들을 집짐승으로 길들여 왔으며, 흉노시대에는 목축이 상당히 발전했다고 한다. 주로 말, 소, 양, 염소, 낙타를 길렀으며 이를 특별히 오축이라고 하는데 이 가운데 양이나 염소를 '벅그 말бог мал'(몸집이 작은 가축)이라 하고 말, 소, 낙타를 '버드 말бод мал'(몸집이 큰 가축)이라 하는데, 보통 몸집이 큰 가축은 젖이 진해서 발효 젖술을 만들 때 양질의 술을 얻을 수 있다.

몽골에서는 돼지나 닭도 기르고 홉스굴의 차탄족은 순록을 치며 살지만, 돼지나 순록 등은 오축에 포함되지 않는다. 몽골인에게 부의 개념은 도시 문화가 발달하면서 달라졌지만 예전에는 얼마나 많은 가축을 소유하고 있느냐에 따라 부의 정도가 평가되

1 보통 양과 염소를 함께 목양한다.
2 망원경으로 가축을 살피는 목민

1
2

었으며, 결혼을 할 때 가축으로 예물을 보내기도 했다. 지금도 시골에서는 가축의 정도로 부를 평가한다. 몽골의 가축 수는 2012년 통계의 의하면 전체 40,92,900두, 이 가운데 양이 18,141,400두, 염소가 17,558,700두, 소가 2,584,600두, 말이 2,330,400두, 낙타가 305,800두로 양이 가장 많은 수를 보인다. 2009년에 있었던 조드(자연재해)에 의해 2010년 가축의 수가 급격히 감소했다.

가축의 수 (단위:천)

	2008	2009	2010	2011	2012
말	2,186.9	2,221.3	1,920.3	2,112.9	2,330.4
소	2,503.4	2,599.3	2,176.0	2,339.7	2,584.6
낙타	266.4	277.1	269.6	280.1	305.8
양	18,362.3	19,274.7	14,480.4	15,668.5	18,141.4
염소	19,969.4	19,651.5	13,883.2	15,934.6	17,558.7
	43,288.4	44,023.9	32,729.5	36,335.8	40,920.9

	2008	2009	2010	2011	2012
목축업 종사 호구수	171,124	170,142	160,265	154,917	146,081
목자수	360,255	349,303	327,154	311,185	289,646

가축의 수가 가장 많은 지역은 홉스굴, 아르항가이, 투브 아이막 순이다. 1인당 가축 소유수는 14마리 정도이며, 가장 많은 가축을 치는 목자는 아르항가이 이흐 타미르 솜의 체.바트저릭으로 3,871두의 가축을 소유하고 있는 것으로 조사됐다.(2014.1 기사) 목축업에 종사하는 가정의 수와 목자의 수는 해마다 감소 추세를 보이고 있다. 목축업에 종사하는 목자들이 줄어드는 것과 도시화는 밀접한 상관관계가 있다.

몽골인들은 가축을 사랑하며 존숭하는 생활 풍속이 있어 왔다. 가축을 거친 성격으로 대하며 함부로 때리는 사람은 목자의 자격이 없다고 본다. 가축과 더불어 살아온

몽골인들은 가축을 세심히 관찰하여 그 성격과 상태를 정확히 파악하여 목양을 해왔다. 몽골인들은 가축들을 애정 어린 마음으로 예법에 맞게 대한다. 살이 오른 가축을 거칠게 몰지 않고, 새끼 밴 가축을 빨리 쫓지 않는다. 보통 화요일에는 가축을 잡지 않으며, 금, 토요일에는 가축을 다른 사람에게 내주지 않는다. 낙타고기는 몸을 차게 하는 고기이기 때문에 제수祭需로 사용하지 않고, 죽으면 그 머리를 집안에 들이지 않는다. 몽골인들은 죽은 가축의 고기를 먹지 않으며, 죽은 가축의 사체를 그냥 버리지 않고 되새김위를 빼내서 버린다. 신에게 바친 가축이 죽으면 초원에 버려 개나 늑대, 새들의 먹이가 되지 않도록 어워OBOO의 동남쪽을 향해 묻어둔다.

　　몽골 사람들은 가축의 나이를 그 이빨이 난 상태를 보고 아는데, 말경주를 할 때 나이별로 말의 이빨을 살펴 나이의 진위를 확인하기도 한다. 가축의 연령을 나타내는 용어는 150여 가지에 이른다. 그 가운데 말에 관한 것은 54가지, 낙타는 34가지, 소는

32가지, 양은 22가지, 염소에 관한 것은 16가지이다. 몽골에는 색깔 수가 매우 많은데, 그것은 다양한 가축의 털 색깔 때문이다. 말의 경우 기본적으로 16가지 정도의 색깔로 지칭하지만 더 세밀하게 나타낸 색깔 수는 160가지 이상이 되며, 방언을 포함하면 300가지에 이른다고 한다.

몽골 목자들은 씨가축이나 어미 가축들을 아끼고 존숭하며, 씨가축은 죽여서 양식으로 사용하지 않는다. 또 종자에 필요한 수컷의 가축을 남겨두고 거세하는 전통이 있다. 집집마다 거세에 필요한 칼과 집게 등이 준비되어 있으며, 거세에 관련된 엄격한 규칙과 금기가 있다. 가축마다 서로 다른 계절에 거세를 하며 대개는 개나 뱀날에 거세를 행한다. 요일로 보면 월요일, 수요일을 길일로 여긴다. 양과 염소, 소는 5월 15일 전에, 낙타는 10월 초 따뜻하고 맑은 날을 잡아 거세를 한다. 보통 위생상 파리나 모기가 적은 봄·가을로 거세를 하며, 말은 말 날, 소는 소 날 거세하지 않으며, 토요일이나 일요일에는 거세하지 않는다. 보통 양과 염소는 1세, 낙타와 소는 2세, 말은 2~3세에 거세를 한다.

가축을 거세하고 3일 동안은 가축의 젖이나 유제품, 술 등을 밖으로 내가지 않는다. 거세한 고환은 삶아서 어린 아이들에게 준다. 가축을 거세한 날 저녁에는 이웃 사람들이 서로 방문하여 차와 마유주를 마시며 조촐한 잔치를 한다.

말

말은 몽골 사람들이 가장 사랑하며 소중히 여기는 동물로, 초원 생활에서 없어서는 안 될 중요한 역할을 한다. 첫째, 광대한 초원의 교통수단으로 말이 없는 몽골의 삶은 상상하기 어렵다. 지금은 도시 문명 속에서 여러 가지 운송 수단이 생겨났지만, 얼마 전까지만 해도 말은 인간의 발이 되어 주는 가장 유용한 동물이었다. 말은 교통수단이 될 뿐만 아니라 군사적 목적으로도 중요한 역할을 했다.

또 중요한 의례에서 탈것으로 이용되었는데, 제의나 어떤 의식에 사용되는 말은 특별한 색깔을 선택하여 사용하는 풍습이 있다. 어떤 지역에서는 제의를 드리러 간다거나 신부 집에 갈 때 신랑될 사람이 백마를 타고 가는 풍속이 있었다. 설화 등의 문학서를 보면 무당에게 백마를 태우는 경우

장대로 말을 다루고 있다.

를 볼 수 있다. 둘째, 말은 수레에 연결하여 여러 가지 짐을 운반하거나 노약자를 태우는 데 사용되었으며 셋째, 말은 몽골민족이 고대로부터 즐겨온 말달리기의 경주마로 이용되었다. 말은 위와 같은 역할 이외에 기본적으로 젖과 고기, 가죽, 털 등을 제공하며, 말의 비계를 몸에 바르면 피부병이나 피부 미용, 피로 회복에 좋다고 한다.

몽골 말은 수천 년 전에 중앙아시아 지역에 살던 야생마인 훌란хулан, 타히тахь에서 기원되었다고 한다. 몽골의 목자들은 야생마를 길들여 목축과 탈것으로 사용했다. 몽골 말은 초원에서 야생의 상태로 지내기 때문에 인내심이 강하며, 영상 45도의 더위와 영하 45도의 추위를 견딘다고 한다. 겨울에 발굽으로 눈을 헤치고 마른 풀이나 나뭇잎 등을 찾아 뜯어먹는다. 말의 수명은 평균 25년이며, 200~400kg의 무게를 견딜 수 있다.

말은 매우 영리하여 자기가 처음 태어난 곳, 처음 물을 마신 곳을 기억하고 찾아올 수 있는 놀라운 회귀성을 가지고 있다고 한다. "말은 천 리를 가도 고향을 잃지 않는다."는 속담도 있다. 1941년 2차 세계대전 때 독일에 갔던 몽골 말이 베를린을 탈출하여 유럽, 러시아 초원, 시베리아의 산맥을 건너서 몽골에 돌아왔으며 또 베트남 전쟁에 참전했던 몽골 말이 3년 만에 고향에 돌아온 적이 있다고 한다.

1 몽골인은 말 묶는 기둥에 조상이 거한다고 믿는다.
2 수말을 거세하고 있다.

　　사람들은 야생마를 길들이고 손쉽게 다루기 위해 수말을 거세하는 풍습이 있다. 주로 2, 3세 초여름으로 거세를 행하며, 거세한 말을 '아그트 모리агт морь'라고 한다. 한 살배기 말을 '오낙그унага', 두 살배기 말을 '닥그даага' 세 살배기 말을 '슈들렝шүдлэн', 네 살배기 말을 햐자랑хязаалан, 다섯 살배기 말을 '서열렁соёолон'이라고 한다.

　　종마는 30가지 가량의 우수한 특징을 지닌 말을 선정하며, 가축 떼의 선봉이 되어 늑대나 맹수로부터 가축 떼를 지킨다. 몽골인들은 종마가 없으면 말 떼를 이루지 못한다고 말한다. 한 마리 종마에 15~30마리 정도의 말이 한 떼를 이룬다. 종마는 매우 영리하기 때문에 자기 새끼를 상대로 교미하지 않는다. 몽골인들은 종마를 존중하여 함부로 타거나 짐을 싣지 않는다. 몽골의 가축을 말할 때 그냥 가축이라 하지 않고, 말 떼・가축의 뜻인 '아도 말'('아도'는 말 또는 말떼를, '말'은 가축을 이르는 말)이라 한다. 이것은 가축 가운데 말이 갖는 중요성을 반영해 주는 언어 습관이라 할 수 있다. 또 몽골에는 '정기', '행운', '생기', '위풍' 등을 뜻하는 '히모리хиймор'라는 단어가 있는데, 이것은 인간의 정기를 말과 연관시킨 말이다. 몽골인들은 보통 기둥을 존숭하는 풍속이 있는데 특히 말을 묶는 기둥(이를 '성'이라고 한다)에 조상신이 깃들인다고 믿는다.

새끼를 낳을 나이에 이른 암말을 '구гүү'라고 한다. 새끼를 갖지 않았거나 새끼를 가졌다가 낙태를 할 경우 암말은 여름이고 겨울이고 젖을 짜서 마유주를 만들 수 있다. 암말이 새끼를 가졌을 때는 특별히 새끼가 커질 무렵 탈것으로 사용하거나 거칠게 쫓는 행위, 놀라게 하거나 목마르게 하는 것, 너무 차가운 물을 먹임으로써 새끼가 낙태되지 않도록 주의한다. 말의 수태 기간은 11개월 10일 정도(약 340일)이며 보통 6~8월에 수태해서 5, 6월경에 새끼를 낳는다.

새끼를 낳은 암말은 살이 실한 7월부터 시작해서 10월까지 젖을 짠다. 말젖을 '삼саам'이라 하는데, 첫 달은 하루에 1시간 반에서 두 시간 간격으로 6회~8회, 마지막 달에는 3~5회 정도 젖을 짠다. 한 마리 암말에게서 하루 평균 3리터의 젖을 얻는다. 말젖은 인간 신체에 쉽게 흡수되는 단백질, 당분, 비타민 A, C, B, D 특별히 비타민 C가 풍부하다. 말젖을 발효시켜 마유주를 만들며, 유제품인 아롤을 만들고 버터를 얻는다.

말젖을 짜서 마유주를 만들기 시작할 때와 말젖을 짜는 일을 끝낼 때 특별한 의례를 행한다. 일반적으로 초여름 호랑이날 암말을 잡아 젖을 짜고, 추워지기 시작하는 늦가을 개날을 잡아 암말은 놓아준다. 말을 잡는 의례는 말 떼의 큰 잔치이며, 마유주가 풍성해지기를 바라는 상징성을 가진 의례이다. 대개 수요일이나 월요일에 행하는데, 처음 망아지를 잡을 때 새 장소에 말뚝을 박고, '젤'이라는 망아지를 묶는 줄을 당긴다. 말뚝의 양쪽에 작은 돌무지를 쌓기도 한다. 장대 올가미의 연결 부분에 붉은 실이나 하닥을 끈에 묶고 첫 번째 망아지부터 장대를 던져 잡는다. 그리고 망아지에게 젖을 빨려 암말의 젖을 짜기 시작하여, 특별히 준비해 둔 나무 그릇에다 젖을 받는다. 이렇게 암말의 새끼를 잡는 의례를 행한다.

날이 서늘해지기 시작하면 날을 잡아 망아지를 놓아주는 의례를 행하는데, 주로

1
2
3

1 가을철에 낙인을 찍는다
2 헨티 아이막의 아르샹 바위
3 아르샹 바위 앞의 수많은
   낙인이 새겨진 바위

개날을 잡는다. 마지막으로 망아지에
게 젖을 빨게 한 후 말젖을 짜고 망아
지를 줄에서 풀어준다. 망아지를 묶
었던 양쪽 말뚝을 빼고 구덩이에 젖과
쌀이나 보리를 부어 다음해의 풍요를
기원한다. 동네 사람들은 새끼를 풀어
주는 집에 술과 치즈, 아롤 등 음식을
가지고 가고, 의례를 행하는 집은 음식
과 마유주를 준비한다. 이 날 노래와
춤을 추며 즐겁게 잔치를 벌인다. 이
것은 풍요를 기원하는 가을 의례의 성
격을 띤다.

낙인

　　몽골에는 고대로부터 말에 낙인烙印을 찍는 풍습이 있었다. 주인마다 다른 모양의
낙인을 찍기 때문에 멀리서도 자신의 말을 구별하여 알 수 있는 표식이 되며, 말을 잃
어버렸을 경우 쉽게 찾을 수 있는 단서가 된다. 낙인은 여름철에는 찍지 않으며, 주로
시원해지기 시작하는 9월 15일에서 10월 15일 사이에 찍는다.

　　낙인은 종족의 문장紋章으로부터 시작되었다고 볼 수 있다. 몽골인들은 매우 고대
로부터 다른 종족과 구별하는 표식, 문장을 사용하였으며, 자기 지역의 우뚝 솟은 바
위 모양이나 자신들이 만든 그릇, 노동의 도구 등을 기념하여 새겨 남기는 습속이 있었
다. 이러한 표식은 현재 몽골 전역에 풍부하게 남아 있다. 고비-알타이의 차간 강, 아르
항가이 타이하르 바위, 헨티 아이막의 아르샹 바위 등의 큰 바위에 있는 고대종족의 낙
인 모음 등을 그 예로 들 수 있다. 이들 가운데 가장 많은 문양이 새겨져 있는 것은 300
종 가량의 도안이 새겨진 아르샹 바위이다.

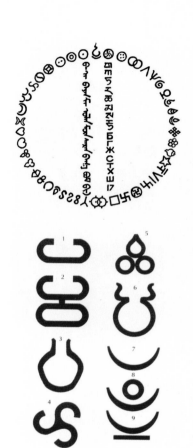

1 몽골 동부 다리강가 사람들의 낙인들
2 여러 가지 낙인 형태

계급 사회의 발전과 사유재산 제도가 발생하면서 종족의 표시는 원시공동체 시대의 공동체적인 성질을 잃고 개별적인 가정의 재산을 표시하는 표식으로 널리 사용되었으며 그 종류도 많아졌다. 귀족과 평민의 가축 낙인이 달랐는데, 부유한 귀족의 가축에게 찍는 것을 '낙인ΤΑΜΓΑ'(타묵)이라고 했으며, 가난한 평민의 가축에게 찍는 것을 '표시ТЭМДЭГ'(템덱)라고 하였다.

몽골의 고대 종족의 낙인 전통은 오늘에 이르기까지 사용되고 있으며, 공산주의 시대에도 가축의 낙인은 협동조합의 가축 떼를 잃어버리고, 섞이는 것을 방지하거나 다른 가축과 구별하는 기본적인 표시로 사용되었다. 지방의 협동조합마다 표식을 통일적으로 정해 사용했다. 가축의 귀의 뒤쪽, 앞쪽, 끝 쪽을 파거나 앞쪽으로 가위질하여 표시했던 것을 '임ИМ'이라 하며, 넓적다리, 엉덩이에 눌렀던 표식을 '타묵'(낙인)이라고 한다. 몽골인들은 말과 낙타에는 낙인을 찍고, 소와 양, 염소는 임이라는 표시를 한다. 다시 말해 '임'은 가축의 귀에서 가위질한 조각을 이르는데, 주로 파리, 모기가 없는 초봄에 임을 낸다. 귀에서 도려낸 임들은 끈에 꿰여 말린 뒤 게르의 위쪽 부분이나 어워에 매달아 가축의 번성을 기원한다.

몽골 말은 사육마가 아니라 초지에서 방목되기 때문에 고기 맛이 좋고 다른 가축의 고기보다 열량 면에서 부족하지 않으며, 단백질이 풍부하고 흡수가 좋으며 비만 및

78

1 말 잔등 위에서 크는 몽골 아기
2 더위를 식히고 있는 말무리

성인병 예방에 좋다고 한다. 한 마리 말에서 평균 150kg 정도의 고기를 얻고, 10g 정도의 갈기털, 100g 이상의 꼬리털과 620g 정도의 털을 얻는다. 말은 서서 자는 동물로 **뼈**는 일반적으로 퇴행성관절염이나 골다공증 등에 좋다고 하나 몽골인들은 말**뼈**를 먹지는 않는다.

　　몽골 유목민들의 모든 생활은 말과 관련되어 있다. 말은 몽골인들의 진실한 반려자로 "몽골 사람들은 말 등에서 태어나서 말 등에서 성장한다."는 외국 여행자의 기록은 말과 더불어 사는 몽골인들의 삶의 모습을 명백히 시사해 준다. 말에게 욕하고 저주한다든가, 때리는 행위, 머리나 가슴을 채찍 또는 끈으로 얽어매는 행위들을 절대로 금한다. 말에 대한 몽골인들의 애정은 매우 각별하다. "말보다 좋은 친구가 없고, 고기보다 좋은 음식은 없다."는 속담도 있다. 여름에 초원을 지나 갈 때면 말들이 머리를 맞대고 둥글게 모여 있는 장면을 흔히 목격하게 된다. 이것은 말들이 서로 그늘을 만들어 더위를 식히는 것이라 하는데, 이를 보고 있으면 매우 정겨운 느낌마저 든다.

양

양은 몽골 가축 가운데 가장 많은 수를 차지하며, 세계 10위의 규모를 갖는다. 몽골의 양은 거센 털을 가지고 있으며, 강한 신체 구조를 가지고 있다. 변화 심한 혹독한 기후 조건에 매우 적합한 신체 구조를 가지고 있기 때문에 일 년 사계절을 초지에서 목양할 수 있다. 보통 1.5세가 되면 새끼를 가질 수 있는 조건이 형성되며, 해마다 9, 10월경에 새끼를 갖고 그 다음해 3, 4월에 새끼를 낳는다. 1마리 숫양에 25~30마리의 암양을 교배시킨다. 양털은 보통 6월 초순부터 7월 10일 경까지 자르는데, 털을 자른 다음 양을 찬 강물에 뛰어들게 하면 차가운 비에도 잘 견디고, 추위에 떨지 않게 된다고 한다. 한 번 털을 자른 뒤 2개월 정도 털이 자란 후 다시 한 번 자르는데, 이 때 자르는 털을 '아하르ахар'라고 하며 보통 숫양의 털을 자른다.

양고기는 몽골인의 주식원일 뿐 아니라 기름, 젖, 털, 가죽 등은 생활에 필요한 여러 가지 것들을 제공하는 원천이 된다. 양과 말고기는 '할롱 이데халуун идээ'라 하여 몸을 따뜻하게 하며, 양고기는 특히 기름이 많아 추운 몽골 생활을 견디는 데 최적의

1 털이 잘 자란 양 · 염소 떼
2 양털 자르기

식품이다. 임신부가 아이를 낳고 산후조리를 할 때도 양고기로 국을 끓여 먹는다. 보통 한국 사람들은 독특한 냄새 때문에 양고기를 그다지 좋아하지 않는다. 그러나 양고기 한 마리를 도막내 달군 돌과 여러 가지 야채를 압력통에 넣어 만드는 '허르헉'은 매우 좋아한다. 이렇게 하면 고기가 연할 뿐 아니라 누린내가 나지 않는 맛있는 양고기 요리가 된다. 허르헉을 만든 뒤 기름기 있는 국물을 마시고, 달구어진 뜨거운 돌을 손에 이리저리 굴리며 비빈다. 이 돌을 손에 넣고 비비면 기 순환에 좋다고 하여 너도 나도 돌을 차지하려고 한다. 또 '버덕'이라는 것도 있는데, 이것은 염소나 타르박 같은 동물의 뱃속에 달군 돌을 넣어 통째로 고기를 익히는 방법이다.

양털은 겔이 외벽을 덮거나 깔개 등을 만드는데 사용되는 펠트(에스기)의 재료가 된다. 펠트는 주로 늦여름에서 초가을에 만든다. 가축의 젖은 차(수테채)를 만드는 데 쓰이고, 이를 말리거나 가공하여 유제품을 만드는 데 사용된다. 겨울이 되기 전에 몽골 사람들은 양고기를 저장하거나 말려서 겨울을 대비한다.

3 누린내가 나지 않는 양고기 요리 허르헉
4 솥에서 꺼낸 뜨거운 돌을 만지면 건강에 좋다고 한다

| 1 | 2 | 3 | 4 |

1
2
3

1 우리에 있는 염소
2 염소는 목을 일렬로 묶어놓고
  젖을 짠다.
3 널로르 부드럽고 가벼운 염소 털

염소

몽골의 염소는 오축 가운데 40% 이상을 차지한다. 염소는 양과 거의 비슷한 수를 유지하는데 어느 해엔 염소의 수가 앞설 때가 있다. 고가의 털인 캐시미어 채취를 위해 염소 증식에 관심을 갖게 된 것인데, 염소는 뾰족한 발굽으로 풀을 밟아 죽이고, 맛 있고 좋은 풀들을 골라 먹을 뿐만 아니라 파내서 갉아 먹어 풀을 죽이기 때문에 염소가 많아지는 것을 우려하는 부정적인 시각이 적지 않다. 다시 말해, 염소의 증가는 초지의 풀을 감소시켜 토양을 사막화시키는 요인이 된다는 것이다.

염소는 청각과 후각이 발달하고, 영리하며 호기심이 많은 동물로 양보다 자연환 경에 빠르게 대처하여 자신을 보호하는 능력을 갖고 있다. 청각이 발달했기 때문에 목 자가 멀리서 소리를 통해 행동을 조절할 수 있어 목양을 손쉽게 할 수 있다. 또 움직임 이 많기 때문에 느린 양들과 함께 목양을 하면 양의 활동성을 돕는다고 한다. 그러나 겨울에 추위를 잘 타고, 눈을 파서 먹이를 찾는 일이 어려워 양이 풀을 찾기 위해 눈을 파헤친 곳을 따라다니며 풀을 뜯는다.

보통 6~7월에 젖이 풍부하여 이때 하루에 3번 젖을 짜서 3~3.5리터의 젖을 얻는 다. 염소젖으로 만든 타락은 매우 부드럽고, 젖을 끓여서 응고시켜 얻는 우름өрөм은 매 우 맛이 좋다. 염소의 털(널로르)은 가늘고 길며 또 부드럽고 가벼울 뿐 아니라 질겨서 경 제성이 매우 높다. 보통 고비 지방의 염소는 3월 중순부터, 항가이 산악지대에서는 4월 부터 빗질을 하여 널로르를 채취한다. 보통 염소의 경우 150~300g의 널로르를 얻는데 비해, 고비의 질 좋은 염소의 경우 한 마리 당 평균 400~600g의 널로르를 얻는다. 널로 르를 빗질하여 채취한 다음 5월에서 6월 초까지 약간 거센 털인 할가스хяргас를 자른다.

몽골은 부드러운 염소 털 캐시미어를 수출하는 나라로 세계 시장에서 높은 점유 율을 보이고 있다. 또 국내 소비 시장에 자부심이 되고 있는 〈고비〉 회사 등은 양질의 염소털을 가공하여 쉐타나 목도리 등의 제품을 만들어 수출하고 있다. 몽골에서 캐시미어 가공업은 1978년부터 시작되었으며, 예전과는 달리 제품의 질이 매우 우수하여 국내외적으로 인기가 높다. 미국, 캐나다, 독일, 프랑스, 러시아, 일본 등 넓은 세계 시장을 확보하고 있으며, 몽골 경제의 일조를 하고 있다.

염소의 털은 에스기를 만들어 신발을 만드는 데 사용되기도 한다. 가죽은 비교적 가볍고 질겨 외투나 신발을 만드는 데 적당한 재료가 된다. 염소의 젖은 양젖과 마찬가지로 타락, 아르츠, 뱌스락(치즈), 버터 등의 유제품을 만드는 데 이용된다. 염소 젖은 아이나 노인들의 보양식으로 사용되며, 단백질, 인, 칼슘, B12 등이 풍부히 들어있어 젖 먹이 아이의 성장 발육에 좋다고 한다.

소

소는 전체 가축의 6.3% 정도를 차지하며, 고기는 양고기 다음으로 몽골인들의 주된 식품원이다. 소는 고기 이외에 우유, 가죽, 털, 뿔, 내장 등이 모두 이용된다. 소똥는

1 고산지대서 주로 목양하는 사르락
2 어미에게 덤비지 못하게 송아지를 붙잡고 있다.

| 1 | 2 |

주로 알타이, 항가이, 헨티의 산악지대와 큰 호수의 저지대에 주로 분포되어 있다. 소는 고기와 우유, 가죽, 털 등을 제공할 뿐 아니라, 짐을 실어 나르는 데도 유용하게 사용된다. 소의 수태기간은 280~287일, 수명은 약 20년이다.

몽골의 소는 주로 붉은색, 붉은 갈색, 검은색의 털을 가지고 있으며 추운 계절에도 잘 견디는 특징이 있다. 소젖은 기름기가 적어 묽은 편이지만 건강에 좋은 고기와 유제품을 제공해 준다. 소의 한 종류로 고산지대에서 주로 사는 사르락сарлаг과 하이낙 хайнаг이라는 종류가 있으며, 몽골 소의 20% 이상을 차지한다. '사르락'(야크)은 털이 길고 무성한 동물로, 산악 지대에서 주로 목양을 하며 멀리 떨어진 산에서 혼자나 둘이 지내는 것을 좋아한다. 하이낙은 사르락과 일반 소에서 나온 잡종소이다. 몸집이 크고 튼튼하여 일을 부리는 데 유용하며, 성질도 온순하고 수명도 다른 소보다 길다. 고기나 젖도 다른 소보다 훨씬 많이 제공하고, 진하고 기름기가 있다. 젖 짜는 기간 동안 암하이낙에게서 800~1000리터의 젖을 얻을 수 있다.

낙타

낙타는 몽골의 가축 수 가운데 가장 적은 수를 차지하지만, 인구 비례당 소유수로 보면 낙타 점유율이 세계에서 상위권에 속한다. 낙타는 고비 지역과 사막 지역의 자연 조건에 적응을 잘 하며 털, 고기, 젖 등을 풍부하게 제공하는 동물이다. 몽골의 낙타는 상봉 낙타가 주류를 이룬다. 낙타는 인내심이 많은 동물로 고대부터 이동을 하거나 여행 중에 짐을 실어 나르거나 수레를 끌거나 타는 우송수단으로 유목 생활에 매우 유용하게 이용되었다.

낙타의 털을 깎아 주는 시기는 지역마다 차이가 있으나, 대개 수낙타의 경우 3월에, 암낙타의 경우 4월에서 6월 초까지 털을 깎아준다. 암낙타와 거세한 낙타의 경우 약 5kg, 씨낙타의 경우 8kg 정도의 털을 얻는다. 낙타의 털은 깎아주지 않을 경우 자연

| 1 |
| 2 |
| 3 |

1 고비지역의 낙타 목양
2 낙타는 짐을 운반하는 데 사용되기도 한다
3 털이 떨어진 낙타

히 빠져 겨울이 되기 전에 새 털을 갖게 된다. 초원을 가다 낙타를 만나게 될 경우 몸의 일부분의 털이 듬성듬성 빠져 있는 것을 흔히 보게 된다. 낙타털은 매우 따뜻할 뿐만 아니라, 가볍고 질겨 생산성 면에서 국내 소비재와 수출의 중요한 원료가 된다. 낙타털은 주로 담요나 델(몽골의 전통 의상), 스웨터, 양말, 장갑 등을 만드는 데 사용되며, 물에 젖으면 더욱 세어지기 때문에 게르의 외부 조임끈으로 사용한다. 낙타 가죽은 목축에 필요한 각종 끈을 만드는 재료가 된다.

거세하지 않은 수낙타는 대개 12월 말에 발정기에 드는데, 이때는 성질이 매우 사나워져 풀도 먹지 않고 이를 갈며 으르렁거리고, 입에는 흰 거품을 내뱉으며 목줄기에 기름기 있는 땀을 흘린다.

암낙타에게서 풍부한 털과 고기를 얻고, 탈것과 운송수단으로 이용될 뿐만 아니라 새끼를 얻기 때문에 암낙타는 낙타 떼의 핵심이라 할 수 있다. 새끼를 낳기 시작하여 17달 동안 젖을 짠다. 암낙타의 수태기간은 13개월 정도로 오축 가운데 수태기간이 가장 길며, 2년에 한 번 새끼를 낳는다.

암낙타는 새끼 낳기 1~2일 전에 무리에서 떨어져 멀리 간다. 새끼는 평균 35.9kg의 무게를 가지고 태어난다. 암낙타의 교미는 한겨울, 해마다 12월 말에서 다음 해 2월이 끝날 때까지 계속된다. 암낙타가 새끼를 갖게 되는 것은 수낙타의 발정기에 관련되며 추워질수록 발정이 잘 일어난다고 한다. 암낙타는 4세가 되면서 교미에 들어간다. 한두 달 교배기에 들어간 암낙타는 일에서 완전히 놓아주며, 새끼를 가진 후 운송이나 탈것으로 사용하지 않고 물이나 풀을 먹일 때 특별히 주의를 기울인다. 한 마리 수낙타에 25마리 정도의 암낙타를 교미시키는 것으로 계산해 암낙타와 수낙타의 수를 조절한다. 수유기간에 한 마리 암낙타에게서 320리터 정도 젖을 얻고, 나이가 찬 암낙타에게서 평균 5.2kg의 털을 얻는다.

암낙타의 젖은 짙고 영양이 풍부하다. 암낙타의 젖을 발효하여 흰버터, 아롤, 우름 등을 만든다. 암낙타의 젖은 다른 가축의 젖에는 없는 특별한 성분이 함유되어 있으며, 말젖보다 열량이 높은데, 암말의 젖이 62KCal라면 암낙타의 젖은 108.8KCal이다. 낙타젖을 발효해서 만든 음료를 '허르먹хормог'이라고 한다. 고비의 어떤 지역에서는 낙타의 허르먹을 '온다'(음료)라고 한다.

낙타젖에는 사람의 신체에 매우 중요한 200가지 종류의 영양소가 함유되어 있다. 낙타젖은 다른 가축에 비해 영양이 풍부하며, 예로부터 고비 지방에서는 낙타젖을 식량, 치료, 환자의 간호 시에 사용해 왔다. 몽골의 의학서에 "암낙타의 젖으로 만성병, 폐결핵을 치료해 왔다."라고 기록되어 있다. 암낙타의 젖을 마신 목자들을 조사한 결과를 보면 폐결핵의 고통이 상당히 완화된 것으로 나타났다. 또 암낙타의 젖은 위의 흡수를 개선하고 호흡기의 힘을 증가시키는 효력이 있다. 낙타 기름으로는 질 좋은 비누, 립스틱, 화장품을 만드는 데 이용하기도 한다.

암낙타의 젖을 짜는 방법은 지방마다 차이가 있다. 오르도스 지방에서는 여자가 낙타의 왼쪽 다리 쪽에 서서, 오른다리를 구부리고 발바닥을 왼다리 무릎에 놓고, 오른쪽

마노하이 허수아비

어깨로 낙타를 받치고 젖을 짠다. 서쪽 지방에서는 모두 새끼에게 젖을 빨리게 한 후 젖을 짜고, 동쪽 지역의 어떤 지방에서는 새끼에게 젖을 빨리지 않고 젖을 짠다. 만약 암낙타가 새끼를 거부하면 초오르나 마두금을 연주하고 노래하면 어미가 눈물을 흘리며 새끼를 받아들인다고 한다.

대개 낙타는 온순하고 주인의 말에 순종적이며 튼튼하여 힘든 일에 쉽게 적응한다. 낙타는 몽골에 흔히 자라는 염분이 많은 풀을 뜯어 먹고 사는데, 이러한 식물 성분에 있는 천연 미네랄의 염분이 체세포에 쌓여 많은 물을 몸에 보유할 수 있게 된다. 낙타는 보통 10일 이상 물을 마시지 않고도 지낼 수 있어, 여름에 매우 더운 고비 지역에서 유용한 생활 수단이 된다.

목자들의 재산이자 가족과도 같은 가축들의 생명을 위협하는 최대의 적은 늑대나 표범 따위의 야수이며, 이들 야수로부터 가축을 지키기 위해, 목자들은 밤에 개를 이용하거나 울타리 주위에 허수아비(마노하이) 등을 세워 맹수의 접근을 막는다. 또는 낮에는 양이나 염소 같은 몸집이 작은 가축을 방목하고 그 주위에 몸집이 큰 가축을 돌게 하여 지키게 하고, 밤에는 소리 등의 신호를 보내 맹수의 접근을 막는다. 늑대는 하룻밤에 양을 습격하여 백 마리 이상을 물어 죽일 때도 있다고 한다.

몽골 신화에는 이와 같은 늑대의 습성에 관한 재미있는 이야기가 있다. "옛날 옛날에 부처님께서 동물들에게 먹고 마실 것을 나누어 줄 때 늑대를 잊어버렸다고 한다. 그래서 부처님은 '너에게 나누어 줄 음식이 없다. 백 마리의 양 가운데서 한 마리를 잡아 가라'고 했다. 늑대는 부처님께서 나올 때에 '백에서 하나를 남기라고 하셨나?'

라고 하며 갔다. 그래서 늑대는 양 떼에 들어갈 때에 먹지도 않으면서 많은 양을 죽여 버리게 되었다고 한다." 이것은 늑대가 가축을 무자비하게 해치는 것을 설화적 상상력으로 표현한 것이다.

가축과 생활

몽골 생활의 전반적 형태는 오축과 불가분의 관계에 있다. 우선 가축으로부터 젖을 얻고, 그것으로 차와 먹을거리를 만든다. 현대 도시의 음식 문화는 많이 변했지만, 아직도 일반 시골 생활의 먹을거리는 대부분 가축의 젖과 유제품, 고기가 주를 이룬다. 몽골인들은 음식의 종류를 흰색, 붉은색, 검은색으로 구분한다. 흰색은 가축의 젖을 이용하거나 가공한 유제품, 붉은색은 가축의 고기, 검은색은 술이나 물 등의 음료를 이른

가축의 젖을 끓이기 위해 불순물을 걸른다.

1	2
3	4
5	6

1 알타이 고산지역의 차강이데 건조시키기

3 아르츠 만들기

5 **노란 버터** 최상의 유제품, 신앙적 목적으로
　　　　　　사용되기도 한다.

2 **우룸** 가축의 젖을 응고시켜 만든다.

4 유제품 말리기

6 수테채를 만들고 있다.

다. '하얀 음식', '붉은 음식' 등은 음식의 색에서 붙여진 명칭이라면 '검은 음료'는 검은색 상징과 관련이 있다. '검다'는 것은 '사악하다', '못 됐다'는 부정적 의미 이외에 다른 것과 섞이지 않은 '맑은 것', '순수한 것'의 의미가 있다. 몽골인들은 맑은 물을 '하르 오스xap yc' 즉 검은 물이라고 말하는데, 이때 검다는 것은 색을 나타낸다기 보다 맑다는 의미를 갖는다. 음식에서 검은 색은 주로 술이나 물 등의 음료에 사용된다.

젖을 이용해 만든 음식을 '차강이데цагаан идээ'라 하는데, 이것은 '젖으로 만든 흰색의 음식'이라는 뜻이다. 차강이데에는 아롤, 아르츠, 에즈기, 타락(요플레 일종), 뱌스락(치즈), 우름, 처츠기, 차가, 버터 등이 있다.

몽골의 시골이나 도시 사람들이 간단하게 요기를 할 때 아롤을 먹는 것을 자주 보게 된다. 아롤은 두 가지 방식으로 만들 수 있는데, 첫 번째는 술을 증류하고 남은 찌끼미(이것을 '차가'라고 한다.)에서 누런 물(샤르 오스)을 빼고 남은 덩어리(이것을 '아르츠'라고 한다.)를 칼이나 줄로 베어서 모양을 만들어 말린다. 또 한 가지 방법은 발효시킨 타락을 솥에 넣고 끓여 이것을 천천히 식힌 다음 얇은 천으로 받쳐 누런 물을 분리시킨다. 이렇게 해서 걸러 낸 아르츠를 여러 가지 모양으로 만들어 햇볕에 말리는 방법이 있다. 아롤은 건조시킨 것이라 몇 년간 보관해도 상하지 않으며, 겨울 비상 양식으로도 좋다. 소화기관을 튼튼하게 해주며 두통, 고혈압에도 효능이 있다고 한다. 예전에 칭기스 칸은 병사들이 전쟁을 나갈 때 아롤을 한 부대씩 가져가도록 했다고 한다. 아롤은 시큼한 맛이 있어 갈증 해소에 좋고 물을 갈아먹어 생기는 배탈에도 효능이 있으며, 영양도 풍부한 식품이기 때문에 먼 길을 떠날 때 가져가면 식량과 비상약으로 사용할 수 있었기 때문이다. 아롤에는 비타민 A, C, E 등의 영양소가 많아 괴혈병이나 구강의 병을 예방하는 데 좋다. 또 아롤은 단단하기 때문에 치아를 튼튼히 하는 데 좋다고 말한다.

터스는 일종의 버터로 여기에는 차강터스(흰 버터)와 샤르터스(노란 버터)가 있으며, 노란 버터는 매우 귀하게 여겨져 신앙 의례 때 부처나 신앙적 대상물에 문질러 바치는

1 마유주 발효시키기
2 발효된 가축의 젖

예법이 있다. 노란색 버터인 샤르터스는 의학적 치료에 있어 최상의 식품으로 친다. 새벽에 상식을 하면 폐 기능이 좋아지고 약한 폐를 개선시킨다. 또 머리털과 얼굴에 윤기가 나고 눈이 밝아지며, 추위에 잘 견디고 더위에 갈증을 이길 수 있게 해준다. 몽골인들은 먼 길을 떠날 때 갈증을 해소하고 배고픔을 이기기 위해 샤르터스 한 사발을 마시고 간다고 한다.

　　몽골의 대표적인 차는 수테채сүүтэй цай(우유로 만든 차)이다. 이것은 물에 잎차를 넣고 끓인 후 가축의 젖을 넣어 위로 퍼올렸다 쏟아 부으며 젖이 잘 섞이도록 한 후 한소끔 끓여 낸 차를 이른다. 수테채에 소금을 넣어서 간을 하는데, 소금의 양은 지역이나 가정마다 차이가 있지만 대체로 고산지대 사람들이 간간하게 해서 마시고, 평지 지역에서는 다소 성겁게 마신다. 몽골에는 가축의 젖을 존숭하는 풍습이 있으며, 젖에 물을 붓는 것을 금기시한다. 수테채는 몽골 사람들이 사계절 즐겨 마시는 차이다. 몽골 사람들은 기름기 많은 양고기를 상식하기 때문에, 식사 후 찬물을 마시지 않고 여름이고 겨울이고 뜨거운 수테채를 마신다.

또 가축의 젖으로 탁주와 청주를 만드는데, 탁주濁酒로는 말젖을 발효시켜 만든 마유주айраг(아이락)가 있다. 아이락을 마유주 즉 '말젖술'이라고 일반적으로 말하지만 지역에 따라 술의 개념보다는 음료인 '온다', 혹은 '체게'라고도 한다.

아이락은 인체에 요구되는 단백질, 지방, 탄수화물과 여러 가지 비타민 A, B1, B2, B12, C 및 광물질이 풍부하게 들어 있으며, 신체에 열을 주고 활동력을 개선시킨다. 마유주는 인체 조직 안의 활동 즉, 심장의 혈관, 중앙 신경계를 활성화시키고 피의 순환을 좋게 하여 폐, 기도의 여러 질병, 폐결핵을 치료하는 데 사용되고, 소화기나 신경에 관련된 병 또는 비타민 결핍증 치료, 고질적인 간 질환에 탁월한 효능이 있다. 마유주는 한국의 막걸리 맛과 비슷하여 마시기에 크게 부담스럽지 않으나, 뒷맛에 약간 젖 누린내가 난다. 마유주를 만들 때는 하루에 약 4~5천 번 내지 만 번 정도 나무 막대(불루르)로 치고 휘저어 주어야 잘 발효가 되어 양질의 아이락이 된다. 발효가 잘 된 아이락은 젖비린내가 나지 않으며 톡 쏘는 맛이 나는데, 물과 풀이 좋은 곳에서 방목하는 말의 젖으로 만든 아이락은 일반 아이락에 비해 월등히 맛이 좋다. 일반적으로 볼강 아이막의 새항 솜, 아르항가이 아이막의 허턴트 솜, 돈드고비의 에르덴달라이 솜, 우워르항가이, 투브 아이막의 아이락은 소화를 돕고 특별히 맛이 좋다고 한다.

마유주는 일반적으로 몽골 사람들의 여름과 가을에 상식하는 음료일 뿐만 아니라, 잔치나 모든 종류의 행사에도 빠질 수 없는 중요한 음료이다. 고대로부터 몽골인들은 왕이나 귀족의 귀한 방문 시나 먼 여행을 떠날 때, 전쟁, 혼인, 잔치, 산천제나 수호

1 **소주 내리기** 발효된 가축의 젖으로 소주를 내린다.
2 피를 땅에 떨어뜨리지 않고 하는 양 손질
3 고기 보관하기

신에게 제의를 드릴 때, 병을 치료를 할 때 등 다양한 의례에 마유주를 사용했다.

청주淸酒로는 주로 염소, 소 등의 젖을 증류시켜 만든 쉬밍 아리히 шимийн архи('아리히'는 '술'이라는 뜻)가 있다. 술을 증류하는 것을 '터거 네레흐тогоо нэрэх'라고 한다. 쉬밍 아리히는 네르멜 아리히(증류주)라고도 하는데, 몽골인들은 이 증류주를 음식 가운데 최상의 것으로 친다. 보통 신경통에 좋은 효능을 가지고 있다고 하여 여성들도 약으로 마신다. 보통 3번까지 물을 바꾸어 증류한 술을 '어히охь'라고 하는데, 도수는 보통 22~23도 정도이다. 소나 염소젖을 발효해서 증류한 술이 다른 젖으로 증류한 술보다 질이 좋고 신체에 좋은 영향을 미친다. 특히, 여러 가지 알레르기, 피로를 회복하는 데 도움을 준다. 술을 증류하고 남은 젖 찌끼인 '차가цагаа'는 괴혈병에 탁월한 효능이 있다. 술을 증류할 때 온 손님이나 이웃이 오

면 반드시 새로 증류한 술을 맛보게
한다. 한국에서 예전에 소주를 '아락
주', '아랑주'라 했던 것은 '아리히'
와 관련된 명칭이라 할 수 있다.

가축의 고기는 올랑이데улаан идээ
라 하여 몽골인들의 주식이 된다. 올
랑은 '붉다'는 의미인데 고기의 붉은
색을 가리키는 말이다. 몽골인들은 주
로 양고기를 주식으로 삼고 그밖에 소
고기와 염소고기를 먹는다. 말고기나
낙타고기도 더러 먹지만 많이 먹는 편
은 아니다. 몸을 따뜻하게 한다는 말
고기는 할롱 이데(따뜻한 음식-양고기와 말
고기를 이름.)라 하는데, 말고기를 먹으
면 감기에 쉽게 걸리지 않는다고 하여
주로 가을, 겨울철에 먹는다.

고기는 육포(버르츠)로 말려서 겨
울 양식으로 대비하기도 한다. 주로
소고기와 낙타고기를 이용하며 내장
도 말려서 사용한다. 보통 12월~ 2월

1 양의 내장으로 순대 만들기
2 땔감으로 사용되는 소똥
3 소똥으로 외벽을 바른 움막

사이에 말리면 적당하다. 3년 동안 보관한 소고기 육포는 약의 성질을 지니며, 일사병
에 걸린 사람에게 염소 육포로 국을 끓여 마시게 하면 효과가 있다고 말하기도 한다.
육포는 국물 있는 음식에 넣기도 하며 빻아서 야채와 함께 음식을 만드는 데 사용한

1
2
3

1 나무에 올려진 경주마 머리에 하닥을 바쳐
　존숭의 예를 표하고 있다.
2 몽골인들은 천창 가운데 묶어놓은 말털로
　하늘의 기운이 내린다고 믿는다.
3 착그탁에 말 털이 묶여 있다.

다. 예로부터 몽골인들이 먼 여행길을 떠날 때, 전쟁 시에 육포를 만들어 양식으로 사용했던 사실이 문학서에 자주 묘사된다. 말린 육포를 분말로 만들어 보관할 때는 그 동물의 심장막이나 방광에 담아 보관하거나 가지고 다녔다.

소와 말똥은 시골에서 연료로 쓰인다. 소똥을 '아르갈'이라 하고 말똥을 '허멀'이라 하는데, 시골에 가면 난로 옆에 항상 마른 소똥이 준비되어 있다. 말똥도 연료로 쓸 수 있으나 빨리 타버리기 때문에 많이 사용하지 않으며 화력이 좋은 소똥을 주로 사용한다. 몽골의 가축들은 풀을 먹고 살기 때문에 똥은 거의 다 섬유질이며, 건조한 기후조건으로 인해 쉽게 말라 땔감으로 아주 적당하다. 여름에 모기를 쫓기 위해서 소똥을 태우기도 한다. 똥은 땔감으로만 사용되지 않고, 겨울에 가축우리의 보온을 위해 우리의 벽면을 똥으로 두껍게 발라 추위를 막아 준다.

가축의 털은 다양하게 이용된다. 털을 가공하여 만든 두꺼운 털제품인 펠트(에스기)는 깔개나 게르의 외벽을 두르고 덮는 데 사용되며, 신발이나 다양한 수공예품을 만드는 재료가 된다. 또 털은 가공하여 옷을 만들거나 양탄자 만드는 등 여러 용도로 사용된다.

몽골 사람들은 오축 가운데서도 말을 가장 존중하고 사랑하여, 예전에는 주인이 죽으면 말을 함께 순장하는 풍습이 있었다. 어워제 때 말은 신에게 바치는 공물(이를 '세테르'라 한다.)로 삼아 다른 동물로 구별하는 풍습이 있으며, 준마가 죽으면 말머리를 높은 산이나 돌무지인 어워에 올리고 제의를 드린다. 어떤 경우 하닥으로 묶어 신성한 나무에 올려놓기도 했다. 또 특출한 경주마의 머리를 하닥(존중의 의미로 사용되는 의식용 얇은 천)과 천으로 둘러 집안에 소중히 간직하는 풍습이 있다.

또 몽골의 일반 가정을 가보면 환기구 쪽에 말 털을 묶어 놓은 것을 흔히 볼 수 있는데, 이것은 말 털에는 히모리(행운)가 깃들어 있다고 생각하여, 말 털을 달아놓으면 하늘의 기운이 말 털을 타고 내려와 집안에 복이 깃든다는 믿음에서 오는 생활 습속이다. 말 특히 종마의 갈기나 꼬리털은 군대의 정기 혹은 수호의 상징인 기(툭)를 만드는 데 사용되었으며, 마두금이라는 악기의 현을 만들 때 말 꼬리털(말총)이 사용되기도 한다.

양의 견갑골은 점을 치는 데 사용되며, 정강이뼈는 전통 혼례식 때 의식용으로 사용되기도 했다. 견갑골로 그 집의 가축 떼가 늘 것인지, 줄어들 것인지 예측한다. 견갑골은 길흉과 앞날을 점치는 도구이기 때문에 상당히 존귀한 것으로 여겨진다. 견갑골을 태워서 그 위에 나타나는 선의 형태로 점을 친다. 견갑골인 어깨뼈 부분의 고기는 가장 존경하는 남자 어른에게 드린다. 일반적으로 어깨뼈는 손아랫사람에게 주지 않는다. 견갑골 부위를 받은 사람은 보통 고기를 잘라 주위에 있는 사람들에게 골고루 나누어준다. 어깨뼈 부분의 고기는 이로 뜯어 먹지 않으며 반드시 칼로 베어 먹는다.

허르칭 종족 사람들은 남자의 두 견갑골이 있는 어깨에 각각 등불이 있다고 말한다. 밤에 밖에 나갈 때 이 등불이 빛나기 때문에 어떤 사악한 것도 가까이 접근하지 못한다고 생각한다. 몽골인들의 견갑골과 관계된 풍속들은 고대 몽골인들의 뼈신앙과

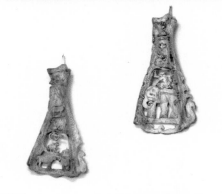

관계가 있으며, 몽골인의 유목생활의 특수성에서 생겨난 신체기관에 관련된 신앙이라 할 수 있다. 견갑골은 영적인 의미를 지니는 뼈로 함부로 버리지 않으며 버릴 때는 반드시 홈집을 내서 버리는데, 이것은 뼈에 혼이 깃들 수 있다고 생각하기 때문이다.

오축의 복사뼈шагай(샤가이)는 길흉을 예측하는 데 쓰이기도 하며, 시골 아이들의 좋은 놀이감이 된다. 샤가이의 사면을 각각 양, 염소, 말, 낙타라고 이름하며, 샤가이로 점을 칠 때 말이 나오는지 아닌지로 앞날을 예측하기도 했는데, 말이 나오면 길한 것으로 생각한다. 초원에 가다 샤가이를 보면 길하게 여기며 반드시 말 쪽으로 세워놓고 간다. 만약 그렇게 하지 않으면 샤가이가 불만을 품는다고 하는데, 이것은 샤가이가 살아 있다고 믿는 뼈신

1 견갑골 집안 어른이 고기를 바른다.
2 소 어깨뼈로 만든 장식품

앙의 일종이다. 주거지를 이동할 때 복사뼈를 집터에 그냥 놓고 가지 않고 반드시 가져간다.

또 샤가이는 아이들 목에 걸어주어 부적으로 사용하기도 한다. 늑대 복사뼈는 나쁜 사귀로부터 보호해주며, 운에 좋다고 하여 차의 열쇠고리로 이용하거나 옷에 차고

1 샤가이 가축의 복사뼈
2 가축의 뼈를 어워에 바쳐 가축의 번성을 기원한다.

다니는 사람들을 적지 않게 만날 수 있다. 예전에는 친구나 의형제끼리 복사뼈를 교환
하기도 했다. 『몽골비사』116절을 보면 칭기스 칸이 어린 시절 자모해와 의형제를 맺
고 복사뼈를 교환했던 역사적 사건이 나온다.

그 밖의 뼈 등은 태워 남은 재는 세척제로 쓴다. 가축의 가죽은 목축에 필요한 끈
을 만들고, 옷이나 자루, 가방, 구두 등 각종 생필품 등을 만든다. 이렇듯 가축은 몽골 생
활과 풍속의 전반적인 부분에 관련되며, 가축이 없는 몽골의 생활은 상상하기 어렵다.

툭 Тyг(말털 수호기, 술데)

몽골인들은 흉노시대부터 국가의 수호기를 만들어 사용해 왔다. 고대로부터 아
홉 개의 깃대를 가진 흰 수호기(유승 차강 술드)는 국가의 신성함을 나타내며, 번영과 발
전을 상징하는 신앙적 대상물이었다. 9수는 '존귀함', '숭고함'을 상징하며, 여러 종족
들의 화합과 단결을 뜻하기도 한다. 그렇기 때문에 이 수호기는 전국 각 아이막의 우
수한 종마의 갈기와 꼬리털을 합해 만들었다. 또 9개 중 8개의 수호기는 8방을, 그 중
앙에 있는 좀 더 크고 높은 하나의 수호기는 정부와 국가의 위엄과 힘을 드러내는 상징

1 유승 차강 술드 화합과 단결의 상징인 흰 수호기
2 하늘의 수호령이 거하는 전쟁의 검은 수호기

성을 지닌다.

　　이 수호기의 꼭대기에는 황금빛 화염 모양의 쇠창을 꽂고, 그 아래 테 둘레를 돌아가며 81개 구멍에 가늘게 자른 염소 가죽 끈을 연결시키고, 백마의 털을 늘어뜨려 만든다. 중심 수호기를 중심으로 주위에 여덟 개의 수호기를 고정하여 연결한다. 이 수호기는 왕이 보좌에 오르거나 국가 대회의, 국가 나담 때 등에 모셔 존숭의 예를 갖추는 상징적 의미를 나타낸다. 예로부터 정치적 수호를 상징하는 이 기를 숭상하며 비밀리에 제의를 드려왔다. 현재 칭기스 칸의 전통적인 백색 수호기를 정부청사에 모셔놓고, 나라의 큰 행사인 나담이나 중요한 국가 의례 때에 국민들 가운데 옮겨놓는 전통을 지켜나가고 있다.

　　네 개의 깃대를 가진 검은 수호기(두르붕 홀트 이흐 하르 술드)는 군대의 위엄을 나타내는 동시에 하늘의 수호령이 내려와 깃드는 처소로 인식되었다. 이 수호기의 양쪽에 날이 서고 가운데 강철로 된 날카로운 촉을 세운 것은 영원한 승리를 상징한다. 검은 수호기는 칭기스 칸의 아버지 예수헤이 바타르부터 시작해 만도하이 체첸, 바트뭉흐, 다양 칸 시대에 이르기까지 '전쟁의 검은 수호기'라고 명명하여 사용해왔다.

칭기스 칸이 전쟁에서 지고 대책을 찾지 못하고 있을 때 말의 땀이 묻은 안장을(몽골인들은 일반적으로 천신 내지 수호신은 말의 땀을 좋아한다고 생각한다.) 하늘을 향해 들어 올리고, "천신이시여, 저를 지켜주시렵니까? 버리시렵니까?"라고 간절히 호소하자 하늘에서 큰 노랫소리가 들리며 검은 수호기가 내려왔다고 한다. 블라디미초프는 "몽골인들을 세계 정복으로 이끈 힘은 바로 깃발의 정령인 술데였다."라고 했다. 이 수호기는 영원한 푸른 하늘의 권능과 사나운 힘이 내리는 거처라 할 수 있다.

마두금

몽골인들이 매우 귀중한 것으로 여기는 것 중의 하나는 머린(모린) 호르이다. '머린 호르морин хуур'란 '말머리 모양의 현악기'라는 의미를 갖는 몽골의 전통 악기이다. 몽골인들이 현재 사용하고 있는 마두금은 상당히 오랜 역사를 가지고 있으며, 이에 관해 많은 전설이 있지만 실제로 정확히 언제 만들어졌는지는 분명하지 않다. 13세기에 몽골인들 사이에 상당히 널리 퍼져 있었다고 한다.

원래는 말 머리 없는 '이켈'에서 기원했으며, 후에 말 머리가 있는 악기로 발전했다고 본다. 마두금의 대 끝에는 말머리가 새겨져 있는데, 악기의 발전 과정에서 머리 부분에 가루다, 고니, 도마뱀, 용 등의 모양을 새기기도 했다. 사각형의 몸통부분은 염소나 어린 낙타가죽으로 씌워 초록색

마두금

나담 행사의 마두금 연주

물감으로 칠한다. 그러나 최근에는 가죽으로 씌우는 대신 나무로만 만드는 경우가 많다. 악기의 대의 머리 부분은 하늘을 상징하고 몸통 부분은 땅을 상징한다. 몸통부분을 초록색으로 칠하는 것은 대지, 번성, 사랑의 마음을 상징한다고 본다. 현을 연주한다는 것은 하늘과 땅을 연결하여 화음을 조화시키는 것을 의미한다. 이 악기는 암줄, 수줄이라는 두 개의 현으로 이루어져 있으며, 두 현은 한 해를 상징하는 360(365라고도함)가닥의 말총으로 만들어지는데, 가는 암줄은 암말의 꼬리털, 두꺼운 수줄은 종마의 꼬리털로 만들어진다고 한다. 최근에는 말총이 아니라 나이론으로 만드는 경우가 많다.

마두금은 남성의 정기를 북돋는 악기로 최근까지도 마두금이 없는 가정, 마두금을 연주하지 못하는 남자는 없었다고 한다. 남의 집에 방문한 남자는 마두금을 연주할 수 있든 없든 악기 소리를 내는 풍습이 있는데, 그렇게 하면 하고자 하는 일이 잘 이루어진다고 생각한다. 또 남부 고비에서는 집안에 초상이 나면 마두금의 머리를 49일 간 썩워 두는 풍습이 있는데, 그것은 집안에 상이 난 것을 보면 마두금이 눈물을 흘리기 때문이라고 한다.

새로운 몽골 예술이 발전했던 1920년대부터 마두금은 일반 가정의 악기에서 전문적인 무대로 나오기 시작했으며 전문 연주가들이 연주하게 되었다. 몽골의 전통적인 민요가락인 장가와 단가를 연주할 뿐 아니라 세계 고전음악 작품들도 연주할 수 있다. 머린 호르 전통 음악은 유네스코 인류문화유산에 등재(2008/*2005)된 바 있다.

〈마두금〉전설 1

아주 오랜 옛날 몽골의 동쪽 지방에 후후남질이라는 젊은이가 살고 있었다. 그는 누구도 따를 수 없을 정도로 노래를 잘 불렀기 때문에 그 고장에서 유명했다. 후후남질이 군복무를 위해 몽골의 서쪽 지방으로 갔을 때, 장교는 후후남질이 노래를 매우 잘 부르는 것을 알고, 그에게 집일과 훈련을 시키는 대신에 3년 동안 노래만 부르게 했다. 군복무를 하던 중 그는 그 지방의 한 아름다운 공주와 사귀게 되었다. 후후남질이 제대를 하고 고향에 돌아가게 되었을 때, 사랑하는 공주는 그에게 저능하르라는 말을 선물로 주었는데, 그 말은 날듯이 달리는 뛰어난 준마였다. 후후남질이 그 말을 타고 고향에 왔을 때 사람들은 말을 보고 매우 놀라워했다. 그런데 그가 그 말 이외에 다른 말은 타지 않았기 때문에 마을 사람들은 이상하게 생각했다.

후후 남질은 저녁이면 저능하르를 타고 몽골의 서쪽 지경으로 날아가서 사랑하는 공주와 만나고, 새벽이 되면 동쪽에 있는 고향으로 말을 몰고 돌아오곤 했다. 그렇게 지낸 지 3년이 되었지만, 아무도 그 사실을 알지 못했다. 그의 집 가까이 한 부자 이웃이 있었는데, 그 부잣집에 한 젊은 여자가 살고 있었다. 그녀는 사람들을 방해하고 사이좋은 두 사람 사이를 이간질하는 못된 여자였다. 그녀는 저능하르가 보통 말이 아니라는 것을 오래 전부터 알고, 후후 남질을 해코지하려는 생각을 품고 있었다.

후후 남질이 저녁에 서쪽 지방으로 달려가 사랑하는 공주와 만나고, 그날 밤 집으로 말을 몰고 돌아와 말의 땀이 식은 다음 새벽에 말을 풀어 놓아야겠다고 생각하고 쉬기 위해 집으로 들어갔다. 그때 그 부잣집 여자는 말발굽 소리를 듣고 후후 남질이 온 것을 알고 말을 묶어 놓은 곳으로 갔다. 순한 저능하르는 그녀가 못된 생각을 품고 온 것도 모르고 마음씨 좋은 자기 주인으로 알고 반가워했다. 앞가슴을 이리저리 흔들며 땀이 있는 몸을 털면서 땅을 치고 있을 때 두 겨드랑이에서 마법적인 힘을 가진 날개가 날갯짓하고 있는 것이 보였다. 그 못된 여자는 집으로 달려가 일할 때 쓰는 가위를 소매 속에 감추어 가져와 저능하르의 날개를 잘라버렸다. 아름다운 저능하르는 신비스러운 힘을 가진 날개를 잘리고 그 자리에서 죽었다.

새벽에 말을 풀어주려고 갔다가 진실한 친구였던 그 멋진 준마가 줄에 묶인 채 죽어 있는 것을 보고, 후후 남질은 마음에 깊은 상처를 받았다. 날마다 슬픔에 사로잡혀 지내던 어느 날 그는 멋진 저능하르의 머리를 나무로 새기고, 정교하게 만든 머리 부분에 긴 대를 단단히 연결하여 끝부분에 몸체를 만들었다. 애마의 가죽으로 빈 몸통부분을 싸고, 아름다운 말총으로 현을 만들어 잘 손질하고 당겨 악기를 만들었다. 그리고 나무 기름으로 현을 문질러 소리가 잘 나도록 하고, 그것으로 저능하르의 우는 소리, 걷고, 달리는 소리를 냈다고 한다. 그 이후로 말머리를 가진 호르(현악기)가 몽골에 생겨나게 되었는데, 그 악기의 이름을 머린 호르라고 했다.

- 데. 체렌소드놈 〈몽골의 신화〉 중에서

〈마두금〉 전설 2

오랜 옛날 차하르 지방에 가난하지만 열심히 일하는 수헤라는 아이가 할머니와 함께 살고 있었다. 그들에게는 염소 일곱 마리와 개 한 마리가 있었다. 하루는 수헤가 초원에 염소를 방목하러 가다가 홀로인 듯한 아주 지쳐있는 망아지 한 마리를 발견하고는 그것을 안고 아주 기뻐했다.

수헤는 '한 마리라도 말을 가져보았으면 했는데 간절히 바라던 소원이 이루어진 거야.'라고 생각하며 할머니에게 빨리 말하려고 서둘러 집을 향해 갔다. 집에 와 할머니에게 초원에서 데려온 망아지를 보여주자 할머니가 걱정스럽게 물었다.

"얘야, 어디에서 이런 사랑스런 망아지를 데리고 왔니. 다른 사람 망아지는 아니겠지?"

"아니에요, 초원에 주인 없이 혼자 가고 있었어요."

수헤는 망아지를 돌보기로 마음먹고 말을 키우고 있는데, 양반들로부터 말경주가 열린다는 소식을 듣게 되었다. 수헤는 말을 훈련시켜 경기를 준비했다. 이렇게 해서 경주마들의 경주가 벌어졌다. 보통 선두로 들어온 부자 양반들의 말은 앞에서 금, 은으로 된 둥근 고리로 (목 혹은 어떤 부분을) 걸어 맞아들였다. 그런데 그때 수헤의 말이 선두로 들어오자 말을 갈비뼈 끝으로 걸어서 맞았다. 그것은 별 볼 일 없는 가난한 아이의 작은 말이 먼저 들어왔다고 하여 말 주인을 못마땅하게 여겼기 때문이지만 사람들은 그 말에 큰 관심을 가졌다. 부자 양반은 수헤의 말을 사겠다고 했다. 그러나 수헤가 내주려고 하지 않았기 때문에 부자는 그 말을 아예 빼앗아버리고는 "정말 대단한 녀석이로군, 이 못된 것을 쳐라."하고 명을 내렸다. 부자는 매우 기뻐하며 그 말을 타고 갈 때 말은 방심한 틈을 타 그를 떨어뜨리고 도망쳤다. 밤에 아이가 자기 말 꿈을 꾸고 있던 바로 그때 말 울음소리가 들렸다. 아이가 달려 나가자 말은 아주 지친 모습으로 말 묶는 곳에서 상처난 몸으로 서 있었다.

이렇게 말은 주인 곁에 와서 죽었다. 아이는 애통해 하며 밤낮없이 말을 그리워하며 지냈다. 그러던 어느날 아이는 꿈에 말을 보았다. 그때 말이 "수헤, 내 꼬리털로 현악기를 만들렴. 그리고 새벽녘에 샘 입구에 앉아 현악기로 연주하면 내가 우물물 속에서 보일 거야. 그 때부터 나는 계속해서 너와 함께 지내게 될 거야."라고 했다. 수헤는 말이 말한 대로 현악기를 만들어 그것으로 계속 아름다운 노래를 연주했고, 악기를 몸에서 한시도 떼지 않고 지니고 다니게 되었다고 한다.

- 헤. 샘필덴데브, 〈몽골 전설 모음집〉

5
사냥

몽골은 많은 야생동물들이 서식하는 나라이며, 사냥은 고대로부터 몽골 사람들의 생산의 중요한 수단이자 생존의 한 방편이 되었다. 처음 종족 형성 시에는 생산의 주요 수단이 되었던 사냥이, 점차 사람들이 목축 일에 종사하게 되면서 사냥은 부족한 양식을 보충해 주는 생활의 보조 수단이 되었다. 사냥을 통해 얻은 고기와 가죽, 털과 뿔, 사향 등은 먹을거리와 옷, 모자 등 생활 용품을 만드는 주재료가 되었다.

사냥은 몽골의 전역에서 행해졌지만 몽골의 북부, 서북부의 삼림지역에 살고 있는 다르하드, 오량하이 사람들은 주로 사냥을 하여 생활했다. 역사서에는 사냥을 주 생활방식으로 삼아 생활하면서 털 제품으로 세금을 바치는 '북쪽의 사냥꾼'이라는 일군의 삼림민들이 살고 있었던 것에 관한 기록이 있다.

몽골은 높은 산, 무성한 숲, 넓은 초원, 반사막 지역, 크고 작은 호수가

매사냥

어우러진 광대한 나라로, 여러 가지 야생 동물이 서식하기에 매우 좋은 자연 조건을 가진 나라이다. 몽골 아카데미 생물학 연구소의 보고에 의하면 현재 몽골에는 148종의 포유동물과 434종의 조류, 22가지의 파충류, 6가지 양서류와 75종의 어류가 서식하고 있다고 한다. 일반적으로 사냥하는 야생 동물로는 곰, 늑대, 사슴, 순록, 영양, 노루, 산양, 산염소, 멧돼지, 여우, 살쾡이, 담비, 토끼, 족제비, 야생 다람쥐, 타르박 등이다.

사냥은 단순히 사냥감을 목표로 하는 경우도 있었지만, 집단적 사냥은 군사 훈련의 성격을 띠기도 했다. 즉 대규모 집단 사냥은 그 형태나 작전 등이 일종의 전술의 모의 훈련과 같은 성격을 가졌다. 사냥은 현실적인 요구나

| 1 | 1 사냥하러 가기 |
| 2 | 2 집단 사냥 |

필요에 의해서가 아닌 왕족이나 귀족의 오락거리 또는 스포츠를 목적으로 행해지기도 했다. 일반적으로 개인 또는 소규모 집단이 함께 하는 사냥을 '하이닥 아브хайдаг ав'라고 한다면, 왕이 참가하는 대규모 사냥이나 집단으로 하는 사냥을 '아브 허머륵'이라고 한다. 예전에 할하의 네 아이막의 왕들과 지역의 지도자, 귀족들은 아이막과 허쇼를 아우르는 대규모 사냥을 조직했다. 칭기스 칸도 필요에 따라 대규모 집단 수렵을 실시하였는데, 그것은 병사들의 전투훈련과 동시에 식량 조달을 목적으로 했다.

마르코 폴로의 『동방견문록』에는 대규모 사냥의 규모가 얼마나 대단했는지를 보여준다. 쿠빌라이 칸의 무사들 중에 바양과 밍간이라는 형제의 휘하에 각각 1만 명을

거느리고 있었는데, 사냥을 할 때는 한쪽에는 붉은색, 다른 한쪽은 푸른색 사냥복을 입었다고 한다. 칸이 사냥을 갈 때 이 두 형제는 양쪽에 만 명의 부하와 5천 마리의 사냥개를 이끌고 칸을 수행하고 갔다고 한다. 이들은 서로 일정한 간격을 유지해 약 하루 길 정도의 상당히 넓은 지역을 포위하여 그 안에 걸려 든 짐승들을 잡았다고 한다. 나중에 만주 지배기에도 이러한 집단적 사냥은 계속되었는데, 지역명을 따서 '올리아스테 사냥', '이흐 후레(현재 울란바타르) 사냥'이라고 명명했다.

사냥의 방법은 올무나 그물, 덫 등의 도구를 이용하거나, 화살이나 총 등의 무기를 사용하는 방법, 독수리, 매, 개 등을 놓아 사냥하는 방법, 말을 달려 추격하는 방법 등 여러 가지 방법이 있다. 잘 훈련된 독수리는 한 번 걸리면 절대로 도망칠 수가 없을 정도로 엄청나게 컸으며 힘이 대단했다고 한다. 쿠빌라이 칸은 사냥을 하는 데 이용하기 위해 잘 훈련된 표범, 사자를 사육했으며, 수렵용 살쾡이도 상당수 사육했다고 한다.

사냥은 보통 동물들이 살이 오르는 가을과 초겨울에 하게 되는데, 봄과 여름에는 동물들이 새끼를 낳고 성장하는 기간이므로 잡지 않는다. 옛날부터 몽골 사람들은 자연을 적절히 이용했지만 자연의 질서를 파괴시키고 손상시키는 것을 매우 금기시해 왔다. 유명한 여행가 마르코 폴로는 "몽골에서는 해마다 토끼, 사슴, 노루, 영양 등의 동물이 번식하는 3월부터 10월

사냥꾼

차강 우브겅 야생동물의 주인

까지 왕, 대신, 신하 등 어떤 사람도 사냥할 권리가 없다는 규정이 있다."라고 기록했다. 1640년에는 〈몽골 오이라드 법〉으로 수달, 담비 등 털이 있는 동물을 무단으로 사냥하는 것을 금했으며, 1720년에도 이흐 후레의 주변 야생동물 사냥을 법으로 금지하여 보호했다. 이러한 야생동물 보호 전통은 수백 년 동안 관습화되어 전승되었다. 현재 야생마(홀란), 희귀종 야생마(타히), 사슴, 순록, 엘크(큰사슴), 야생낙타, 영양, 야생염소, 산양, 사향노루, 표범, 해리, 수달, 담비 등의 포유동물과 30여종의 조류 즉, 3종의 고니, 콘도르, 펠리컨, 허이럭, 꿩 이외에 콘도르, 4종의 매, 부엉이, 올빼미, 딱따구리 등을 법으로 보호하고 있다.

사냥에는 일정한 금기 내지 불문율이 존재한다. 즉, 털이 완전히 자라지 않은 것, 살이 아직 오르지 않은 동물, 새끼를 배고 있는 동물 등은 사냥하지 않는다. 또 새끼나 새끼를 데리고 가는 어미 동물, 어린 동물을 사냥하지 않으며, 이런 동물들을 놀라게 하거나 추격하는 것을 금했다. 동면하는 동물을 동면 상태로 사냥한다든지, 사냥을 할 때 동물을 매우 괴롭히는 행위, 총을 쏘아 상처를 입히는 행위 등을 금하며 특히 떼로 사냥하여 대량 살생하는 것을 금했다. 사냥을 하는 도중 동물의 보금자리인 땅굴과 새 집을 손상시키지 않으며, 눈보라, 강풍, 한발, 홍수 등 자연 재해에 처해 있거나 강이나 흙탕에 빠져 자신을 스스로 보호할 수 없는 동물을 사냥하지 않는 전통이 있다.

몽골 사람들은 사냥을 하기 전 여러 가지 금기와 의례를 지켰다. 앞서 사냥하는 날을 누구에게도 말하지 않으며, 집안에서 사냥에 대해 아무 말도 하지 않는 불문율이 있다. 그 이유는 불의 신이 말하는 것을 좋아하여 초원의 동물들에게 알려 사냥감을 얻지 못하고 돌아올 가능성이 있다고 보았기 때문이다. 사냥하기로 한 날을 며칠이라고 수로 말하지 않고, 사냥하는 날이 가까워지면 서로 손에서 손으로 말뚱을 전달하여 사냥을 떠날 날이 되었음을 알린다. 사냥을 떠나는 날이 되면 아침 일찍 일어나 천신과 동물의 주인인 차강 우브겅(백발노인), 지신, 산신께 차와 제수를 올리고 복을 빈다.

1 사냥한 늑대
2 사냥꾼의 게르

사냥에 필요한 도구인 총과 활, 화살, 칼 그밖에 것들을 불과 향을 쐬며 정화시킨다. 모든 준비를 갖춘 다음 천신께서 사냥감을 얻게 해줄 것이라는 확신을 가지고 출발한다. 사냥을 갈 때 사냥꾼들은 서로 시비를 걸거나 말다툼을 하지 않으며, 야생동물에 대한 부정적인 말을 하지 않는다.

또 사냥을 할 때는 사냥할 동물의 이름을 말하지 않고 다른 이름으로 부른다. 예를 들어, 할하사람들은 늑대를 '그 실눈', 돼지를 '구부정한 것', 고라니를 '넙적한 뿔이 있는 것', 여우를 '모자' 등 우회적으로 부른다. 무덤 주위에서 사냥하지 않으며, 늑대를 죽였거나 보금자리를 파고 건드렸으면 발자국의 흔적을 다른 쪽으로 낸다. 사냥을 할 때는 목적하는 동물 이외에 동물을 공격하지 않으며, 가다가 어떤 동물과 마주치면 운이 좋거나 혹은 나쁜 쪽으로 영향을 미친다고 생각한다. 예를 들어, 늑대를 만나면 길조로 생각하고, 여우를 만나면 나쁜 징조로 여긴다. 그러나 늑대에 대한 몽골인들의 관념은 이중적인데 한편으로 토템으로서 길한 동물로 여기기도 하고, 다른 한편으로는 가축을 무자비하게 해치는 잔인한 야수로 생각하기도 한다. 사냥꾼이 늑대를 사냥하면 그 가죽을 벗겨서 8부분으로 잘라 벽에 걸어놓는다고 한다. 그렇게 근육을 끊지 않으면 총알에도 죽지 않는 위험한 동물이 되어 되살아난다고 한다. 이러한 이야기는 몽골인들의 늑대에 대한 이율배반적인 관념을 잘 보여준다.

늑대 사냥은 보통 겨울과 봄에 하는데, 겨울에는 많은 사냥꾼들이 늑대 울음소리를 내어 늑대를 유인한다. 그때 몇 마리 늑대가 나타나면 먼저 암컷을 죽이거나 상처를 낸 다음 수컷을 죽인다. 수컷은 어떤 경우라도 암컷을 버리지 않기 때문이다.

몽골 사람들 사이에는 야생 동물 가운데 곰, 사슴, 고라니 등의 동물을 죽이는 것을 매우 신중히 하였으며, 사냥을 할 때 여러 가지 예를 행했다. 부랴트 사람들은 곰을 죽일 때 곰제의라는 것을 행했다. 두 눈('별'이라고 부른다)을 빼내서 풀에 싸서 나무 위에 올려두고, 곰 대가리는 식도, 심장, 폐(이를 '줄드'라 한다)를 전신에서 분리해 낸 후 자작나무 가지로 나무에 단단히 묶어 말렸다. 그리고 곰의 구운 고기와 비계를 불에 올릴 때는 "우리가 너를 죽이지 않았다. 너를 죽인 것은 오량하이, 퉁구스 사람들이다."라고 했는데, 이러한 의례는 시베리아의 거의 대부분의 지역민들 사이에서 행해진 곰 신앙의 한 형태라 할 수 있다.

다르하드 사람들 가운데는 사슴을 사냥하면 뿔을 손상시키지 않고, 땅에 닿지 않게 가져다가 높은 곳에 올려두고, 그 가죽을 벗겨 나무에 걸고 세 번 절하는 풍습이 있었다. 헙드 아이막에 살고 있는 자흐칭 종족은 이러한 전통 이외에 사슴을 사냥하고 난 뒤 사슴의 가죽을 벗겨서 가죽 반쪽은 사냥꾼 자신이 갖고, 다른 쪽 가죽은 가늘게 잘라 사냥에 따라온 사람들에게 안장에 부착하는 가죽 끈이나 고삐를 만들라고 주는데, 사슴 가죽으로 끈을 만들어 쓰면 청결할 뿐만 아니라 행운이 깃들게 된다고 생각했기 때문이다.

사냥한 동물의 되새김위를 바위에 치거나 불어서 마르게 하지 않았다. 사냥에서 돌아가는 길에 만난 사람에게 곧바로 사냥한 고기를 잘라 주지 않는다. 일반적으로 사냥감은 다른 사람에게 날고기로 주는 것을 금기시한다. 할하인들 가운데는 특별한 모양이나 색깔을 가진 동물 예를 들어, 뿔이 하나 있는 야생 동물을 죽이는 것을 매우 금기시하여, 그런 동물과 마주치는 것을 두려워했다. 특별히 뿔이 하나인 사슴의 위험을 피하게 해 달라고 빌며 조심했다. 만약 이런 동물과 마주치면 그 달 혹은 그 해 사냥의 운이 막힌다고 한다.

사냥감을 나눌 때에는 그 동물을 죽인 사냥꾼에게는 '줄드зулд'라 하는 대가리, 턱, 혀와 식도, 허파, 심장 등을 준다. 이 줄드는 무속적 관념으로 보면 동물의 혼이 깃드는 곳이라 하여 매우 중히 여긴 것을 알 수 있다. 줄드는 신에게 드려 사냥감을 얻게 해 준 것에 대한 감사를 표시하기도 한다. 그밖에 고기나 가죽은 사냥한 사람들이 골고루 나누며 사냥꾼의 우두머리를 존중하는 예가 있었다.

몽골에 살다보면 타르박тарвага 사냥에 대한 이야기를 많이 듣게 된다. 타르박은 초원, 산악지대, 숲지대 등 몽골의 어느 지역에서나 풍부하게 서식하는 동물이며, 타르박에 대한 신화도 풍부하다. 원래 타르박은 명궁수 메르겐이 변한 동물이라 그 몸에 사람고기 부분이 있다는 이야기도 있다. 타르박은 구멍을 파고 무리지어 사는 특징이 있다. 계절에 따라 털 색깔을 바꾸며, 누런 갈색과 엷은 푸른색을 갖는다. 보통 9월 말경이 되면 살이 오르고 매우 기름지게 된다. 알타이 산악지대에 서식하는 타르박은 몸집이 크고 털끝이 검은 갈색을 띠며, 털이 무성하고 길며 부드럽기 때문에 좀 더 값이 나간다. 특히 8~9월에 사냥한 타르박의 가죽은 매우 질이 좋고 질기기 때문에 겨울용 델과 모자, 깃을 만드는 데 적당하다. 사냥한 타르박은 삶아서 먹기도 하고, 달군 돌을 몸에 넣어 익히는 '버덕'이라는 요리를 해 먹기도 한다.

타르박의 내장은 여러 가지 치료제로 쓰이기도 하지만, 전염병을 퍼뜨리기 때문에 해마다 여름이면 주의보가 내려진다. 전염병 때문에 먹기가 꺼림할 수는 있으나 사냥꾼들은 병든 타르박과 건강한 타르박을 쉽게 구별하기 때문에 먹는 데 큰 위험은 없다고 한다.

20세기 말에 이르러 사냥하는 일이 많아졌는데, 이것은 외국과의 교역 증가와 관련이 있다. 사냥한 야생동물의 가죽과 털을 외국에 팔 수 있는 시장이 열려, 자체적인 소비 목적뿐 아니라 상업적인 면에서 사냥은 매우 관심을 끄는 상업의 한 분야가 되었다. 현재 타르박의 가죽은 세계 시장에서 고가품의 하나가 되었다. 20세기 중반부터 산염소와 염소, 산양, 여우, 타르박, 늑대, 야생돼지, 곰, 담비, 해리 등 다양한 종류의 사냥감을 사냥하여 국내, 해외 시장의 수요를 충당해왔기 때문에 야생동물이 수적으로 줄어드는 결과를 초래했다.

몽골인들은 타르박 사냥을 즐겨하고, 그 고기를 좋아해 타르박을 남획하여 멸종의 위기에 처해 현재는 타르박 사냥이 금지되고 있다.

1 타르박
2 현재 타르박 사냥이 금지되어 있다.
3 타르박 요리 버덕

타르박이 된 명궁수 이야기

오랜 옛날 이 세상에 7개의 태양이 나타나 심한 가뭄이 들었다. 대지의 흙은 붉게 달아오르고 강물은 바닥을 드러냈다. 식물과 나무는 마르고, 살아 있는 동물과 사람들은 더위에 시달리고, 가축들은 목마름으로 고통을 받아 살아갈 방법이 없게 되었다.

그때 그 지방에 에르히 메르겐이라는 사람이 살고 있었는데, 활을 쏘면 백발백중 명중시키는 대단한 명궁수였다. 그 지역의 수많은 사람들이 그에게 가서 하늘에 나타난 많은 태양을 쏘아 없애 줄 것을 간절히 부탁했다. 사내 중 사내로 태어난 에르히 메르겐은 엄지손가락의 힘이 세고 용감한 젊은이였으며, 뜨거운 피를 가지고 있었기 때문에 활 잘 쏘는 것을 자만하여 "일곱 개 해를 내가 일곱 개 화살로 하나하나 쏘아 맞추지 못한다면 엄지손가락을 잘라버리고 사내이기를 포기할 것이며, 물도 마시지 않고 건초도 먹지 않는 동물(타르박)이 되어, 어두운 땅굴에서 살겠다."라고 맹세했다.

그러고 나서 7개 태양을 차례로 쏘아 나갔다. 6개 화살로 여섯 개 태양을 쏘아 없애고, 7번째 태양을 쏘기 위해 활시위를 조준하고 있을 때 제비가 그 사이로 왔다갔다 하며 방해를 했다. 에르히 메르겐이 활을 당겼을 때 해를 맞추지 못하고, 제비의 꼬리를 쏘아 제비의 꼬리가 둘로 갈라지게 되었다고 한다.

에르히 메르겐은 제비의 방해로 태양을 모두 없애지 못했다고 하며 매처럼 빠른 자신의 얼룩말을 타고 제비를 쫓아가 죽이려고 하자, 그 말은 주인에게 "어두운 저녁부터 새벽까지 쫓아가 제비를 잡지 못한다면 제 다리의 관절을 꺾어 사람이 살지 않는 초원에 버리세요. 저는 안장이 있는 말이 되기를 포기하고, 사람이 다니지 않는 울퉁불퉁한 길에서 살아가겠어요."라고 맹세를 했다.

제비를 쫓아가 거의 잡으려는 순간 제비는 재빨리 날아올라가 잡지 못하게 도망다녔다. 그렇게 잡으려 하고 도망치는 동안 새벽의 여명이 가까워져 왔다. 에르히 메르겐은 화가 치밀어 얼룩말의 두 앞다리를 잘라 사람이 살지 않는 초원에 버렸다. 그러자 그 얼룩말은 들쥐가 되었다. 들쥐의 앞 두 다리가 짧은 이유는 바로 이러한 이유 때문이라 한다.

에르히 메르겐은 자신이 한 약속대로 엄지손가락을 잘라버리고 남자이기를 포기했으며, 물도 마시지 않고, 건초도 먹지 않는 타르박이 되어 어두운 땅굴에 살게 되었다고 한다.

- 데. 체렌소드놈 〈몽골의 신화〉 중에서

몽골의
명절

6
차강사르

섣달 그믐날

몽골의 설인 차강사르цагаан сар가 봄이 시작되는 새해의 첫 번째 날이라면, '비퉁 битүүн'은 차강사르 전날을 이른다. 이날은 한국의 섣달 그믐날에 해당하며, 묵은해를 마감하고 새해맞이를 준비하는 날이다. 그믐날은 달이 없는 어두움이 극하고, 새로운 빛의 전환을 준비하는 마디가 되는 날이라고 할 수 있다. 비퉁이란 '빛이 없이 깜깜하다', '막히다'라는 의미에서 생겨난 말이다.

몽골 사람들은 비퉁이 되기 전에 기본적으로 세 가지를 준비한다.

첫 번째, 주변 환경을 정리하는 일이다. 비퉁이 되기 전에 온 가족은 집 안팎을 말끔히 청소한다. 시골에서는 가축우리와 주변을 깨끗이 치우고 정리하고, 남자들은 탈 것으로 이용하는 말의 갈기나 안장 등을 잘 손질한다. 화로 주변도 깨끗이 하고 새해 첫 날 필요한 땔감을 준비하고 물을 길어다 둔다.

두 번째, 마음을 정리하는 일이다. 혹 사람들끼리 서로 사이가 나쁘거나 오해가

119

차강사르

있었던 일이 있으면 서로 문제를 해결하고, 빚이 있으면 갚는다. 이것은 모든 더러운 것이나 부정적인 것들을 제거하고, 오는 해를 새롭게 맞이하려는 행위라 할 수 있다.

　세 번째, 음식을 준비하는 일이다. 주부는 비퉁과 차강사르를 맞이하는 데 필요한 음식들을 준비한다. 음식을 준비할 때는 친척들이 함께 모여 음식 준비하는 일을 서로 도와주기도 한다. 비퉁을 위해 준비하는 음식을 '비투릭битүүлэг'이라 한다. 양고기는 턱을 가르지 않은 머리부분을 통째로 삶거나 가슴살 부분을 삶아 예에 맞게 담아놓는다. 그리고 여러 가지 유제품과 수테채(젖차)와 마유주나 낙타젖술 등의 마실 음료, 그리고 우리나라의 만두와 유사한 '보즈'를 삶고, 만두국과 유사한 '반쉬'를 준비한다. 보통 이러한 준비들은 불제의를 드리는 23일부터 서서히 시작한다.

　비퉁을 맞는 행사는 해가 진 뒤부터 시작되는데, 음식은 왼쪽에서 오른쪽으로 예법대로 놓고, 식구들은 단정한 복장을 하고 비퉁 음식을 먹는다. 친척이나 손님들이 서로의 집을 방문하며 인사를 나누고 준비해 놓은 음식을 먹는다. 이날은 특별히 배가 부를 때까지 실컷 먹는 풍습이 있는데, 이렇게 배가 터지도록 먹으면 오는 해 배가 고프지 않게 지내게 된다는 속신이 있다.

전통적으로 이날 저녁 집안의 가장은 겔의 문미門楣 오른쪽에 흰 돌 또는 깨끗한 눈, 얼음을 올려놓고 길한 쪽의 수호신이 들어오는 문을 열어둔다. 그리고 왼쪽에 가시가 있는 하르간이라는 나무를 꽂아놓는다. 일반적으로 오른쪽의 눈, 얼음은 람 보르항 Лхам бурхан을 태우고 온 말의 먹을 것과 음료라고 생각하며, 왼쪽의 가시나무는 사귀나 온갖 나쁜 것들이 집안으로 들어오지 못하게 하는 상징적 의미를 지니고 있다. 람 보르항은 악귀와 재난, 질병, 전쟁, 혼란 등 모든 부정적인 것을 누르고, 인간 삶을 평온케 하는 여성 보살이다. 왼쪽의 가시가 있는 나무를 꽂는 것은 전통적인 풍습이라고 한다면, 오른쪽의 눈과 얼음을 놓는 것은 불교의 영향으로 나중에 생겨난 풍습이다. 이 풍속은 시골뿐 아니라 도시의 일반 가정에서도 행해지는데, 도시의 가정에서는 가시가 있는 하르간을 문 위에 꽂아 두고, 얼음이나 눈 등은 그릇에 담아 문 밖에 놓아둔다. 한국에도 예전에 방문 위에 가시가 있는 엄나무를 걸어 놓았는데, 이것은 몽골의 하르간을 꽂아 놓는 것과 비슷한 의미를 지닌다.

섣달 그믐날에는 개를 때리지 않는다. 그렇게 하면 새로운 해에 재해를 만나게 된다고 한다. 이날은 다른 집에서 자지 않는데 다른 집에서 자면 영혼이 길을 잃게 된다고 생각한다. 또 한국처럼 간난아이나 어린애 이외에는 자지 않는데, 만약 자면 염라대왕의 사신이 그 영혼을 데리고 간다고 한다. 이날 집 안을 어둡게 하지 않으며, 밖에 옷을 놓아두거나 어린 아이의 이름을 부르지 않는다. 나쁜 악귀가 옷에 깃들거나 아이를 해친다고 여긴다.

이밖에 어둠을 내보내는 행사가 있다. 가장은 겔에 들어와 삶은 소의 정강이뼈의

살을 사람들에게 나누어 먹게 하여 **뼈**를 깨끗하게 하고, "비투(한 해를 살면서 불필요하게 막

힌 것들, 어두움, 어려움 등)를 내보낼까요?"라고 물으면 식구들은 "비투를 내보냅시다."라

고 대답한다. 그리고 정강이뼈를 한 번에 쳐서 부러뜨리고, "비투가 나갔다."라고 말

하고 식구들 끼리 인사를 나눈다. 터르고드 종족 가운데 이 정강이뼈를 쳐서 부러뜨리

는 것에 대한 신화가 전한다. 정강이뼈를 부러뜨리는 것은, 람보르항이 사람들에게 한

살씩 나이를 더해 주기 위해 새해 첫날 새벽에 올 때, 악귀의 사신들이 람 보르항이 가

지 못하게 방해하며 람보르항이 타고 오는 동물의 다리를 다치게 했기 때문에 악귀의

탈것의 다리를 부러뜨리는 행동을 상징적으로 행하는 것이라고 한다.

　　비퉁날은 밤늦게까지 먹고 마시며 노는데, 이 날 샤가이라는 오축의 복사뼈로 놀

이를 하며, 특별히 '알륵 멜히'라 하여 거북이를 만드는 놀이를 한다. 이 놀이를 하면

그 가족과 그밖에 가축들이 병이나 재해를 당하지 않으며, 가축 떼가 번성하고 한 해 행

운이 깃들게 된다고 생각한다. 이것은 세계의 창조신화와 관련이 있는 놀이이기도 하

다. 즉 몽골 신화에는 이 세상이 거북이 등 위에 세워졌다는 이야기가 있는데, 이 놀이

는 이러한 신화적 관념에서 나온 새로운 재창조를 위한 상징적 행위라 할 수 있다. 이

놀이는 비퉁과 차강사르에 주로 한다. 그밖에 복사뼈로 여러 가지 놀이를 한다. 최근에

는 이날 저녁 차강사르를 목적으로 하는 씨름 경기를 라디오나 TV를 통해 중계한다.

　　울란바타르 경우 자시(11시 40분)가 되면 불교사원인 간단사에서 예불이 시작되며,

절에 가기를 원하는 사람들은 이때부터 시작하여 적절한 시간에 간단사에 올라가, 람

보르항이 오시기를 기도하고 오는 새해에 행운과 축복이 있기를 소망하며 스투파(소브

록)를 돌든가, 예불에 참여하여 경을 읽는 스님들 가장자리를 돌며 절을 한다.

그믐날에 관련된 금기

◆ 섣달 그믐날 생명을 해치지 않는다.

◆ 섣달 그믐날 밤 어린아이를 이름으로 부르지 않는다.

◆ 이날 입에 무언가를 씹으며 밖으로 나가지 않는다.

◆ 이날 약을 먹지 않는다.

◆ 이날 가축 떼를 잃어버리는 것을 조심하고, 초원에서 그대로 재우지 않는다.

◆ 이날 다른 집에서 자지 않는다.

◆ 이날 밤 빈 그릇을 밖에 두지 않으며, 그 안에 무언가를 담아두거나 그릇을 엎어 둔다.

◆ 손에 밀가루를 묻힌 채 인사를 나누지 않는다.

◆ 이날 개를 때리지 않는다. 개를 때리면 오는 해에 재난을 당하게 된다고 한다.

차강사르

차강사르는 봄이 시작되는 음력 1월 1일 즉 새해의 첫날을 기념하는 날로 몽골에서 가장 큰 명절이다. 차강사르의 '차강Цагаан'이란 '흰색'을, '사르сар'란 '달'을 의미한다. 몽골 사람들은 고대로부터 흰색을 순결함, 존귀함, 고결함, 아름다움, 행복의 상징인 동시에 사악함과 숨김이 없는 것의 상징으로 여겨왔다. 또한 흰색은 신성과 관련된 색이며 동시에 처음, 시작을 상징한다. 마르코 폴로의 견문록에는 "한 해를 2월부터 시작하며, 새해가 시작되는 날 칸을 비롯한 나라 백성 모두가 흰 옷을 입는 것이 관례이다. 흰 옷은 좋은 것, 길조로 간주되기 때문인데, 1년 내내 행복과 운이 깃들기를 바라는 마음에서 이날 흰 옷을 입는다."라고 했다. 또 "이날 칸에게 속한 모든 사람들, 각 지방과 여러 나라에서 온갖 보석류를 비롯해 값진 흰 피륙을 칸에게 헌상했다."라고 한 것을 보면 예로부터 몽골에 흰색을 존중하는 관습이 매우 보편적으로 퍼져 있었음을 알 수 있다.

역사 자료로 보면, 고대의 차강사르는 지금처럼 겨울에 행하지 않고 가을을 기념하는 행사였다고 한다. 몽골의 새해는 이전에 9월에 시작했으며, 이 달에는 가축의 젖이나 마유주, 타락, 우름 등 유제품(차강이데)이 풍부하기 때문에 '젖의 달' 혹은 '차강사르'라고 했다. 가축의 젖 색깔이 흰색이기 때문에 '젖이 풍부한 달'이라는 의미로 '차강사르'라 이름한 것이다. 몽골 지역을 차지하고 살았던 유연의 무당들은 중추에 큰 호수 가운데 천막을 세우고, 일주일 동안 고기를 먹지 않고 하늘에 제를 지냈는데, 역사학자 게. 수흐바타르는 이것을 13~14세기 몽골인들의 전통에 사슴달 8월제를 이르는 것으로 보았다. 이 나라에서는 해마다 8월 28일에 흰 암말을 잡아 제의를 드렸으며, 9월을 한 해가 시작되는 달로 보고 '차강사르'라고 불렀다고 한다.

그러다가 13C에 이르면 현대와 같이 봄이 시작되는 첫날을 기념하게 된다. 테무진은 흩어져 있던 많은 종족을 통합하여 대몽골 제국을 세우고, 1206년 초봄의 첫날 왕위에 오르는 의식을 거행한다. 이때부터 차강사르는 테무진을 대왕으로 추대한 것을 기념하기 위해, 다른 봄 행사와 합하여 새해가 시작되는 초봄의 첫날로 바꾸어 지내게 되었다. 칭기스 칸은 첫 번째 차강사르에 88명의 국가 공훈자들에게 포상을 내리고, 왕명으로 죄인들을 사면하여 자비를 보이는 전통을 만들었다. 버그드 왕정의 몽골 시대에는 차강사르에 대신, 지역의 왕, 여러 작위를 가진 귀족, 고승, 주지승, 선사와 백성들을 궁에 불러들여 칸에게 새해 인사를 하게 하고 사열의식을 행하는 특별한 의례가 있었다. 또 새해 첫날 쓸데없이 떠돌아다니거나 고성방가를 하거나, 떼를 지어 소동을 부리는 등 예법에 맞지 않은 행동을 법으로 금했다. 또 1일부터 8일까지 궁과 절, 관저에 국기를 달도록 했다.

국가적 행사로서 차강사르는 사회주의 시절인 1930년대까지 지속되다가, 1932년 이 행사에 봉건주의적 잔재가 있다고 하여 이를 금지시켰다. 이렇게 공산주의가 지배하던 시대에는 차강사르를 지내지 못했지만, 정치적 변수에 따라 부분적으로 허용되기도 했다. 예를 들어, 1954년 1월 26일 인민회의 지도자들의 지시로 해마다 차강사르를 '노동의 날'로 삼았으며, 1959년 일부의 인사들에게 차강사르를 지내도록 했다. 1960년부터는 '협동조합원의 날'이라고 하여 시골에서는 새해 1월 1일을 휴일로 보낼 수 있었으나, 도시에서는 여전히 명절을 지내는 일이 허용되지 않았다. 그러다가 1988년 〈몽골 노동법〉을 개정하면서부터 전체 국민들이 이날을 명절로 기념할 수 있게 된다.

음식과 음료

몽골인들은 차강사르를 일 년 중 가장 풍요로운 날로 삼아, 이날을 위해 가을부터 음료나 음식을 준비한다. 차강사르의 음식을 보면 차강이데가 풍부하다는 이전의 의미를 여전히 간직하고 있음을 알 수 있다. 가을부터 시작하여 차강사르를 목적으로 말 젖으로 만드는 마유주(아이락)나 낙타젖술 등의 발효주를 만들고, 차강이데인 우름, 뱌스락(치즈), 아롤, 버터 등을 준비해 두었다가 이날 손님이 오면 대접한다.

고기는 명절 음식의 큰 부분을 차지하는데 삶은 양고기를 등뼈에서 엉덩이 부분(오츠)이 보이도록 커다란 그릇에 잘 담아 놓고 수테채와 술, 포도주, 풍부한 차강이데 등을 준비한다. 고기를 담을 때는 어깨, 갈비, 척추, 정강이 그밖에 관절에 붙은 살을 놓고 그 위에 오츠yyu를 꼬리가 문쪽을 향하도록 올려놓으며, 오츠 위에 머리를 올리기도 한다. 이 날 사용하는 고기는 몽골인들의 주식인 양고기(주로 숫양)이지만 소고기를 사용하기도 한다. 고기를 준비하는 방법에는 몇 가지가 있으나, 지금은 대부분 오츠를 중

의례에 맞게 올려진 양고기

7단의 올 버브 가운데 누런 버터를 올려놓았다.

심으로 사용한다. 도시에서는 커다란 고기 덩어리를 삶기 어려워 고기를 삶아 주는 곳에 가서 삶아 오기도 한다. 명절이 가까워오면 아파트 현관 입구에 고기를 삶아준다는 광고가 나붙기 시작한다.

차강사르에 차려 놓은 음식 가운데 빼놓을 수 없는 것은 버브이다. 이것은 길쭉하고 둥근 모양의 과자 같은 것으로, 어느 집이나 상위에 소담하게 올려놓는다. 지금은 보통 '올버브'라 하여 사람 발바닥 모양의 버브를 사용하며, 우물 정#자 모양으로 3단, 5단, 7단, 9단을 쌓아 놓는다. 일반 가정에서는 보통 3, 5단을 쌓아 놓으며, 그 집에 스님(람)이 있거나 연장자가 계실 때는 7단, 국가적 행사나 결혼 등에 9단으로 쌓는다고 한다. 대가족제로 식구들이 모여 살 때는 가장 연장자의 게르에서는 7단, 부모는 5단, 젊은 부부는 3단을 쌓아 장자의 질서를 나타내기도 했다. 버브를 홀수로 쌓는 것은 예로부터 몽골에서는 홀수를 길한 수로 여겼기 때문이며, 홀수 단은 '행복', 짝수 단은 '고통'을 상징한다고 한다. 이러한 상징성에는 인생이 아무리 힘들어도 행복으로 시작하여 행복으로 끝난다는 몽골인들의 긍정적인 삶의 철학이 담겨 있다. 버브의 층층이 여러 가지 차강이데를 올려놓는데, 그 중 가축의 젖을 응고시켜 만든 우름을 정성스럽게 놓고 가장 윗단에는 사탕을 가득 올려놓는다. 버브의 가장 상단의 중앙에는 샤르터스라 하여 누런 버터를 올려놓기도 한다. 이것은 가축의 젖으로 만든 것 가운데 가장 좋은 음식을 신이나 조상께 드린다는 의미가 담겨 있다.

설 명절 음식 가운데 가장 중요하게 여기는 음식은 '차갈락'이라는 쌀밥이다. 이것은 쌀에 가축의 젖과 아르츠, 버터 등을 넣어 끓인 다음 설탕 등을 넣어 만든 설음식인데, 여기에 건포도를 넣어 단맛을 더하기도 한다. 차갈락은 매우 존귀하게 여기는 흰색의 젖에 쌀을 넣고 끓임으로써, 적은 양의 곡식이 많은 양의 밥이 되듯, 순결한 축복(젖의 상징성) 속에 번성과 풍요(쌀의 상징성)가 넘치기를 바라는 상징적 의미를 담고 있는 음식이라 할 수 있다. 설 음식 중에서 차갈락을 가장 먼저 먹고 그 다음에 여러 가지 음식을 먹는 풍습이 있다. 차갈락은 집안의 어른부터 시작하여 식구들 모두 그릇에 조금 떠서 3번이나 7번을 먹는 것을 길하게 여긴다. 차갈락은 설날 이후 며칠 동안 계속 먹는다. 또 손님을 접대할 때 내놓는데 그렇게 하면 한 해가 풍요로워진다고 믿는다.

보즈는 일반적으로 몽골 사람들이 많이 먹는 음식 중 하나인데 우리나라의 만두와 비슷하다. 그러나 우리의 만두가 김치와 야채, 고기를 섞어 만드는 것이라면, 보즈는 고기에 양파나 마늘 등을 곱게 다져 넣고 밀가루 반죽으로 싼 것으로, 내용물은 거의 고기로 되어 있다. 설날에는 집집마다 많은 보즈를 만든다. 이전에는 적으면 1,000개에서 많게는 5,000개도 만들었다고 하는데, 요즘은 날씨가 푹해져 보관도 어렵고 케익 등의 먹을 것이 많아지면서 몇 백 개 정도만 만드는 집이 많아졌다. 보즈를 만들 때 하나의 보즈 안에 동전을 넣고, 그 동전을 든 보즈를 먹게 된 사람은 새해에 행운이 있게 된다고 한다. 또 보즈를 만들고 나서 밀가루가 남으면 그 해에 옷이 많이 생긴다고 말하고, 고기가 더 많이 남으면 음식이 풍부한 한 해가 될 것이라고 말한다. 이 외에 만두국이라 할 수 있는 '반쉬'도 빼놓을 수 없는 음식 중 하나이다.

차강사르에는 보통 술을 많이 마시거나 권하는 것을 삼가며, 술을 마시고 노래하는 것을 금한다. 섣달 그믐날부터 새해 첫 3일까지는 대체로 마유주나 소젖으로 만든 도수가 낮은 술(쉬밍 아리히)을 마시지만 독주를 삼가한다. 예전에는 가축의 젖으로 만든 술이라 하더라도 25살 이하의 사람은 마시지 않았으며, 25~40살까지의 사람들은 2잔 정도, 그 이상의 연장자들은 3잔 정도 마셨다. 칭기스 칸은 어떤 명절이나 의례에서도 3잔 이상의 술을 마시지 못하게 했으며, 설날 취하도록 마신 사람에게는 그 해 열리는 각종 경기에 참여하지 못하도록 했다고 한다. 최근에는 비틍이나 설에 술을 크게 제한하지 않고 마시지만, 취하도록 마시고 주정하는 경우는 매우 드물다. 차강사르 기간은 한 해의 복과 행운을 기원하며, 친지들 간에 서로 한 해를 축복해 주는 때이기 때문에 술을 취하도록 마시는 일을 삼간다.

이날은 비틍날과 마찬가지로 가축의 복사뼈로 놀이를 하거나 거북이를 만드는 놀이를 한다. 복사뼈(샤가이)의 네 면을 각각 모양에 따라 말, 낙타, 염소, 양이라고 이름 붙여 다양한 놀이를 한다. 두르붕 헤추дөрвөн хэцүү라는 놀이를 할 때 네 개의 샤가이를 던져 각각 모양이 다른 것이 나오면 그 해 매우 운수 좋은 한 해가 될 거라고 생각한다. 각각 던져 나오는 동물 모양의 수대로 그 해를 점치는데, 말이나 양이 나오는 것을 길하게 여긴다.

기본적인 의례와 손님 접대 예절

새해 첫날 집안사람들은 일찍 일어나 새로 마련해 둔 옷을 단정하게 입고 새해를

맞는다. 차강사르 아침에 일찍 일어나
면 한 해 동안 모든 일이 잘 풀린다고
생각한다. 시골에서는 아침에 하늘과
구름의 색깔, 산의 모습, 우리에 가축
이 누워 있는 모습 등으로 한 해의 우
풍순조를 예측한다. 집안의 가장은 음
식 중 가장 좋은 것을 마련해 가지고,
주변에 있는 가장 높은 어워(신앙적 돌무
지)에 올라가 향을 피우고, 하닥xaдar을
걸어 제의를 드린다. 어워를 돌 때는
시계 방향으로 3번 도는 풍습이 있다.

주부는 아침 일찍 새로 차를 끓이
고 양을 삶은 다음 양 대가리의 머리
부분을 남편이 턱 부분을 아내가 잡아
당겨 분리시키는 풍습이 있다. 이것은
모든 닫힌 것을 새롭게 여는 상징적
행위이다. 양의 코 부분에 버터를 바
르고, 꼬리와 정강이뼈를 부처님 앞에
드린다. 새해 아침 사람들은 밖에 나

1 새해 인사
2 코담배로 인사를 나누고 있다.
3 코담배로 새해 인사하기

가 일정 거리를 갔다고 돌아오는 발자국을 내는 풍습이 있다. 이것은 그 해에 자신의
사주에 맞는 길한 방향을 정해 적당 거리를 돌아오는 것으로 시골에서는 주로 말을 타
고, 도시에서는 걸어서 행하는데, 이렇게 하면 한 해 운수가 좋다고 여긴다.

해가 뜨면 식구들은 서로 절을 하는데, 부부는 서로 한 몸이라고 생각하여 절을 하지 않는다. 부부가 서로 절을 하게 되면 헤어지게 된다는 속신이 있다. 나이가 같은 남자인 경우 지위와 명예가 있는 사람을 존중한다. 여러 면에서 서로 동등하다면 동쪽에서 온 사람을 먼저 존중하는 예법이 있다. 나이가 같은 남녀인 경우 남자, 같은 여자끼리는 먼저 자녀를 낳은 사람이 연장자의 예를 받는다. 요즘은 아이들이 어른께 절을 할 때 하닥 위에 돈을 올려 드리기도 한다. 한국에서는 어른들이 아이들에게 세뱃돈을 주는 풍속과는 반대의 풍경이라 할 수 있다. 아이들이나 자식들이 절을 할 때는 연장자는 덕담을 하며 한 해의 소원이 성취되기를 기원해 준다.

오후가 되면 식구들은 집안의 어른이 사는 집을 시작으로 하여 친척집이나 스승의 집을 돌며 새해 인사를 한다. 일반적으로 모자를 쓰고, 옷의 단추를 잘 여미고 부드러운 시선으로 인사를 한다. 인사를 할 때는 하닥을 잡고 하는 방법과 하닥을 잡지 않고 하는 방법이 있는데, 하닥을 잡지 않고 인사를 할 때는 어른이 팔을 위로 하고 아랫사람이 팔을 아래로 잡고 어른이 손아래 사람의 이마 위에 가볍게 입술을 대는 듯이 하며 냄새를 맡는다. 뺨 등에 입을 맞추는 것은 전통적인 방법이 아니다. 하닥은 존중의 예를 행할 때 사용하는 매우 얇고 긴 천을 이르는 것으로 하닥을 잡을 때는 접어서 열린 부분을 상대방 쪽으로 향하게 한다. 이것은 상대방을 향해 마음을 열어 진심을 전한다는 의미를 갖는다. 예전에는 흰색의 하닥을 사용하였으나 요즘은 푸른색 하닥을 많이 사용한다. 몽골 사람들은 연장자에게 아니면 어떤 사람에게 특별한 존경의 예를 행할 때 일반 하닥이 아닌 9알드 약 14m 40cm 정도의 긴 하닥을 잡고 절을 하는 경우도 있다.

코담배와 코담배 주머니

또 서로 인사할 때 빼놓을 수 없는 절차의 하나는 후룩xөeрөr이라는 코담배가 들은 병을 주고받는 일이다. 코담배를 주고받을 때는 뚜껑을 살짝 열어서 주며, 받은 사람은 코담배를 조금 떠서 냄새를 맡은 뒤 뚜껑을 살짝 덮어 돌려준다. 이때 뚜껑을 엄지손가락으로 눌러 닫는 것은 예의가 아니다. 이런 행위는 상대방에게 적대감을 갖고 있다는 것으로 해석된다. 코담배를 주고받는 것은 서로에 대한 믿음과 애정을 전하는 하나의 독특한 인사법으로, 코담배로 인사를 할 때는 가축이 튼튼하기를 기원하거나 복된 새해를 맞이해 기쁘고 평안하기를 바라는 인사말을 주고받는다.

친지나 은사, 친구들끼리 새해 인사를 위해 집을 방문하는 것은 보통 새해 첫날부터 일주일 이상 보름 정도까지 계속된다. 다른 집을 방문할 때는 값에 관계없이 적절한 선물을 가지고 가며, 때로 돈을 선물과 함께 드리기도 한다. 방문한 손님이 돌아갈 때 집 주인은 미리 준비해 둔 선물을 손님에게 주는 풍습이 있다. 몽골인들은 홀수를 길수로 생각하지만 3, 9 이외에 홀수로 선물하지 않는다. 그렇기 때문에 한 가지로 선물하지 않는다. 이것은 하나로는 무엇을 이루기 어렵다고 보는 것과 관련이 있다. 보통 두 가지로 선물하는데, 짝수 또는 짝으로 있는 것을 풍요 내지 길상의 상징으로 보기 때문이다. 이러한 선물 주는 풍속은 비단 차강사르 때뿐 아니라 보통 때도 마찬가지이다.

손님을 대접할 때는 자식들이 음식을 준비하여 내고, 어른들은 서로 대화를 주고받으며 덕담을 나눈다. 어떤 몽골 선생님은 설날의 참의미는 어른에게 공경의 예를 행하는 날이라는 데 있다고 강조했다. 1216년 칭기스 칸은 차강사르 때에 칙령을 내려 국고에서 재물을 내어 60세~100세 노인들에게 포상을 내리도록 하고, 100세 이상의 노인들이 있으면 자신이 몸소 찾아가 인사를 나누었다는 기록이 있다. 이것을 보더라도 차강사르의 근본 의미가 예전부터 어른에 대한 공경에 있었음을 알 수 있다.

몽골인들은 전통적으로 새해 첫날 어떤 상태로 있느냐에 따라 그 해 그렇게 지내게 된다고 생각하기 때문에 음식이나 선물도 푸짐하게 잘 준비하고, 평안한 마음으로 즐겁게 지내려는 마음가짐을 가져왔다. 설날 시골에서는 말경주를 하는데, 봄이 시작되었다고 하지만 날씨는 여전히 춥기 때문에 말에게는 그리 좋지 않다는 비판도 있다.

차강사르에 관련된 금기

◆ 차강사르에 바느질을 할 때는 헌 옷을 꿰매지 않는다. 이날은 모든 것을 새 것으로 시작한다.

◆ 차강사르에 머리를 감지 않는다. 머리를 감으면 외가 쪽에서 누군가 상을 당하게 된다고 한다.

◆ 차강사르에 다른 사람에게 물건을 빌려주어 물건을 바깥으로 내가지 않게 한다. 그렇게 하면
   그해 손실의 문이 열린다고 본다.

◆ 차강사르에 덕이 되지 않는 말을 하지 않으며, 가축이나 동물을 죽이지 않는다.
   덕이 되지 않는 말을 하면 말한 것이 그대로 자신에게 돌아온다고 생각하며,
   동물을 죽이면 그해 죽음이나 이별을 맞게 된다고 한다.

◆ 새해 첫 날 쓰레기나 재를 내다버리지 않는다. 반드시 새해가 되기 전에 버리고 집안을 깨끗이 한다.

◆ 새해 첫 날 우물에서 물을 긷지 않는다. 만약 물을 길으면 외가에서 누군가 죽게 된다는 속신이 있다.
   새해 전 날 물을 가득 길어다 놓는다.

◆ 버브나 반쉬, 보즈를 삶지 않은 날 것으로 세지 않는다. 그렇게 하면 아이가 바보가 된다고 여긴다.

◆ 새해 첫 날 어두운 색이나 검은색 옷을 입지 않는다.

◆ 새해 첫 날 모자를 쓰지 않은 채 새해 인사를 나누지 않는다. 모자를 단정히 쓰고 인사를 나누며
   지역에 따라 예전에는 여자는 수건을 머리에 두르고 인사를 나누기도 했다.

◆ 정월 7일에는 다른 집에 가거나 새해인사를 하지 않는다. 이날은 길하지 않은 날이라 여기기 때문이다.

◆ 밤에는 집에서 잔다. 이날 다른 집에서 자면 일 년 동안 집 바깥에서 지내게 된다고 한다.

차강사르에 관련된 금기

◆ Амар байна уу? — 아마르 밴 오?(평안하십니까?)

◆ Амар байна аа. — 아마르 밴 아(평안합니다.)

◆ Сайхан шинэлж байна уу? — 새흥 쉬넬쯔 밴 오?(설을 잘 지내고 계십니까?)

◆ Сар шинэдээ сайхан шинэлж байна уу? — 사르 신데 새흥 시넬쯔 밴 오?
   (새해 설을 잘 지내고 계십니까?)

133

말경기장

7
나담

여름에 행하는 가장 큰 국가적 축제로는 나담Наадам이 있다. 나담이란 '놀이', '축제' 또는 '축제에 행하는 경기'를 의미하는 단어이다. 나담은 고대로부터 전통적으로 내려온 민속 축제의 하나로 이때는 민속 경기인 말달리기, 씨름, 활쏘기 경기가 열리며, 이를 세 가지를 지칭하여 '남성 3종 경기'라고 하는데서 이 나담을 '에린 고르방 나담'이라고 이르기도 한다. 그러나 실제로 씨름만 남자 선수들이 출전하고 활쏘기, 말경주에는 여자 선수들도 출전한다.

몽골의 설화나 서사시에는 영웅들이 용기와 능력을 겨룰 때 이 세 경기를 벌이는 것이 자주 등장한다. 이러한 이야기는 남성 3종 경기가 나라의 힘인 군사들의 힘과 능력을 드러내는 기본적인 목적을 가지고 있었다는 것을 증거해 준다. 남성 3종 경기가 언제부터 시작되었는지에 대해 한 학자는 흉노 시대에 시작되었다고 보기도 하지만, 그보다 훨씬 이전인 부족 형성기에 생겨났다고 보는 견해가 있다. 수렵과 목축에 종사했던 유목민들이 생활의 경험을 축적하고, 적으로부터 종족을 보호하고 지킬 병사를

9개 흰 수호기를 모셔들이며
나담경기의 시작을 알린다.

훈련시켜야 할 사회적 요구가 생겨났을 때, 병사를 훈련시키고 그 힘을 시험할 목적으로 활쏘기, 말달리기, 씨름 등의 경기가 생겨났다고 본다. 고대에는 지금처럼 스포츠가 생활과 분리된 레저 활동으로 존재한 것이 아니었으며, 생활과 생존의 실제적인 필요와 불가분의 관계 속에 있었다.

봉건 시대에는 여러 지역에서 온 선수들이 함께 참여하는 나담 행사를 정기적으로 벌였지만 불교와 봉건 귀족들을 예우하는 행사로 변화시키려고 애썼다. 씨름, 말경주, 활쏘기에 반드시 불교계 지도자의 제자보다 앞서지 못하게 했으며, 경주에서 이긴 말은 귀족에게 바쳐야한다는 명목으로 빼앗고, 씨름에서 이긴 선수들을 버그드의 제자로 만드는 등 부정적인 양상으로 전개되기도 했다. 특히 만주시대에는 이런 부정이 더욱 크게 자행되었지만 씨름 선수들은 이에 굴하지 않고 만주를 조롱하는 행동을 공공연히 함으로써 몽골인들의 응어리진 마음을 풀어주는 전설들을 적지 않게 남겼다.

나담은 산신제나 수신제를 드릴 때도 신과 인간이 함께 동락하는 의미로 행해졌으며, 전쟁터로 갈 때, 승리하고 돌아올 때, 나라에 지도자를 추대할 때, 차강사르 때나 공적이고 사적인 큰 잔치 등에서 행해졌다.

20C 초 이전에 있었던 나담에는 17C 제1대 버그드였던 자나바자르Занабазар의 무병장수와 나라의 건재를 기원하는 의미의 '일곱 지역(덜렁 허쇼) 당쉭 나담'이 1696년부터 할하의 7개 지역에서 3년마다 한 번씩 열렸으며, 제8대 버그드 때부터는 해마다 여름 마지막 달(계하)에 열렸다. '당쉭'이란 '건재함'을 의미하는 티베트어인데, 당시에

몽골이 만주의 지배에 들어가기 전에 7지역의 허쇼(행정 단위)가 있었기 때문에 그 전통으로 '덜렁 허쇼 당쉭 나담'이라 했다. 즉, 7개 지역에서 벌이는 축제라는 뜻이다. 이때는 진정한 의미에서 몽골 병사들이 힘을 보여주는 경기의 의미가 약화되고 만주의 정책에 따라 진행되었다. 1921년부터는 7월 11일 혁명의 승리를 기념하기 위해 매년 7월에 열리게 되었다. 국가 나담뿐 아니라 아이막이나 솜 단위로도 나담이 열리며, 여러 종족이 살고 있는 서부 헙드 아이막 나담의 경우 상당한 볼거리를 제공한다.

국가 나담은 해마다 혁명 기념일인 7월 11일부터 12일까지 2일간 국가적 행사로 열린다. 13일까지 공휴일이지만 행사는 12일에 모두 끝난다. 이때는 모든 근로자들이 휴가를 보내며, 대회장에 가거나 가정에서 TV를 통해 경기를 관람한다. 또 축제 전야제로 민속예술단의 민속 공연이 있다. 몽골인들은 이 축제를 매우 좋아하며 더 오래 살아서 더 많은 나담을 보고 싶어한다. 이렇게 나담을 좋아하는 이유는 이 축제가 행복, 길운을 가져다주고 1년 동안 살아갈 기운을 북돋아준다고 믿기 때문이다.

씨름

씨름은 몽골 사람들이 가장 좋아하고 즐기는 스포츠로 나담 경기 가운데 가장 중심을 이루는 경기라 할 수 있다. 씨름은 단순히 힘을 겨루는 경기가 아니라 순발력과 기술을 겨루는 경기라 할 수 있다. 몽골 씨름은 토너먼트 형식으로 진행되며, 나이와 체급이 따로 없다. 경기를 하는 시간이 정해져 있지

씨름경기장

1 새춤 동작을 하는 씨름선수들
2 지역 나담축제에 참여한 어린 씨름선수들

않고, 경기하는 판이 정해져 있지 않다는 점 그리고 짧은 시간에 많은 씨름 선수들이 동시 다발적으로 경기를 한다는 점이 몽골 씨름의 특징이라고 할 수 있다.

씨름선수가 되는 사람들은 부모에게서 많은 유전적 특징을 물려받는다고 본다. 성인이 되어 일정한 정도의 체력과 체격이 형성된 씨름꾼은 마을의 큰 돌을 들어 올려 자신의 힘을 보여 역량을 인정받는다.

씨름에 출전할 때는 모자, 저득이라는 앞이 터진 윗옷과 쇼득이라는 경기용 하의, 가죽 신발이 구비되어야 한다. 모자는 '장군 모자'라 이르는데, 이것은 고대 용사들의 투구 형태를 보여주는 것으로, 씨름이 군사의 힘과 민첩함을 시험하던 스포츠였다는 것을 입증해 준다. 저득과 쇼득은 경기를 할 때 잡는 도구가 되어 주는 동시에 씨름 선수의 육체미를 보여주는 가볍고 질긴 재질로 된 옷이다.

설화나 서사시를 보면 덩치가 매우 크고 힘이 센 동물의 가죽으로 상의(저득), 하의(쇼득)를 만들었다고 묘사되어 있다. 몽골의 서사시 〈에린 샌 한 하랑호이〉를 보면 "수

낙타의 가죽으로 만든 상의와 수소의 가죽으로 만든 하의를 입었다."고 묘사하고 있다. 후에 씨름선수들의 복장은 더욱 개선되고 장식적으로 되었다. 최근에 씨름선수의 복장을 연구하는 한 학자는 복장과 의례 측면에서 씨름선수와 무당과의 상관관계를 연구하여 이 둘은 매우 긴밀한 관련을 가지고 있으며, 원래 씨름이 무속의 한 의례였다는 논문을 발표하여 주목을 끈 적이 있다.

저득은 앞가슴이 노출된 씨름복으로 이에 대한 흥미 있는 전설이 전한다. 한 나담에서 한 신인 씨름선수가 나와 모든 선수를 이기고 왕실 소속의 장사까지 매다 꽂고 우승을 하는 이변이 벌어졌다. 그러나 그 신인 선수는 알고 보니 여자였다는 것이다. 그후로 여자가 씨름에 참가하는 것을 막기 위해 가슴이 드러난 옷을 입도록 했다고 한다. 또 다른 이야기로는 보흐 아르스랑(사자—국가 나담에서 처음 우승한 선수에게 붙이는 칭호)이라는 유명한 씨름 선수가 있었는데, 그의 여동생은 힘이 대단한 장사였다고 한다. 어느해 오빠가 갈비뼈를 다쳐 씨름 경기에 출전할 수 없게 되자, 여동생이 남자인 오빠로 가장해 경기에 출전한다. 하지만 남장 여자로 출전한 그 선수는 경기 중에 다른 역사들과 달리 숨을 가쁘게 쉬고 모양새도 왠지 이상했다. 그 점을 이상하게 여긴 한 경험 많은 노인이 그 여동생을 불러 검사했을 때 여자인 것이 드러나고 말았다. 그 이후 선수들에게 가슴을 노출한 상의를 입게 했다고 한다.

씨름을 시작할 때는 특수한 규칙이 있다. 태양이 뜨는 동쪽 앞쪽이 가장 존중의 의미를 갖는 위치로 보는데, 가장 높은 칭호를 가진 선수가 동쪽 선두에 나서면 그 다음 순위의 선수가 서쪽 선두에 선다. 이렇게 순위대로 각각 16명의 선수들이 자신의 감독과 함께 동서쪽으로 나와 자리에 선다. 칭호가 있는 선수들은 자신이 싸우기를 원하는 선수를 지명하여 씨름을 겨룰 수 있으며, 높은 순위의 씨름선수부터 시작해 상대를 호명해 택하는 풍습이 있다.

나담의 종류에 따라 출전 선수의 수가 다른데, 국가적인 나담에는 규모나 상황에 따라 256, 512, 1024명이 출전하고, 지방의 나담에는 32, 64, 128, 256명이 출전하여 경기를 한다. 이 선수들은 모두 자신의 감독과 함께 나오는데, 감독은 자기 선수의 모자를 들고 선수 옆에서 시합을 주시한다. 선수는 자신의 이름이 호명되면 넓적다리를 치며 독수리나 매 또는 항가리드 새처럼 팔을 양쪽으로 벌려 날갯짓을 하며, 사자와 같은 가슴을 하고 경기할 장소로 나온다. 전 해에 우승을 하여 칭호를 받은 선수는 3번째 판부터 자신이 싸우기를 원하는 선수를 지명하여 경기를 할 수 있다. 감독은 시합을 할 때 자신의 선수에게 서로의 암호로 상대의 약점, 상대가 쓰려는 기술이 무엇인지, 어떤 기술을 쓰면 이길 것인지 등을 코치해 준다.

시합에서 상대편의 무릎이나 어깨, 팔꿈치를 땅에 닿게 하는 것을 이기는 기준으로 한다. 선수가 시합에 나가지 않고 15분 이상을 기다리게 하거나, 규칙을 어겼다고 판단될 때 심판은 상대방 선수에게 우승을 선언한다. 경기를 하여 이긴 선수는 3번 날갯짓을 하고 쓰러진 선수의 옆에 가서 인사를 하거나 흙을 털어주는 예의를 행한다. 이때 쓰러진 선수는 가슴 끈을 풀고 오른팔을 들어 이긴 선수를 지나가게 함으로써 패배를 인정한다. 만약 넘어진 선수가 자신의 패배를 받아들이지 않을 경우, 가슴의 끈을 풀지 않고 자신의 감독 뒤로 가 감독을 심판에게 보낸다. 승리한 선수는 진 선수와 껴안고 승리를 확인한 후 감독에게서 모자를 받아쓰고 날갯짓을 한다. 그리고 경기장 앞쪽 중앙에 세워놓은 9개의 흰 수호기가 있는 곳을 독수리, 송골매, 항가리드 등의 새 모양의 날갯짓을 하며 도는데, 이러한 날갯짓은 고대 부족 형성 시 사냥꾼들의 새춤에서 기원했을 것이라고 추측한다. 다시 말해 특별한 무기 없이 맨손으로 야수와 싸워 이기기 위해 먼저 모의 연습을 하여, 사냥감을 풍부히 얻는 행운을 기원할 때 토템이 되었던 힘센 동물의 동작을 모방함으로써 그 힘을 몸에 흡수하려고 했던 상징적 행위였다고 보는 것이다. 또 사자 등의 힘센 동물의 몸동작을 하고, 상의 뒤쪽에 여러 가지 힘센 동물들의 힘을 겨루는 형상을 넣은 것도 이러한 상징성을 보여주는 것이다.

시합에서 우승한 선수에게는 나칭(매), 장(코끼리), 아르스랑(사자) 등의 칭호를 준다. 1등을 한 선수에게 사자, 그 다음은 코끼리, 매의 순으로 칭호를 수여한다. 아이막의 씨름 선수들은 가장 높은 칭호는 아르스랑이며 솜에서는 장으로 제한된다. 성장기의 씨름 선수들에게는 톨가트, 셩허르(송골매), 샨다스, 하르착(매) 등의 칭호를 준다. 선수의 수가 몇 명이든 우승한 선수에게는 아르스랑, 4명 중에 남으면 장(코끼리), 16명 중에 남으면 나칭(송골매), 64명 중에 남으면 하르착(매)의 칭호를 수여한다.

국가 나담에서 두 번 우승을 한 선수에게 아와륵(챔피온), 세 번 승리하면 다양 아와륵, 네 번 승리하면 다르항 아와륵 등의 칭호를 붙여 주며, 우승의 횟수가 거듭될수록 또 다른 수식어를 붙여 챔피온의 명예를 높인다.

씨름은 나담 축제의 중심 경기라 할 수 있을 정도로 인기가 많다. 씨름은 쳉겔데흐 후레렝이라는 대경기장에서 열리는데, 경기장 주변에는 이를 관람하려는 사람들로 인산인해를 이루며, 경기장 밖에는 난장이 벌어져 각종 음식 장사와 물품을 파는 장사들로 북적거린다. 씨름을 구경하러 온 사람들은 점심을 준비해 와서 여유 있게 씨름을 즐긴다. 안면이 있는 사람을 만나면 서로 코담배를 주고받으면서 인사를 하고, 아는 사람들끼리 선수를 두고 내기를 하는 사람들도 많다.

말달리기

드넓은 초원에서 목축 일에 종사하며 사는 몽골인에게 말은 주요한 교통의 수단이자, 경주를 위한 경주마로 중요한 역할을 한다. 말은 나담에서 출전하기 위해 1달 전부터 훈련을 받는다. 말을 아무나 훈련시킬 수 있는 것은 아니며, 말의 특성을 잘 아는 '오야치yяач' 즉 조련사가 정해진 규칙에 따라 훈련을 시킨다. 말이 마시는 물과 먹이의 양을 조절하고, 양모피를 씌우고 산을 달리게 하여 땀을 내게 한다. 말을 조련할 때

1	2
3	4
5	6

1 말경주
3 출전에 앞서 말을 고무하기 위해 기수들이
  깅거를 외치고 있다.
5 승리한 말에 마유주를 뿌리고 있다.

2 지역 나담에 출전한 어린 기수들
4 우워르 항가이 아이막에 있는
  아르왜 헤르 말의 기념상
6 지역 나담에서 승리한 말과 기수, 조련사

는 뙤약볕에 오래 두어 더위를 먹게 하거나, 비를 흠뻑 맞게 하지 않는다.

경주마는 말의 성질과 신체적 특징, 태어난 지역 등 여러 가지를 특성으로 알 수 있으며 그밖에 소리, 발자국, 물 마시는 행동, 먹는 풀, 똥 오줌 상태를 보고 경주마에 적합한 지를 알아볼 수 있다고 한다. 36가지 특징을 완전히 지닌 것을 가장 우수한 경주마로 친다. 즉, 신체적 조건 중 열세 가지가 크고, 아홉 가지가 길며, 여섯 가지가 가늘며 날렵하고, 아홉 가지가 뛰어나고, 다섯 가지가 짧으며 세 가지가 높은 것으로 준마를 판별한다. 또 몇 가지를 어떻게 지녔느냐에 따라 빠르기가 다르다고 본다. 또 경주마의 외부기관을 보고 내부 장기관의 상태를 알 수 있는데, 눈으로 심장의 특징, 콧구멍으로 폐의 특징, 귀로 신장의 특징, 혀로 간, 잇몸으로 비장의 특징을 알 수 있다고 한다.

말경주에 참가하는 선수들은 대개 5~13세의 어린 아이들이며 그 가운데 6~8세의 어린이들이 대부분이다. 말경주에는 남자 아이들뿐 아니라 여자 아이들도 참가한다. 경주마는 2세, 3세, 4세, 5세가 된 말까지는 나이별로 경주를 하고, 6세 이상의 말 '이흐 나스их нас'라 하여 나이 제한이 없이 한꺼번에 경주를 하고, 종마는 따로 경주를 한다. 이렇게 여섯 가지 종류의 경기를 하며, 측대말жороо морь을 타고 단거리를 도는 시범 행사가 있다. 경기의 거리는 말의 나이에 따라 달리 정한다. 두 살배기 어린 말은 10~14km, 세 살배기 말은 14~18km, 네 살배기 말은 18~22km, 다섯 살배기 말과 종마는 20~25km, 나이가 많은 말은 대략 25~30km를 달린다. 어린 기수들은 안장 없이 달리는 경우가 많은데, 안장이 없으면 말에서 떨어지더라도 말로부터 멀리 떨어지기 때문에 말로 인한 위험을 방지할 수 있다고 한다.

나담에 출전하는 말의 수는 해마다 차이가 있는데, 1971년 민중 혁명 50주년 축제에서는 종마가 10,255마리, 여섯 살배기 이상의 말이 24,000마리, 다섯 살배기 말이 11,740마리, 네 살배기 말이 9,090마리, 세 살배기 말이 7,930마리, 두 살배기 말이 5,965

마리 등 총 68,980마리가 참여하는 대경기가 벌어졌다고 한다.

경기하는 날이 되면 행사복을 입고 장군 모자를 쓴 선봉장이 기를 잡고 어린 선수를 태운 경주마를 데리고 행사장을 세 번 도는데, 이 때 기수들은 "깅거어" 하고 소리를 크게 외침으로 말을 고무시킨다. 말들이 출발하기 전 말달리기 경주의 노래로 유명한 '툼니 에흐'('투멩 에흐'라고도 한다)를 부른다. 이 노래가 지어지고 불리게 된 전설이 전한다. 옛날에 한 검은 종마와 몇 마리의 양을 가진 가난한 노인이 있었다. 노인은 자신의 종마를 경주하게 하려 했으나 그 종마를 경주하지 못하게 제외시키려 하자, 노인은 자신의 종마를 잘 다듬어 6세 이상의 말이 달리는 경주에 참가시켰다. 이렇게 하여 경기에 참가한 검은 종마는 가장 선두로 들어와 칭호를 받기 전에 피를 토하고 죽었다. 노인은 무릎을 꿇고 죽은 자신의 종마의 머리를 가슴에 묻고 '투멩 에흐'라는 노래를 지어 슬프게 불렀다. 왕과 귀족들이 그의 구슬픈 노래 소리를 듣고 노인을 불러 연유를 물었다. 그 사연과 노래에 감동한 왕과 귀족들은 그 후 말경주가 시작되기 전에 이 노래를 부르게 했다고 한다.

경주의 선두에서 다섯 번째까지 들어온 말의 이마와 엉덩이에 아이락(마유주)을 뿌린다. 따라서 말이 다섯 번째까지 들어오는 것을 '아이락을 마신다'는 의미의 '아이락 그다흐айрагдах'라고 한다. 우승한 말에게는 '툼니 에흐Түмний эх'라는 칭호를 주고, 다섯 번째까지 들어온 선수에게도 선물과 상을 준다. 그리고 수백 마리 이상의 말이 달리는 마지막 결승전에 등수를 헤아리기 위해 끊는 마지막 말에게 '부렝 자르갈Бүрэн жаргал'이라는 칭호를 붙여 준다. 이 칭호의 뜻은 '완전한 행복'이라는 뜻이다. 꼴찌로 들어온 말에게는 '바양 허더드'라는 칭호를 붙여 주는데, 이것은 '가득한 배'라는 뜻으로 해석할 수 있다. 경기에서 꼴찌를 한 선수는 우승을 한 선수와 함께 경기장에 나오게 하여 삶은 양의 위를 묶어 우승한 것처럼 상을 주었다. 이렇게 상을 주는 데에는 원래는 승리할 수 있었는데 선수가 너무 무거워서, 길에서 장애를 만나 올해는 '바양

허더드'가 되었지만, 내년에는 '툼니 에흐'가 될 것이라는 위로의 의미가 내포되어 있다. 꼴찌한 선수에게 위로를 해주는 동시에, 이렇게 뒤처져 들어온 말을 꼴찌로 보지 않는 것은 말을 사랑하는 목자의 마음에서 비롯된 것이라 할 수 있다. 나담에서 우승한 말은 가격 면에서 상당히 고가에 이르게 되며, 우승한 말의 땀을 손에 문지르면 일 년 동안 행운이 깃든다고 믿어, 우승한 말 주변에 많은 사람들이 말의 땀을 묻히려고 몰려든다. 말경주가 벌어지는 경기장은 멀리서 보면 뿌얀 먼지가 하늘까지 뻗어있는 것을 볼 수 있는데, 몽골 사람들은 말이 달리면서 일으키는 먼지를 쐬면 한 해 동안 운이 좋다고 여긴다.

활쏘기

유목과 사냥을 하며 살아왔던 몽골인들에게 활은 사냥의 효율적인 도구였으며, 활을 쏘는 일은 생존에 필요불가결한 조건이었다. 또한 전쟁 시 활은 생명 그 자체와 동일시될 수 있을 만큼 중요한 무기였다. 우리나라의 『삼국유사』를 보면 하백의 딸 유화가 아비 없는 아들을 낳았는데, 그 아들이 무엇을 쏘아도 맞추는 백발백중의 명궁수

였으므로 '주몽'이라고 했다는 기록이 있다. 몽골에서 명궁수를 '메르겐'이라고 하는데, 메르겐에 대한 신화가 매우 풍부하다. 플레이아데스, 북두칠성, 북극성 등의 별들은 지상의 메르겐들이 하늘에 올라가서 된 별자리들이다. 몽골의 대표적인 들동물인 '타르박'은 명궁수 메르겐이 변해서 된 동물이라는

국가 나담의 궁수들

1 활쏘기 표적
2 지역 나담에 참여한 궁수들

신화가 있다. 이처럼 활쏘기는 몽골인들의 생활 속에 깊이 자리 잡고 있다.

또 몽골인들은 고대로부터 활과 화살을 귀하게 여겼으며, 남성의 정기를 돋우고 나쁜 기운을 없애는 것으로 생각했다. 할하 지방에서는 사내아이가 태어나면 문에 활과 화살을 걸어 남자 아이가 태어났다는 표시를 삼았으며, 어린아이의 요람에 작은 활과 화살 세 개를 달아주었다. 결혼을 하면 장인이 사위에게 활을 쏘게 하여 기량을 시험하기도 하고 활을 선물하기도 했다. 고대에는 의형제를 맺을 때 활과 화살을 교환하는 풍습이 있었는데, 일반적으로 활과 화살은 남성의 능력과 용기를 상징한다. 남자가 죽으면 활이나 화살 또는 화살촉을 부장품으로 넣어주기도 하고, 암소의 젖이 부으면 화살촉으로 찌르면서 '덤'(민간주술요법)을 하여 여러 가지 병이나 삿된 기운으로부터 보호하는 수호물로 삼았다. 서부 오량하이에서는 활과 화살을 신앙하는 풍속이 있어 왔으며, 대개 차강사르 때 나쁜 사귀를 쫓고 가축의 번성을 기원하며 각 가정에서 활을 쏘는 의례(일종의 경기 형태)를 베푼다. 반드시 차강사르가 아니라도 이러한 의례의 형태

146

3 **소르** 표적
4 표적을 맞추었다고 신호를 보내고 있다.

로 활쏘기 경기를 연다.

활과 화살은 종족 형성 시 사냥의 도구로 쓰였으며, 중세기 초·중엽에는 전쟁의 무기로 사용되었다. 중세기 말엽에 이르면 활쏘기는 스포츠의 한 종목이 된다. 이것은 남자의 기량을 시험하고, 궁수의 기량을 더 발전시키고 향상시키려는 목적에서 행해졌다. 최근에는 여궁수도 나담에 참여해 기량을 겨룬다.

활쏘기는 시대에 따라 그 형태가 달랐다. 최초의 형태는 화살촉이 있는 화살을 사용하여 가장 먼 거리를 쏘는 궁수가 승리하는 형태였으며, 이러한 방식의 활쏘기는 최근까지 행해졌다. 활쏘기가 수백 년 동안 전해지면서 가죽으로 된 공을 나무에 걸어 놓고 말을 달리며 공을 실수 없이 쏘는 경기가 행해졌으며, 다음으로는 양이나 소가죽을 나무에 펼쳐 당겨 매고, 70m 정도의 거리에서 20개의 화살을 연속하여 쏘아 맞춘 점수를 계산하는 방식이 있었다. 또 양의 8개의 생가죽을 결합하여 그 중심에 사람의 형상을 그리고 네모나게 나무에 펼쳐 당겨 매고 그것을 적이라 불렀다. 그런 다음 구

1 나담에서 몇 번 승리했는가를 표시하는 모자의 띠
2 소르를 맞추는 몽골 전통 화살

룽의 뒤편이나 고랑 등 보이지 않는 곳의 65m~80m 거리에서 20발을 쏘아 점수를 합산하는 방식이 있었다. 이것은 가장 보편적인 활쏘기 방식이었으며, 점차 규칙이 있는 활쏘기로 발전하였다.

일반적으로 활쏘기 경기를 '소르 하르와cyp xapвaa'라고 하는데, 이것은 가죽을 가늘게 잘라 원통형으로 꼬아 만든 과녁을 쏘는 경기이다. 화살의 끝은 뾰족한 축이 아닌 둥근 모양의 나무로 되어 있으며, 최근에는 플라스틱 안에 무거운 추 같은 것을 넣어 만든다. 보통 활은 버드나무, 화살은 낙엽송으로 만든다.

오량하이의 경우 45m 정도의 거리에서 남자들만 활을 쏜다. 오량하이인들은 전통적으로 몽골에서 가장 큰 활을 사용했으며, 과녁인 소르를 '귀흐'(귀)라고 부르기도 한다.

할하의 경우 여자 궁수는 60m, 남자 궁수는 75m 거리에서 활을 쏜다. 활쏘기 경기를 할 때 '오하이'를 리듬 있게 부르는 풍습이 있는데, 경기가 시작되거나 끝날 때,

3 오량하이인들의 활쏘기 의례는 사기(邪氣)를 쫓고 풍요를 부르는
  벽사진경(辟邪進慶)의 의례로 행해진다.

4 겨울에 활쏘기 의례

| 1 | 2 | 3 | 4 |

활을 쏘아 맞추었을 때 신호로 손을 높이 흔들며 오하이уухай를 가락 있는 소리로 외친
다. 활이 사정거리에 미치지 못했거나 넘어버렸을 때는 아래로 손을 터는 듯한 모양을
하여 신호를 보낸다. 활쏘기에서 우승한 선수에게 '메르겐(명궁수)'이라는 칭호를 주는
데, 여기에 선수에 따라 여러 가지 수식어가 붙는다. 이를 테면, '할하의 매우 놀라운
메르겐', '할하의 영광스러운 메르겐' 등이다.

　　일반적으로 '소르 하르와' 즉 활쏘기 경기는 오량하이, 할하, 부랴트에 남아있으
며, 서로 다른 특징을 갖는다. 보통 궁수들의 모자 뒤에 '토즈туүз'라는 두 개의 띠장식
이 있는데, 하나는 지역에서 우승했을 때 표식이 하나씩 더해지고, 다른 하나는 국가
나담에서 우승했을 때 표식이 하나씩 더해진다. 표식의 색은 할하는 노란색, 오량하이
의 경우 푸른색으로 색상을 달리 한다. 궁수만이 아니라 씨름선수, 말 조련사들의 경우
에도 이런 표식의 띠를 단 모자를 쓴다.

　　사냥을 주로 해 오던 오량하이 사람들은 전통적으로 활, 화살을 신앙하는 풍습이

있었다. 주로 여름과 차강사르 때 활을 쏘는 나담을 행한다. 차강사르 때 활쏘기는 나쁜 사귀를 쫓고 가축의 번성을 기원하는 의례의 성격을 갖는다. 요즘도 일반 가정에서 필요할 때 활쏘기 경기를 자청해서 여는데, 주인은 활쏘기에 참여하는 모든 사람에게 음식을 대접하고, 선물을 준비했다가 승자에게 상으로 준다. 보통 양 한 마리, 형편이 좋지 않을 집에서는 옷감 한 필에 돈을 올려서 주기도 한다.

몽골의 국경일에는 신년 1월 1일, 음력 정월 1~2일 차강사르, 3월 8일 (세계)여성의 날, 6월 1일 어린이날, 12월 29일 자유 · 독립기념일이 있으며, 2012년부터 11월 26일 국가선포일 대신 음력 10월 1일을 칭기스 칸 탄생일로 기념하게 되었다. 여성의 날은 휴일로 지내며, 이 날 남자들은 여성들을 위해 꽃과 선물 등을 준비하고, 개별적으로 또는 직장 단위 별로 모임을 갖고 여성을 기쁘게 해주는 데 대단히 정성을 드린다. 이런 모습을 처음 보면 매우 놀랍게 느껴진다. 6월 1일은 국공일로 모든 직장은 하루를 가족과 함께 지낸다. 밖에 나가보면 가족 단위의 많은 사람들이 거리와 공원으로 나와 하루를 즐겁게 지내는 것을 볼 수 있다. 상점들은 기념일들을 즈음하여 할인 판매를 시작한다.

주거 및
음식문화

1 훕스굴 지역의 게르. 여름이라 외벽 아래부분을 들어주었다.
2 알타이 계곡의 카자흐인들의 게르. 보통 게르보다 좀 높다.

8
전통 가옥 게르

몽골의 전통 가옥인 게르гэр는 기후와 유목 생활에 적합하게 변형, 발전하며 수천 년 동안 면면히 계승되어 온 주거 형태이다. 에스기 게르(양털을 가공하여 만든 두꺼운 천인 펠트로 만든 게르)는 흉노 시대에도 있었으며 다양한 형태로 발전되다가, 7~10C 경에 정착되었다고 본다. 데. 매다르는 그의 저서에서 "몽골의 게르 형태의 주거는 펠트를 만들어 집을 덮을 때부터 시작되었으며, 몽골 게르의 역사는 2,500~3,000년이 된다."라고

했다. 그에 대한 증거는 우워르항가이 아이막, 헙드 솜의 테브쉰 바위그림과 고비-알타이 지역의 바위그림 등에 나타나있다.

중앙아시아의 유목민인 흉노, 선비, 유연, 투르크, 위구르, 거란 등에서 수레 위에 지은 게르를 사용했다는

게르가 새겨진 암각화

1	
2
3

1 우드와 하득을 함께 사용하는 옛날 게르
2 수레 게르
3 궁전 수레 게르

기록이 있다. 13C 몽골에 왔던 유럽의 여행가 플라노 카르피니나 마르코 폴로 등은 게르를 호기심 있게 보고, 게르 지역을 '이동 도시'라고 하는 등 게르에 대한 기록을 남기기도 했다. 마르코 폴로는 그의 견문록에서 "그들의 가옥은 나무틀로 원형 뼈대를 만들고 주위를 펠트로 덮어씌운 것인데, 그 나무틀의 얼개는 아주 치밀하고 얽어맨 상태가 매우 탄탄해 운반하기에 매우 편리하기 때문에 어디든 사륜마차에 싣고 다닌다. 가옥을 설치하든지 조립할 때 입구는 항상 남쪽으로 낸다. 또 펠트로 덮는데 비가 아무리 많이 와도 내부가 젖지 않았다."라고 했다.

일반적인 형태의 게르 이외에 수레에 지어진 게르가 있는데, 이것은 13C부터 상당한 기간 동안 사용되었으며, 먼 여행이나 사냥 또는 전쟁 시에 이용되었다. 수레 게르는 일반적인 형태 이외에 귀족들이 사용하던 '궁전 수레 게르'라 불리는 게르가 있었다. 칸이 사용하는 큰 궁전 수레는 보통 22마리 황소가 끌었다고 한다.

몽골 게르의 역사는 오래 되었지만, 오늘날의 펠트 게르 형태는 16세기부터 보편적으로 사용되었다고 본다. 몽골의 게르는 지방마다 약간의 차이가 있으나 기본적으로는 공통된 특징을 갖는다. 게르의 외벽을 덮는 에스기를 '토륵ᴦyypᴦa'이라고 하며, 이러한 에스기 게르를 짓고 사는 사람들을 '토륵그탄ᴦyypᴦaᴛaн'이라고 한다. 일반적으로 게르를 주거 형태로 한 민족은 터키, 만주, 몽골의 유목 민족들이다. 몽골의 에스기 게르를 러시아어로는 '유르트 юрта', 중국인들은 '바오бao', 야코트 사람들은 '머걸 오라스моᴦoл ypac', 알타이 사람들은 '아가쉬araш' 등으로 부른다.

게르 이외에 사계절 동안 지역을 바꾸며 이동하기에 적합한 게르와 함께 가축에게 풀을 먹이기 위해 초지를 따라 잠시 멀리 가거나 사냥꾼의 임시 주거로 사용되는 천막(매홍), 탁발승이나 나그네가 머무는 작은 일인용 천막(저드거르), 여러 사람이 들어갈 수 있는 천막인 아사르 등의 주거 형태들도 있다.

몽골의 왕정시대에는 일반민이 사는 게르 이외에 왕이나 귀족의 궁전, 관청 등의 건물이 지어졌고, 정착 도시가 생기면서 고정 가옥이 지어지기도 했다. 도시 아파트는 러시아 기술로 1940년부터 시작하여 점차 소규모로 지어지다가 1960년대에는 상당수의 아파트가 지어졌다. 그 후 계속해서 새로운 아파트가 지어졌으며, 현재는 건축업이 활기를 띠고 있다.

게르의 구조

게르는 원형의 원룸 형태이며, 위쪽은 둥근 원추형 모양으로 매우 단순한 형태로 되어 있다. 게르는 기본적으로 나무, 덮개, 조임끈이라는 세 가지가 필요하다. 나무 골조는 외벽, 문, 천장의 받침대, 천창 등을 만들며, 펠트는 지붕, 환기구 덮개, 외벽 등에 필요하다. 이밖에 게르를 단단히 조이기 위한 로프 등이 필요하다.

1 펠트로 게르 외벽을 만들고 있다.
2 천창 고정하기

　게르는 외견상 낮은 편인데, 이것은 게르를 바람이나 폭풍으로부터 보호하는 데 도움을 준다. 게르의 크기는 재산의 정도나 필요에 따라 달라질 수 있다. 게르의 면적과 크기는 '한'이라고 하는 벽체의 수로 나타내는데, 보통 4, 5, 6, 8, 10, 12, 15한의 게르가 있다. 15한의 경우 150개의 천정 받침나무가 들어가는 큰 게르인데, 이렇게 넓은 게르에는 왕이나 귀족들이 주로 살았으며 관청으로 사용되기도 했다. 부자들은 대개 6, 8한을, 평민들은 4, 5한을 짓고 살았다. 일반적으로 가장 많이 지어지는 크기는 5한으로 평균 5명 정도가 살 수 있다. 일반적으로 4한 게르의 크기는 15~20㎡, 5한은 20~30㎡, 6한은 30~50㎡가 된다. 예전에 왕족이나 귀족의 게르 지붕은 사방으로 붉은색 띠를 당겨 장식을 넣는데, 이를 할즈태 게르халзтай гэр라고 한다. 이 붉은색의 띠 장식은 행복과 위엄, 권력을 상징한다.

　벽체는 격자무늬의 조립식으로 되어 있으며, 게르의 기본 몸체를 이룬다. 천창과 천장 서까래를 받치고, 중력을 고르게 받아 땅에 전달하는 주된 역할을 하며, 주로 단

3 왕이나 귀족의 할즈태 게르
4 서까래에 착그탁을 양의 위모양으로 끼워놓았다.

단하고 유연한 버드나무나 낙엽송을 사용해 만든다. 게르의 천창틀인 '턴'은 게르의 면적을 크게 하거나, 빛을 들어오게 하는 등 게르의 구조를 결정하는 데 중요한 역할을 한다. 일반적으로 4한의 평균 천창틀 길이는 117cm, 5한은 140.5cm가 된다. 이 천창을 통해 들어오는 빛의 방향과 각도로 시간을 알 수 있다. 게르를 동남쪽 방향으로 짓는 것은 해가 비치는 것으로 시간을 알 수 있기 때문이다.

또 천창은 집안에 빛을 줄 뿐 아니라 공기를 환기시키고 화로의 연통을 통해 연기를 나가게 하는 역할을 한다. 몽골인들은 길한 모든 것들이 위의 천창을 통해 들어온다고 생각하여 이를 매우 존숭했다. 또 천창을 게르의 생명이라고 보아 매우 중시하는데, 이는 하늘과 연결되는 통로로서의 상징성을 갖는다.

낡은 천창틀은 불태우지 않으며 여자는 손을 대지 않는다. 수년 동안 사용해서 낡아 못쓰게 된 턴은 산에 가져다가 바위동굴에 두고 제의를 드리는 풍속이 있었다. 턴을 내릴 때는 이동하는 쪽을 향해 내리고, 땅에 놓을 때는 잠시라 해도 엎어 놓지 않고

친정 식구들이 신랑 집에 와서 천창덮개를 만들고 있다.

세워 놓으며, 함부로 걸터 앉지 않는다. 이동할 때도 이것을 첫 번째 수레에 싣는 풍습이 있다. 몽골 사람들은 천창 위를 밟는 행위를 금하며, 환기구를 들어 올릴 때는 집안의 가장이나 아들이 들어 올리는 관습이 있다. 천창틀에 가정의 수호 부적을 매달고, 게르 가운데 가장 귀한 것으로 여기는 '착그탁чагтага'이라는 끈을 늘어뜨린다. 이것은 기둥과 마찬가지로 바람과 폭풍에 집채가 쓰러지지 않게 단단히 고정시키는 역할을 한다. 보통 착그탁은 붉은색의 천 등으로 감고, 보리와 소금 등을 싼 하닥을 위쪽에 묶어 그 가정이 곡식처럼 번성하기를 기원한다. 이 긴 줄은 풍요를 상징하는 양의 배 모양이나 길상吉祥의 문양으로 모양을 만들어 천장 받침목에 끼워 놓는다.

환기구를 덮는 덮개를 '우르흐өрх'라 하는데, 이것은 비나 눈이 올 때, 추울 때 등 기후 조건에 따라 천창을 덮어주는 네모 모양의 펠트이다. 우르흐는 단순히 천창 덮개를 말하는 것이 아니라, 고대인들의 움집 위에 입구를 가리켰을 것이라고 학자들은 추측한다. 가정을 '우르흐 게르'라고 하는데, 이것은 우르흐가 게르의 환기나 기온 등의 조건을 조절해 주는 중요성에서 생겨난 단어일 것이다. 천창 또는 그 덮개는 집의 가장 중심 위쪽에 있는 것으로 하늘과 가장 가까이 있는 가정의 하늘로 생각하기 때문에 그 위를 함부로 걷거나 앉는 등의 행동을 하지 않는다. 또 나라의 지도자 혹은 대신들의 명령 없이 집을 수색하려고 우르흐를 들치고 아래로 내려가는 것을 금했다. 천신과 교류하며 풍우를 조절하는 무당이 죽었을 때 그 시체를 우르흐(천창 덮개)로 덮거나 둘러서 묻는 전통이 있었다. 이렇게 우르흐를 매우 존중했기 때문에 깔개나 덮개로 사용하는 것을 매우 금기시했다. 몽골 서부에서는 결혼할 때 게르는 신랑측에서 짓지만 우르흐는 신부측 여자들이 와서 만든다.

환기구와 뗄 수 없는 관계를 갖고 있는 것은 기둥이며, 이것은 집을 짓거나 해체할 때 천창틀(턴)을 위로 올리거나 내릴 때 도움을 준다. 또 기둥은 폭풍에 집이 기울거나 쓰러지지 않도록 받쳐주는 버팀목의 기능을 한다. 기둥을 만들 때는 벼락이 떨어지지 않는 자작나무를 주로 사용한다. 기둥의 높이는 5한의 경우 228cm, 6한은 245cm 정도가 되며, 일반적으로 천장과 벽체의 높이는 60:40정도의 비율을 이룬다. 8한에서 12한의 큰 게르에는 4개의 기둥을 세워 전체 집채의 무게를 받쳐준다. 이밖에 게르에 다양한 장식을 하는데 특히 기둥이나 천정 받침대에는 여러 가지 문양이나 모양을 그리거나 새겨 넣어, 그 가정의 사회적 계급이나 생활 문화의 정도를 나타내기도 한다. 몽골인들은 게르의 기둥을 존숭하는 습속이 있다. 이는 기둥이 게르를 지탱해 주는 버팀목 역할을 하는 실제적인 이유 이외에 먼 고대 화로 옆에 신상을 모셔두었던 예법의 자취라고 보기도 한다.

서까래라 할 수 있는 천장 받침대 '온 унь'은 게르 안에 깃든 햇살 상징성을 갖는다. 게르의 기본 골격이 되는 받침대는 게르의 상체 부분을 이루며 환기구를 받치고,

|1|
|2|
|3|

1 사기를 막기 위해 문 위에 끼워놓은 톱.
　또 문위쪽에 불경을 써 붙여 놓았다.
2 가축을 지킨다고 믿는 가축의 뼈
3 중국 신강성 허웍새드 몽골 자치구의
　목민 게르

게르의 환기구, 받침대, 지붕의 무게를 벽체로 전달시키는 역할을 한다. 4한의 필요한 천장 받침대 수는 (15×4)+5=65개, 5한은 (15×5)+6=81개, 6한은 (15×6)+8=98개가 된다. 보통 받침대는 백양나무, 낙엽송, 버드나무 등으로 만든다. 5한 게르의 받침대의 길이는 2~ 2.5m, 4한은 1.5~ 2m 정도가 된다.

문은 예전에는 네모난 틀(하륵)을 짜서 고정하고, 그 바깥쪽을 가죽이나 에스기 덮개로 덮는 형식의 '우드үүд'였으나 지금은 나무로 만든 여닫이문хаалга이 대부분이다. 그러나 지금도 지역에 따라 우두와 여닫이문을 함께 사용하기도 한다. 우드는 고정틀인 하륵보다 30cm 정도 길게 하고, 너비는 10cm 정도 넓게 만들며, 사람이 들어가고 나갈 때 떨어지지 않도록 단단히 고정한다. 게르의 발전 형태에 따라 우드로만 된 것, 펠트 덮개 문인 우드와 나무문인 하륵이 결합된 형태, 하륵만으로 된 것 등이 있다.

문은 길하고 사악한 것이 드나드는 곳으로 가정을 수호하는 상징성을 지닌다. 시골 게르에 가보면 문 위쪽 서까래에 톱을 끼워두거나 고슴도치 껍질을 걸어두는 것을 볼 수 있는데, 이것은 사악한 것이 들어오는 것을 막는 부적의 의미가 있다. 잣나무는 습기에 확장되지 않는 단단한 나무이기 때문에 문을 만들기에 가장 적당하다고 본다. 일반적으로 몽골인들은 문지방과 문미를 매우 존숭하는 풍습이 있는데, 문지방을 밟거나 앉는 행위, 문미에 매달리는 행위 등을 금했으며, 문이 고정이 잘 되지 않아 흔들거리는 일이 없도록 주의했다. 펠트 덮개문인 경우 왼쪽을 들치고 들어오는 것은 주인과 관계를 끊어졌거나 끊겠다는 행동으로 보았으며, 문틈으로 안을 엿보면 삿된 기운이 들어온다고 여겨 이를 금기시했다.

하야브츠хававч는 게르의 펠트 자락 주위를 눌러 감싸는 역할을 한다. 하야브츠의 높이는 20~25cm정도로 하며 일반적으로 펠트나 솜이 든 천 또는 나무로 만든다. 봄, 여름, 가을에는 주로 나무를 사용하고, 겨울에는 펠트를 사용한다. 따뜻한 날 바람이 없으면 접어서 두고, 바람이 불면 펠트 자락을 이것으로 눌러 놓는다. 펠트로 만들 때는 몇 겹을 겹쳐 누벼 만들며 문양을 넣는다.

게르를 지을 때는 바닥을 만들고(바닥이 필요한 경우-), 문은 남쪽 혹은 약간 동남쪽을 향하게 하며 문간의 벽체부터 시작하여 오른쪽 방향(시계 방향)으로 격자모양이 되게 하여 둥그렇게 지어간다. 그 다음 문과 벽체를 고정시키고 천창에 기둥을 받치고 천장받침대를 받쳐 게르의 기본 틀을 완성한다. 외벽은 양털을 가공한 펠트로 덮는데, 여름에는 1겹의 펠트를 사용하며 때에 따라 아래 부분을 걷어 시원한 바람이 들어오도록 한다. 겨울에는 2~3겹으로 겹쳐 덮어 바람과 추위를 막는다. 펠트 밖에 다시 흰색 천으로 덮고, 로프로 내벽과 외벽을 둘러 단단히 조인다. 게르를 짓는 데 사용되는 로프는 주로 습기에 강한 낙타털이나 말의 갈기로 만든다. 게르를 짓는 데 소요되는 시간은 20분~ 40분 정도 걸리는데, 바닥을 깔거나 큰 게르를 지을 때는 다소 시간이 소요된다고 한다. 게르는 통풍이 잘 되고 자연 생활에 매우 적합한 구조로 되어 있어, 보통 시골 게르에 살던 노인들은 도시 아파트 생활을 매우 답답하게 여긴다.

게르의 내부는 크게 3개의 원형 공간으로 나눌 수 있다. 첫 번째 공간은 중앙의 공간으로 화로(갈 걸럼트)를 중심으로 하는 공간이며, 두 번째 공간은 사람이 앉거나 활동하기 위한 공간으로 깔개 등을 깐다. 세 번째 공간은 생활에 필요한 궤나 침대, 물건 등을 두는 공간이다.

게르의 내부는 다시 크게 동쪽, 서쪽으로 나누어, 동쪽에는 생활에 필요한 음식이나 그릇, 식구들이 사용하는 소지품들을 놓고, 서쪽에는 마유주 통, 가축의 젖, 말안장, 채찍, 끈 등을 놓는다. 마구나 말젖을 발효시키는 가죽부대나 나무통이 있는 것은 예전에 남자들이 말젖을 짰던 것과 관련이 있다고 본다. 게르를 방향에 따라 다음과 같은 네 개 공간으로 나누기도 한다. 즉,

동북쪽은 주인의 공간
북서쪽은 손님의 공간
동서의 남쪽은 음식과 생활 용품을 두는 공간
중앙은 가정의 생명이라 할 수 있는 화로 공간이다.

1 12지 방향에 따라 위치한 게르 내부   2 게르 문가 왼측의 식기 도구

1	2

1 연통이 없는 삼발이 톨륵
2 연통이 있는 난로(조흐)에서 빵을 튀기는 아낙네

게르 안에 있는 여러 가구나 물건 등은 12지에 따라 위치를 잡는다. 예를 들어, 게르의 가장 안측은 자(쥐) 방향으로, 이곳에는 단이나 궤를 놓으며 그 위에 부처나 신을 모신다.

가정에 따라 약간의 차이가 있어 북측에서 약간 오른쪽 또는 왼쪽에 부처를 모시기도 한다. 대개 부처를 모신 옆쪽으로 가족의 사진들이 빽빽이 붙어 있는 것을 볼 수 있다. 시계방향으로 돌아 호랑이 방향으로는 가장이 앉고, 토끼 방향에는 안주인이 기거한다. 용과 뱀 방향에는 부엌 살림살이를 둔다. 문 쪽은 말 방향으로 이곳에는 말에 관련된 끈 등을 둔다.

손님이 오면 서쪽 원숭이 방향에 앉게 하며, 이를 위해 깔개, 침대 등을 둔다. 남자나 손님은 게르의 오른편에 앉고 여자들은 왼편에 앉는다. 오른쪽은 하늘 방향이요, 왼쪽은 태양 방향이라고 하여 오른쪽을 존숭하는 풍습이 있다. 대가족을 이루는 집에서는 조부모나 부모의 게르(이흐 게르)를 오른쪽 즉, 서쪽에 짓고, 젊은 부부의 게르는 왼쪽 즉, 동쪽에 지었다. 어떤 학자는 고대에는 태양(여성) 방향인 왼쪽이 숭상되었으나 가부장제 사회로 변화되면서 하늘 방향인 오른쪽을 존숭하게 되었다고 본다.

몽골 게르에 취사와 보온을 위해 사용되는 화로는 고대에는 3개의 돌을 받쳐 사용했으며, 1950년대까지는 '툴륵гулга'이라는 연통이 없는 화로를 사용하다가, 1950년 이후 연통을 연결한 쇠로 된 '조흐зуух'라는 무쇠 화로를 사용하게 되었다. 시골에서는 주로 소똥(아르갈)을 이용하여 불을 때고 있으나, 울란바타르의 경우 외곽을 끼고 형성된 정주 가옥이나 게르촌에서 나무나 유연탄, 폐타이어를 사용하기 때문에 매연이 심하게 나 환경오염의 주된 요인으로 꼽히고 있다. 특히 추운 겨울 저녁 시간 때부터 시작해 울란바타르 시내 공기는 매캐한 연기로 뒤덮여 호흡하기가 곤란한 경우가 많다. 몽골의 대기가 겨울에는 바람이 없이 정체되어 있을 뿐만 아니라 울란바타르 시가 고분지 지역이기 때문에 공기가 밖으로 빠져 나가지 않은 채 시내에 정체되어 있어 이러한 공해 현상은 더욱 가중된다.

주거지에 관련된 금기

- ◆ 다른 사람들이 살던 집터와 똑 같은 자리에 게르를 짓지 않는다.
- ◆ 어느 쪽으로든 산은 멀리 있어도 바위가 뾰족뾰족하게 돌출되어 보이는 곳에는 게르를 짓지 않는다.
- ◆ 흰 돌(바위)은 하늘의 사신이라 여기기 때문에 그 뒤편으로 게르를 짓지 않는다.
- ◆ 검은 돌(바위)은 악귀의 해害라 여겨 그 앞쪽으로 게르를 짓고 사는 것을 꺼린다.
- ◆ 연못이나 저수지 뒤편으로 집을 짓지 않는다. 괴로운 사람의 눈물이라고 여기기 때문이다.

9
주거 생활의 예법

몽골 민족은 매우 따뜻한 마음씨를 가진 사람들이지만 희로喜怒의 감정을 즉각적으로 드러내어 표현하지 않는 편이다. 그렇기 때문에 생활 속에서 여러 상징적 행위를 통해 서로의 감정을 심정적으로 주고받는 경향이 있다. 어느 나라나 마찬가지이겠지만 특별히 몽골민족은 광대한 초원에서 수세기 동안 유목 생활을 해온 민족으로 손님을 맞는 예의가 각별하다. 이것은 인적이 드문 외로운 초원 생활 속에서 인간을 그리워하는 심정에 한 원인이 있겠지만, 일반적으로 이동 생활을 하면서 여행을 한다는 어려움을 잘 이해하는 데서 오는 미풍양속이 아닌가 생각된다.

칭기스 칸은 백성들에게 여행객을 잘 대접하라는 명을 내렸다고 하는데, 아주 먼 곳에서 온 손님은 들어간 집에서 6일 정도 머물 수 있었다고 한다. 어떤 손님이든 일단 집에 손님이 들어오면 주인은 부드러운 태도로 차와 음식을 대접한다. 만약 손님이 잠을 자러 온 경우 그를 편안히 쉬도록 정성을 다하여 불편함이 없도록 배려한다. 주변에 다른 인가가 없을 경우 주인이 집을 비울 때는 문을 걸어 잠그지 않고 가기 때문에 나그네가 들어가 쉴 수도 있었다. 고비 지방의 아름다운 풍속을 그린 시를 한 편 소개하려 한다.

먼 여행길을 걸어
피곤에 지친 나는 한 잔의 차를 갈망하며
끝없이 광활한 고비의 인가를
보석 찾듯 살피며 갔다.
한참을 헤매다 어느 집에 이르니
게르 문이 자물쇠로 채워져 있지 않았다.
주인 목자는
먼 초지에 가축 떼를 방목하러 간 듯
오 한의 게르 안에는 가구며 그릇이 제대로 갖추어져 있다.
원하는 어떤 이를 위해 준비해 놓은 뜨거운 차
목이 말라 찾아온 어느 누군가가 차를 마시고 갔다면
집 주인이 기뻐하는 옛 풍습을 나는 안다.
태양과 바람이 스며든 육포로
체력을 보충하고 떠난 이가 있다면
이생에서 해야 할 일을 이루었다 자랑하는
소중한 풍습을 나는 안다.
진한 향기의 차로 갈증을 풀고
의심 없는 믿음의 깊이에서 나는
마음의 갈증을 풀었다.
펠트 게르 문은 자물쇠가 채워지지 않은 채

믿음을 잃지 않은 주인이

가축 떼를 이끌고 초지에서 돌아오기를 기다리는 모습으로 남아 있었다.

우리의 광활한 고향을 찾는다면

당신은 잘 안다, 어려움이 없다는 것을 !

'사구가 펼쳐진 고비, 몽골인의 마음에는

인색의 자물쇠가 없다.'

- 〈드넓은 고비의 집〉『몽골 현대시선집』에서

이처럼 나그네와 여행자를 위한 세심한 배려는 고비 지역뿐 아니라 몽골의 어느 지역에서나 만날 수 있다. 나그네나 손님이 오면 잠자리를 제공하고 가장 좋은 음식으로 정성껏 대접하는 아름다운 풍속은 우리나라 옛 풍속을 연상케 한다.

손님은 방문하고자 하는 인가에 가까이에 이르면 말고삐를 당겨 천천히 걷게 한다. 말에서 내릴 때 게르의 앞쪽이나 왼쪽(동쪽)에서 내리지 않는다. 이것은 왼쪽은 주인의 방향이며 오른쪽은 손님 방향이라고 보기 때문이다. 집 문 앞으로 말을 타고 가로질러 가거나 두 집 사이로 말을 탄 채 지나가는 것을 좋게 여기지 않는다. 걸어서 갈 경우 망아지를 묶는 줄('젤ᴣᴏᴧ'이라고 함)이 쳐져 있거나 장대, 물건, 채찍 등이 떨어져 있으면 그 위로 지나가지 않고 반드시 돌아서간다. 이것은 집 주인을 존중한다는 의미가 있다. 또 문에 금줄이 쳐져 있거나 붉은 천이 묶여 있으면 사람 출입을 금한다는 뜻이므로 집 안으로 들어가지 않는다. 낮에 천창 덮개가 덮여져 있으면 사람이 죽었다는 것을 표시하는 것이기 때문에 장례에 관련된 사람이 아니면 함부로 들어가지 않는다.

손님은 밖에 사람이 없을 경우, "개 붙잡으세요."라고 하는데 그 집에 개가 없어도 이렇게 말함으로써 집안에 있는 사람에게 손님이 왔다는 것을 알린다. 손님이 오면 집에서 나와 손님을 맞아야 한다. 만약 그렇게 하지 못했을 경우 손님이 집에 들어오면 서둘러 일어나 손님을 맞는다. 집에 연장자나 자신의 부모가 온 경우 반드시 말 묶는 곳에 가서 내려드리고, 말을 묶고 문을 열어 모셔들여야 한다. 집에 들어가고 나갈 때는 연장가가 먼저 움직이고 집안사람은 그 뒤를 따른다. 나이순으로 자리에 앉고 연장자는 서쪽 상석에 앉게 한다.

몽골인들은 손님을 맞이할 때 손아랫사람이 손윗사람에게 가볍게 인사를 하며 "평안하십니까? 인사드립니다."라는 등으로 인사한다. 특별한 손님이 오면 이웃집 사람들과 함께 맞이하며 존경의 예를 표하기도 한다.

몽골인들의 인사예법은 시간과 계절, 명절이나 장소 등에 따라 매우 다양하게 표현된다. 일반적인 인사로는 "샌 밴 오?"(안녕하세요?), "소닝 새홍 요 밴?"(별일 없으십니까?) 등으로 인사하며, 아침, 점심, 저녁의 인사말이 다르다. 몽골어에는 한국처럼 존대법이 서술어의 종결형으로 표현되지는 않지만, 존대어가 매우 발달해 있다. 상대방을 부를 때는 존칭을 사용하여 부른다. 나이든 사람을 혹은 공경할 만한 위치에 있는 사람에게 '아브개авгай', '고애гуай', '아해ахай' 등을 뒤에 붙여 부른다. 남성인 경우 '고애', 여성인 경우 '아해'라고 부르며, '아브개'는 남성, 여성 연장자 모두에게 사용할 수 있다.

남의 집에 들어 갈 때는 모자를 반듯하게 쓰고 들어가는 풍습이 있다. 그냥 들어가면 예의를 모르는 사람으로 취급을 받는다. 몽골인들은 모자와 허리띠를 매우 소중히 하며 일반적으로 이 두 가지를 생명과 동일시하는 경향이 있다. 따라서 모자를 서로 바꾸어 쓰거나, 길에 떨어진 남의 모자를 줍는 일을 삼간다. 주운 모자는 횡재가 아니라 오히려 손해의 길이 된다고 본다. 또 모자를 잃어버린 사람은 불행을 당하거나 죽음을 당하기도 한다고 믿는데, 실제로 모자를 잃어버린 뒤 죽음을 맞는 일이 적지 않다.

허리띠를 말하는 '부스бүс'도 모자만큼이나 중시한다. 부스의 끈을 늘어뜨리고 다니지 않으며, 여자의 허리띠를 남자가 매면 운이 나빠진다고 생각한다. 예전에는 여인네들이 가축의 젖을 짤 때도 허리띠를 잘 매고 젖을 짜는 예법이 있었다. 지금은 그런 예법이 반드시 지켜지는 것은 아니다. 모자와 부스는 주인의 영혼과 함께 하는 것으로 보아 사람이 죽으면 다른 유물은 살아 있는 사람들이 가질 수 있지만, 이 두 가지 물건은 갖지 못하며 태워버린다.

화로를 나타내는 '갈 걸럼트ГАЛ ГОЛОМТ'라는 말은 화로가 놓인 가정의 중심 자리, 고향, 가계家系 등 다양한 의미로 전이되어 쓰이는데, 몽골인들은 불이 있는 중심 자리를 삶의 기반이라 생각하여 매우 소중한 곳으로 여긴다. 가정의 불을 지킨다는 것은 가계를 계승한다는 의미로 쓰였다. 예로부터 집안의 막내아들이 불을 지키며 가계를 계승해 왔다. 불을 신앙하는 풍습은 고대부터 내려온 몽골의 전통이다. 사람이 죽으면 장지에 온 사람들과 타고 온 말, 가축 등을 양쪽에 피운 불 사이로 지나가게 하는 풍습이 있으며, 시집온 며느리에게 불신께 절하게 했다. 집에서 나가다가 문지방에 걸려 밖으로 넘어지거나 넘어질 뻔한 사람은 다시 집안으로 들어와 불에 소똥을 넣는다. 일반적으로 가정의 재해가 생기거나 손실을 당하면 무엇보다 먼저 불의 신께 제의를 드렸다.

화로 주변에 더러운 물건이나 쓰레기 따위로 더럽히지 않는다. 가정의 온상인 화로는 매우 신성한 것이며, 그 주위는 불의 신이 거하는 공간이기 때문에 항상 청결히 하고 깨끗하게 정리한다.

생활 예법에 관련된 금기

◆ 방문한 집에 들어가기 전에 밖에서 용변을 보는 행위를 피한다. 일단 집안에 들어가 집주인과 인사를 나눈 뒤 나와서 볼 일을 본다.

◆ 다른 집에 들어가지 않으면서 그 집 문 앞으로 가로질러 가지 않는다. 반드시 집 뒤쪽으로 돌아서간다.

◆ 남의 집에 들어갈 때는 총이나 칼, 말채찍 같은 것을 손에 들고 가지 않고 문밖 게르 위에 올려놓고 들어가야 한다. 위협적인 태도로 보일 수 있기 때문이다.

◆ 남의 집 문을 통해 엿보거나 안에서 나는 소리를 귀 기울여 들으며 서 있지 않는다.

◆ 문지방을 밟고 있거나 밟고 들어가는 것, 문지방에다 뼈를 치거나, 나무를 부러뜨리는 행위를 금한다. 이것을 어기면 문의 신이 놀라며, 집안에 좋지 않은 징조가 오래 간다고 본다.

◆ 문지방으로 걸어 들어갈 때 먼저 왼발로 걸어 들어가지 않는다. 싸우거나 빚을 독촉하러 온 사람이 이렇게 왼발로 걸어들어 간다.

◆ 다른 사람의 집에 들어가 게르 안측 가운데 앉지 않는다.

◆ 손님이 찾아갔을 때 주인은 정성껏 대접하며, 손님이 가기 전에 손님이 가져온 선물을 풀어 보지 않는다.

◆ 남의 집에서 팔짱을 끼고 있거나 뒷짐을 지고 서 있지 않는다.

◆ 소매를 걷은 채 남의 집에 들어가지 않는다. 이는 불만이 있어 싸우겠다는 의미로 받아들여진다. 또 옷섶을 채우지 않고 그냥 들어가지 않는다. 친지가 죽으면 일정 기간 옷섶을 채우지 않고 지내는 풍습이 있기 때문이다.

◆ 인사를 건네는데 아무 대꾸도 없이 가만히 있지 않는다. 교만하거나 예의 없는 사람으로 여겨진다.

◆ 집안에서 휘파람을 불지 않는다. 휘파람은 뱀이나 벌레 따위를 불러들인다고 생각한다. 잠자리에 들 때 노래를 부르거나 울지 않는다. 기쁨과 슬픔의 감정을 있는 그대로 드러내는 것을 좋지 않게 여기는 습속이다.

◆ 아침 일찍 노래 부르지 않는다. 아침에 노래를 부르면 수명이 짧아진다고 여긴다.

◆ 다른 사람을 향해 손가락으로 가리키거나 손가락을 흔들어대지 않는다. 이는 상대를 불쾌하게 만드는 행위라고 본다.

◆ 다른 사람을 만날 때 집게손가락을 곧추 세우거나 상대를 가리키는 것을 금한다. 이것은 상대를 욕하는 것과 마찬가지라고 여긴다.

◆ 멀리서 오고 있는 비를 손가락으로 가리키지 않는다. 그렇게 하면 천신이 노해서 수재를 보낸다고 한다.

◆ 빗물을 손바닥으로 받지 않는다. 그렇게 하면 수재가 이른다고 생각한다.

◆ 해가 진 뒤에 손님을 보내지 않는다.

◆ 여자는 재에서 소변을 보지 않는다. 만약 그렇게 하면 엉덩이가 푸른 아이를 낳거나 푸른 몸의 아이를 낳게 된다고 한다.

◆ 여자들은 머리를 풀고 집 안팎으로 다니지 않는다. 그것은 과부의 표시이며 과부가 될 징조라고 보기 때문이다.

◆ 남자는 일반적으로 18세가 되면 사회인으로 받아들여지며, 33세가 되었을 때는 구레나룻을 기를 수가 있고, 40세가 되면 보드카 3잔을 마실 수 있는 나이가 되었다고 본다.

몽골인이 귀하게 여기는 다섯 가지

◆ 진실하고 정의로움에 힘쓰며 살아가는 것.

◆ 조상의 교훈을 되새기며 살아가는 것.

◆ 다른 사람이 베푼 은혜에 보답하는 것.

◆ 지혜서의 의미를 깊이 숙고하며 그 뜻을 되새기는 것.

◆ 가난한 하층민을 널리 도우며 살아가는 것.

남자의 다섯 가지 본령
폭넓은 사고 · 강한 용기 · 분명한 원칙 · 가정의 기둥 · 자식의 정신적 힘

주부의 다섯 가지 본령
멀리 보는 안목 · 사려 깊음 · 동정적인 마음 · 부드러움과 화목 · 예의

10
음식 접대 예법

　　몽골인들의 식사예절은 엄격한 규칙은 없지만, 일상화된 생활습관이 있다. 가정의 안주인은 아침 일찍 일어나 불을 피우고 차를 끓여서 식구들의 아침 식사를 준비한다. 끓인 차를 먼저 산천신께 뿌려 올리고 식구들에게 따라준다. 몽골에는 아침식사를 '먹는다.'라고 표현하지 않고, '차를 마신다.'라고 표현한다. 상대방에게 아침식사를 했느냐고 물을 때 "아침 차 마시셨어요?"라고 말한다. 그러나 차를 마신다고 해서 차만 마시는 것이 아니라, 집집마다 튀긴 빵(버르척)을 차에 찍어 먹던가, 빵을 잘라 차에 넣어서 먹는다. 식사를 할 때는 편히 앉아서 먹는다. 특히 아침을 편히 앉아서 먹지 않으면 그 날 일이 잘 풀리지 않는다고 여긴다.

　　몽골의 전통적인 손님 접대 예법에는 차일락, 보다락, 다일락이라는 세 가지 음식 예법이 있다. 차일락цайллага이라는 것은 친구를 만나거나 보낼 때 차나 차강이데(유제품)를 대접하는 가벼운 손님 접대 음식을 이른다. 그러나 다일락дайллага에는 차일락의 모든 음식 이외에 존중의 의미를 나타내는 고기가 포함되며 술 종류도 내놓는다. 보다락буддаалага이란 명절이나 여러 종류의 의례에 적합한 음식 예법이다. 보다락은 아이 생일이나 명예를 얻게 되었을 때 행하는 의례를 말한다. 보다락은 번성과 풍요, 행복의 상징인 가축의 젖, 쌀을 귀하게 여긴다. 보다락에는 참석하는 사람들에게 술을 대접하지 않으며 차강이데나 마유주 등으로 손님을 대접한다.

차일락

형제나 친구에게 예의를 갖추어 차를 마시게 하고, 새로 이동해 온 가정은 이웃 사람들과 친하게 지낼 목적으로 혹은 오랫동안 살다가 이동할 때가 되면 서로 차를 대접하거나, 새해를 맞이하여 서로 이웃을 초대하여 차를 대접하는 것을 이른다.

차일륵에는 차와 음식, 사탕과 과일, 버브(의례용 빵)과 유제품 그리고 일상적인 음식과 마유주, 술로 대접하는 것을 이른다.

보다락, 차갈락

아이를 씻기는 의례, 아이들의 머리를 자르는 의례, 돌이 되거나 이름을 붙여주게 될 경우 또는 장례, 차강사르 등 특별한 의례에 행하는 음식 접대법을 이른다. 보다락은 풍요롭고 번성하며, 부유하고 행복의 상징성을 가진 젖과 곡식을 존숭하는 행사이다.

보다락에 참여하는 사람들의 상태를 보아 적당한 음식으로 대접하며, 나이가 차지 않은 아이들에게는 술을 권하지 않기 때문에 유제품이나 마유주 등을 내어 대접하는 풍습이 있다. 보다락은 차와 음료(음료수, 포도주, 마유주) 음식, 밥, 아르츠, 고기, 타락 등으로 대접하는 것을 이른다.

다일락

차일락과 마찬가지이지만 한두 가정이 그 지방 사람들이 아니거나, 많은 사람이 모인 경우 오츠(양의 등, 엉덩이 부분)를 놓고, 음식과 밥 여러 가지 종류의 음식이 준비되는 것에 차이가 있다. 다일락에는 차와 음식, 한 마리 고기, 오츠, 보즈, 호쇼르(고기를 넣고 튀긴 빵) 여러 가지 종류의 음료와 마유주, 술이 포함된다.

다일륵의 음식을 차릴 때는 일정한 규칙이 있다. 손님을 맞기 위해 음식을 차릴 때 접시에 아롤, 치즈를 네모지게 몇 층으로 올리고, 그 위에 우름을 삼각형으로 놓고, 여러 가지 설탕과 과일로 장식한다. 아니면 접시에 버브 같은 빵과자를 여러 층 네모나게 쌓고, 그 위에 우름과 치즈, 건포도, 사탕 류로 장식한다.

손님을 특별히 존중하여 양의 오츠를 놓을 때 바깥쪽 가죽을 양쪽으로 놓고, 관절 부위와 고기를 나란히 올린다. 그리고 가장이 오츠의 머리 부분을 손님 쪽으로 향해 놓는다.

세르짐(술)을 올리는 풍습

몽골인들은 차를 끓이거나 술을 내리고 있을 때 밖에서 사람이 들어오는 것을 운이 좋은 것으로 여기고 손님을 존중하는 전통이 있다. 온 손님은 아무리 바빠도 새로 끓인 차와 만든 술을 맛보고 가는 예법이 있다. 술을 마시기 전에 술을 뿌려 올리는 풍습이 있는데, 이것은 한국의 고수레 풍속과 같다고 할 수 있다. 약지를 사용하여 3번을 올리는데 이것은 푸른 하늘天과 대지地, 사람들人의 평화를 기원하는 의미가 있다. 약지를 사용하는 것은 일반적으로 약지는 다른 사물에 닿지 않는 가장 깨끗한 손가락이라 여기기 때문이다. 술을 마시지 않거나 맛만 보려고 할 때는 왼손 약지를 술에 찍어 자신의 이마에 가져다 대고 정중하게 술잔을 돌려준다.

술 마시기 전 약지로 세르짐을 올리고 있다.

몽골인들은 약지를 신성한 손가락으로 여겨 '야담 호로'라고 하는 것 외에 '신성한 손가락', '이름 없는 손가락'이라고 한다. 약지를 '야담яɡам'이라고 하게 된 것에 대한 다음과 같은 전설이 전한다.

예전에 만주의 황제가 몽골의 영향력 있는 귀족들을 자신의 궁에 초대했다. 만주의 황제는 귀족들을 죽여 칭기스 칸의 혈통을 없애려는 음모를 꾸미고 있었다. 모든 사람들 앞에는 옥으로 된 잔이 놓여졌으며, 그 안에는 모두 독이 들어 있었다. 사람들에게 의심을 받지 않게 하기 위해 시간이 어느 정도 경과한 후 온몸에 퍼지는 독을 사용했다. 하지만 야담이라는 신하가 그 사실을 알아채고 자신이 먼저 한 잔을 받겠다고 했다. 그리고 술에 자신의 손가락을 넣어 위로 뿌려 올렸다. 그러자 손가락의 색이 변하고 살이 헤지며 뼈가 드러났다고 한다. 이렇게 야담이 몽골의 귀족들을 구했기 때문에 그의 이름을 따서 약지를 '야담'이라 했다는 전설이 있다.

무속적 관념에 의하면 인간의 영혼은 이 손가락을 통해 나간다고 본다. 그래서 영혼을 육신에 안정적으로 거하게 하기 위해 금반지나 은반지를 이 손가락에 낀다. 이러한 귀금속 사이로 영혼이 빠져나갈 수 없다고 믿는 것이다. 만약 인간의 혼이 육신에서 나갔을 경우 영혼이 왼쪽 약지로 다시 들어온다고 보기 때문에 이 손가락에 반지를 끼지 않는다. 반지를 끼면 혼이 들어오지 못한다고 여긴다.

식생활과 관련된 금기

◆ 손님은 대접한 음식과 차를 조금이라도 맛보고 내려놓아야 하며 그대로 내려놓으면,

　귀신이 와서 맛본다고 한다. 또한 이는 주인을 멸시하는 행위로 받아들여진다.

◆ 주인이 음식을 내왔는데 "배부르다", "방금 식사했다"라고 하지 않는다.

　주인의 성의를 무시하는 태도로 여겨진다.

◆ 차의 첫술을 산천신께 올리지 않은 채 사람들이 먼저 마시지 않는다.

◆ 안주인은 새 차를 끓여 그릇에 든 차를 손님 앞에 그대로 놓지 않고 반드시 손님의 손에 쥐어 준다.

◆ 그릇에 따라준 차를 서서 마시지 않는다.

◆ 차와 음식을 그릇에 담을 때는 왼손으로 담지 않는다.

◆ 그릇에 차와 음식이 넘치게 따르거나 담지 않는다.

◆ 음식을 먹을 때는 윗사람이 먼저 수저를 든 후 손아랫사람이 수저를 든다.

◆ 음식물 찌꺼기나 구정물을 버릴 때는 집안에서 밖으로 쏟지 않고 반드시 밖에 나와 쏟아 버린다.

　집안에서 밖으로 버리면 집안의 복이 나간다고 생각한다.

몽골의
생활문화

1	
2	3

1 시골의 아이들
2 양을 타고 노는 아이
3 연장자가 배냇머리를 자른다.

11

아이와 관련된 생활 풍속

나이와 관련된 풍습

몽골에서는 나이를 더하는 관습이 우리와 약간 차이가 있다. 한국에서는 나이를 셀 때 어머니 뱃속에 있던 10개월을 1살이라 치는데 반해 몽골에서는 1년의 기간이 지난 다음을 1살로 센다. 그러나 이러한 습속은 러시아의 영향을 받아 생긴 것이며, 원래 몽골에서도 어머니 뱃속에 있었던 10개월을 1살로 계산하는 습속이 있었다. 이 나이를 '히хий 나이'라 하는데, 이것은 '빈 나이'라고 번역할 수 있다. 지금도 나이 드신 분들은 히 나이로 나이를 계산한다고 한다. 몽골에는 얼마 전까지만 해도 생일에 대한 기념일이 따로 존재하지 않았으며, 차강사르를 나이를 더하는 기념일로 생각했다. 그러나 최근에는 서구의 영향으로 생일을 기념하는 일들이 빈번해졌다.

전통적으로 아이가 돌이 되면 친지들을 불러 잔치를 열었으며, 그 밖의 생일은 큰 명절과 함께 기념했다. 특별히 돌은 생일이라 하지 않고 '기념일ой'이라 하여 아이를 존중하는 풍습이 있다. 또 아이가 5세가 되면 아이가 좋아하는 색의 말에 새 안장을 얹어

181

말잔등에서 크는 몽골아이

아이에게 그 말을 주었다. 아이를 말에 태워 말머리와 갈기, 엉덩이 부분에 마유주를 바르며 축복해 주는 특별한 풍습이 있었다. 이렇게 새 안장을 얹은 말 위에 아이를 태워 말고삐를 잡고 마당을 시계방향으로 세 번 돌며 아이의 미래를 축복하는 덕담을 해주었다.

어른의 경우 70, 85, 90세에 온 식구가 모여 어른의 만수무강을 기원하며 잔치를 했다. 잔치는 주로 한여름에 행했으며, 마유주를 준비하고 씨름이나 말달리기 등 작은 규모의 나담을 벌이기도 했다. 몽골에서는 여든 살이 넘은 사람의 나이를 묻지 않으며, 고령의 나이인 경우 자신의 나이를 정확히 헤아려 말하지 않는 습속이 있다.

아기를 씻기는 풍습

지방마다 아이 출생에 대한 여러 풍습들이 있는데, 할하 종족의 경우 남자 아이가 태어나면 문에 활과 화살을 걸어두고, 여아일 경우 붉은 천을 걸어둔다. 이것은 사람의 출입을 금하고, 사악한 기운을 막기 위한 습속이다. 어떤 지방에서는 천창天窓 환기구에 기둥을 꽂아 아이를 낳은 집임을 알리기도 했는데 남아인 경우 기둥을 오른쪽에, 여아인 경우 왼쪽에 꽂아 세운다.(남쪽을 향하는 것을 방향의 기준으로 삼는다.)

아이가 태어나 6~7일 정도가 지나면 아이를 씻기는데, 때에 따라서는 16일이 지난 후 씻기기도 한다. 아이를 씻기는 풍습은 귀한 인간의 몸을 가지고 한 가족의 성원으로 태어났음을 주변에 알리는 신고식의 의미를 지닌다. 또한 이날 앞으로 아이를 부르게 될 이름을 지어준다.

아이를 씻기는 의례에는 다른 의례와 마찬가지로 차갈락, 삶은 고기, 마유주, 술 등의 음식과 음료를 준비한다. 가까운 이웃 사람들을 초대하며, 아이를 받은 산파를 가장 귀한 손님으로 여기고 게르의 상석에 모신다. 오츠(양의 둥꼬리 부분의 고기)를 준비하여 산파 앞에 놓는다. 아이를 낳을 때 산모에게 국을 끓여 먹이기 위해 잡았던 양의 내장을 이때 사용한다. 온 손님들에게 마유주나 술 등을 대접하지만 너무 많이 마셔 취하게 하지 않으며, 해가 지기 전에 의례를 마친다.

아이를 씻기는 전반적인 일은 산파가 주도하고, 산모는 필요한 것을 준비해 준다. 이 의례가 다른 의례와 다른 점은 먼저 아이를 위한 장난감을 준비해 놓는 일이다. 펠트로 만든 여우 형상, 작은 활과 화살, 물고기 등뼈, 동전, 종 등을 준비하여 아이의 요람 앞쪽으로 매달아 둔다. 몽골인들 가운데는 낚시질을 하거나 생선을 먹는 경우는 드물지만, 아이의 장난감에 물고기 뼈 형태가 있는 것에 대해 어떤 학자는 몽골인의 조상이 고대에 어로 생활을 했음을 보여주는 잔영이라 했다.

이러한 장난감들은 아이에게 즐거움을 주는 역할을 하는 것 이외에 아이를 나쁜 악귀로부터 지키는 부적의 의미를 지니기도 한다. 신화적인 이해에 의하면, 아이 옆에 펠트로 만든 여우 모양을 반드시 만들어 두어야 한다고 생각한다. 만약 이러한 펠트 여우가 없으면 진짜 여우가 찾아와 아이를 괴롭힌다고 여겼다. 여우가 아이에게 찾아와 "네 엄마가 죽었다."라

요람과 모빌

고 말하면 아이가 진짜인 줄 알고 운다고 한다. 여우가 "거짓말이야. 네 엄마는 안 죽었어."라고 말하면 그때서야 아이가 웃는다고 한다. 그러나 아이 옆에 이미 여우가 있으면, 여우가 찾아와서 아이를 속이려고 해도 그곳에 있는 여우 때문에 거짓말을 할 수 없어 그냥 돌아간다고 한다. 그러면 아이는 울지 않게 된다고 여긴다. 몽골에서는 아이가 잠을 자면서 미소 짓거나 울려고 하는 것을 '우네그칠레흐ɣнэгчилэx(여우와 이야기하다)'라고 한다. 이것은 아이가 자고 있을 때 여우가 찾아와서 아이를 속이며 놀리는 것이라고 생각했던 고대인들의 사고를 반영해 준다. 이것은 고대 토템신앙과 관련이 있으며, 몽골인들 가운데 '우네게드'(여우들)이라는 씨족이 있었던 것은 이와 관련이 있다고 본다.

정오 전 정한 시간에 아이를 씻기는 의례를 행한다. 먼저 산모가 하르채(엽차)나 소금을 넣은 고기 슐(국이나 스프의 일종)에 쌀, 아르츠(노간주나무)를 넣고 끓인 다음 그 물로 아이를 씻긴다. 이렇게 씻기는 이유는 소금으로 더러운 것을 씻고, 아르츠로 정화시키고, 곡식처럼 번성하라는 상징적 의미가 담겨 있다. 하르채라는 엽차에 아이를 씻기고 뼈 국물에 아이를 씻기기도 한다. 뼈 국물로 씻기는 것은 아이가 건강하고 튼튼하게 자라기를 바라는 의미가 담겨있다.

이 때 집안의 어른이 아이에게 이름을 지어주는데 보통 행복하고 평화로우며, 아름다운 삶을 바라는 의미의 이름을 주는 경우가 대부분이다. 2~3개의 이름 가운데 하나를 고르게 되면 남아인 경우 오른쪽 귀에, 여아의 경우 왼쪽 귀에 아이의 이름을 3번 속삭여 말해준다. 이렇게 오른쪽, 왼쪽에 이름을 말해주는 것은 고대로부터 오른쪽은 남자, 왼쪽은 여자와 관련시키는 풍습이 있었기 때문이다. 몽골인들은 "이름은 부모가

아이가 자기 양을 안고 있다.

주고, 명성은 자기 스스로 얻는다."고 말한다. 아이에게 이름을 붙여 줄 때는 대부분 행복, 건강, 평화, 길하고 좋은 것을 바라는 이름을 지어주며 또 태어난 날짜에 따라 이름을 함께 붙여주기도 한다. 예를 들어 월요일에 태어났으면 다와자브, 화요일은 먀그마르자브, 수요일은 라윅수렌, 목요일은 푸렙자브, 금요일은 바상자브, 토요일은 뱜바수렌, 일요일은 냠자브 등이 그러한 예이다.

이 의례에 초대받아 온 사람들은 "말(남자)이냐 솥(여자)이냐?"라고 아이의 성별을 물으며 가져온 선물을 아이에게 준다. 선물로는 옷이나 포대기 등을 준비하거나 친척의 경우 송아지, 새끼양, 망아지, 새끼낙타 등을 주기도 한다. 특별한 선물로는 칼집에 든 칼, 활과 화살, 안장과 멍에 등이 있는데, 이것은 목축, 수렵에 필요한 도구들이다. 또 아이의 부모는 손님들을 위해 선물을 준비해 두었다가 손님이 갈 때 선물을 준다.

아이를 자주 유산하거나 아이가 자주 죽는 집에 태어난 아이에게는 네르귀(이름없음), 엔비쉬(이것아님), 테르비쉬(그것아님), 홍비쉬(사람아님), 비비쉬(나아님), 힌취비쉬(아무도아님), 아딜비쉬(같지않음), 모너허이(못난개), 샤르너허이(누렁이), 너허이후(개자식), 뱌로후(소자식), 버허이(늑대) 또는 돌(출

1 잡항 아이막 오치르반 산 정상의 노천 온천의 기자 바위
2 여성이 임신해 누워있는 듯한 모양의 오치르반산
3 훕스굴 아이막 찬드망 솜의 아기 어워

185

로)나 쇠(투무르), 하스(卍-만자) 등의 강한 물질이나 상징성이 들어가는 이름을 지어준다.

또 아이가 자주 죽는 가정에서는 아이가 태어나자마자 남자에게 아이를 싸게 하고, 탯줄을 단단한 돌에 올려놓고 잘라 아버지의 델 소매에 싸서 별도의 움막에 들여놓고 밤을 지내게 하면 그 아이가 무사하다고 한다. 요람에는 여우 주둥이나 새 발톱, 물고기 척추 등을 달거나 늑대 가죽자루에 아이를 싸기도 한다. 이것은 강한 동물의 힘으로 사악한 기운을 막으려는 원시적 사고를 반영해 준다. 그밖에 아이를 싸서 무쇠솥으로 덮어놓거나 가축의 위에 넣어 두는 등 여러 방법을 사용하기도 한다. 모자에 검댕을 문지르거나 목이나 손목에 동물 형상의 목걸이나 팔찌를 채우기도 하고, 몽골 전통 복장에 있는 앞섶 없이 대충 꿰매어 입히기도 한다. 또는 다른 집에서 일정 기간 키우게 하기도 하고, 다른 지역 사람의 옷에 싸거나, 집의 가구 위치를 바꾸어 두기도 한다. 이러한 모든 것은 아이를 해치거나 앗아가는 악귀를 속이려는 인간의 순진한 마음을 반영한다.

기자풍속으로는 석인상 혹은 어머니바위 등에 하닥을 걸고 비손을 하며 자식을 점지해 줄 것을 기원했다. 한국에서도 아이를 기원할 때 미륵상에 절하거나 미륵 코를 갈아 마셨던 풍속은 이와 유사한 성격을 갖는다. 그밖에 ㈜당나무나 어워에 자식을 소원하는 풍습이 있었다. 할하 강 지역의 사람들은 왕긴차강 산의 '아기 어워'라는 어워에서 기자의례를 행하기도 했다고 한다. 서부의 어트겅 텡게르 산의 지산인 4000m 이상의 어치르반 산 정상에 올랐을 때 100개 이상의 노천 온천수가 솟았는데 그곳에는 남자 성기 모양의 돌에 아기 옷이 입혀져 있었다. 원래 온전한 성기 모양이었었는데 러시아 사람들이 미신이라고 하여 귀두를 깨어버렸다고 한다. 지금도 아이를 갖기를 바라는 여자는 그 돌을 타고 소원을 빌면 아이를 갖게 된다고 믿는다.

예전에는 아기를 낳지 못하는 여자가 동네 아이들을 불러 놀이를 하게 하는 풍습이 있었다. 이 놀이에는 일곱 명 혹은 그 이상의 아이들이 참여할 수 있었다. 게르의 덮개를 덮어 집안을 깜깜하게 만들고, 그 안에서 아이들이 떠들고 노래를 부르며 놀게 한다. 집안을 깜깜하게 하는 것은 밤하늘을, 일곱 아이들은 북두칠성을 상징한다. 이것은 예로부터 북두칠성이 자식을 점지하는 별이라는 민중들의 의식을 반영한 것이다. 일반적으로 북두칠성은 몽골인들이 가장 신앙시하는 별이라 할 수 있다. 가정주부들은 저녁에 가축 젖의 첫술을 북두칠성 신께 올리고, 가족의 생명과 가축, 재산을 가호해 줄 것을 빌었다. 가축이 초원에서 밤을 지내게 될 때 늑대의 위험에서 보호해 줄 것을 기원하며 북두칠성께 제물을 올리기도 했다.

배냇머리를 깎아주는 풍습

어린아이에 대한 특별한 행사는 배냇머리를 잘라주는 습속이다. 남아인 경우 3, 5세에, 여아인 경우 2, 4세에 머리를 잘라준다. 때로는 6세에 잘라주기도 하는데, 남아와 여아의 정해진 홀수, 짝수의 나이는 음양의 상징성을 가진다. 아이들의 머리를 자를 때는 적당한 날짜를 정해 의식을 행하며, 가족과 가까운 친지들을 초대해 잔치를 벌인다.

먼저 머리를 깎아줄 아이에게 옷을 예쁘게 차려 입히고 아이를 게르의 상석에 앉힌다. 의식의 주관자 즉 가장 나이가 많은 어른이 "자, 지금부터 아이의 머리를 깎겠습니다."라고 하며 머리 깎는 의식을 시작한다. 부랴트의 경우에는 산파가 아이의 머리를 처음 자른다. 아이의 머리를 나무 손잡이가 있는 칼로 먼저 자르고, 다음 사람부터는 칼이 아닌 하닥(의식에 사용하는 얇은 천)을 묶은 가위로 머리를 조금씩 자른다. 머리를 자를 때 "오래 오래 행복하게 살아라.", "오래 행복하게 살면서 부모께 효도하고 나라에 충성하며 만민의 선봉이 되거라."라고 하며 미래를 기원하는 덕담을 한다. 머리를 자를 때는 전부 깎지 않고 머리 뒤쪽 부분이나 숨구멍, 뒤통수의 머리털 일부를 남겨둔다.

이러한 풍습은 몽골에서 예전부터 매우 보편적으로 행해지던 의례였다. 남자 아이의 경우 위쪽 머리털을 남겨놓는 것은 나라의 젊은 기백이 되라는 상징성이 있다.

이 부분의 머리는 남자들의 생령이 깃드는 곳이라고 보았다. 또 가장 신성한 곳은 머리의 뒤통수 쪽이라고 보아 그곳에는 칼을 대지 않고 남겨놓았다.

남아나 여아의 뒤통수 양쪽에 남겨놓은 머리털을 '뿔 털эвэр ус'이라고 했는데, 이것은 고대 토템신앙과 관련이 있다. 토템신앙에서 뿔은 강한 주술적인 힘을 가지고 있다고 생각했다. 최근까지도 몽골의 가정에서는 특별한 모양을 새겨 넣거나 금은으로 장식한 소뼈를 벽 머리에 걸어놓았다. 이것은 벽사와 수호의 의미를 지니며, 아이들의 뒤통수에 남겨놓는 머리 역시 재난이나 불행으로부터 아이를 보호하고, 복을 기원하는 주술적인 의미를 지닌다고 할 수 있다. 이렇게 머리털을 남겨놓는 것은 먼 곳에 사는 인척이 와서 자르게 하기 위해 남겨놓는 것이라고 말하기도 한다.

아이와 관련된 금기

◆ 어린애에게 살이 쪘다고 말하지 않는다. 그렇게 하면 살이 빠지고 병이 난다고 한다.

◆ 어린애에게 사랑스럽다, 귀엽다, 복스럽다, 예쁘다는 등 칭찬하는 말을 드러내놓고 말하지 않는다.

◆ 아기의 포대기나 옷을 밖에 놓아두고 밤을 지내지 않는다. 악귀가 깃들여 아이에게 해를 끼친다고 여긴다.

◆ 어린애에게 비단옷을 입히거나 금, 은 목걸이를 걸어주지 않는다. 복이 다하고 수명이 짧아진다고 한다.

◆ 아이가 있는 집에서는 아이를 두고 저녁이나 밤으로 밖에 나가지 않는다. 아이가 놀래 병이 난다고 한다.

◆ 어린애를 저녁이나 밤에 밖으로 데리고 나가지 않는다. 만약 데리고 나가야 할 일이 생기면 숯 검댕을 양미간 사이 코 위쪽으로 칠하고 나간다.

◆ 어린애를 장례식에 데리고 가지 않는다. 악귀에 들리거나 병이 날 수 있으며 고인의 혼령이 숨어든다고 한다.

◆ 어두운 밤에 밖에서 아이의 이름을 부르지 않는다. 부르면 악귀가 해를 끼쳐, 아이가 병에 걸린다고 여긴다.

◆ 아이의 손에 입을 맞추지 않는다. 그렇게 하면 도둑이 된다고 한다.

◆ 아이의 목덜미 쪽에 입 맞추지 않는다. 심술궂은 아이가 된다고 한다.

◆ 여자 아이가 13세가 되면 아버지 품에 안기는 것을 금한다.

◆ 아이가 투레질을 하면 천기가 나빠지고 큰 바람과 폭풍이 인다고 한다.

12
전통 혼례 풍속

    몽골의 전통 혼인 풍습은 시대의 변천에 따라 형태가 달리 변해 왔다. 몽골인들은 전통적으로 한 종족사람끼리 혹은 9촌간에 결혼을 하거나 12살 이상의 차이가 나는 사람끼리 결혼하는 것을 금했다. 몽골인들은 "우물은 가까울수록 좋고, 사돈은 멀수록 좋다."라고 하여 고대로부터 먼 종족 사람과 혼인하는 풍습을 지켜왔다. 족외혼을 철저히 지켰던 몽골인들은 고대에 약탈을 하거나 외지에서 여자를 데려와 아내로 삼기도 했다.

    고대에는 사위가 신부 집 쪽으로 가서 살았던 때가 있었다. 사위라는 단어 '후르겡xүргэн'의 어원

청혼하는 신랑측 사람들

결혼 전 게르짓는 일을 준비하며 동네 잔치를 벌이고 있다.

은 '후르게흐xypгэx'이라 할 수 있는데, 이것은 '보낸다'는 의미를 가지고 있다. 사위라
는 단어의 기원처럼 사위가 아내 쪽의 집에 보내졌던 것은 모계사회 유풍이라 할 수 있
으며, 이러한 잔재는 데릴사위 제도에서 찾아볼 수 있다. 몽골의 한 종족인 선비족 사
람들 가운데는 혼인이 이루어지면 사위는 장인 집에서 2년 정도 머물며 집안일을 도와
주어야 하는 풍습이 있었다. 『몽골비사』에 테무진이 아홉 살 때 아버지 예수헤이가 택
한 홍기라드 종족의 데이세쳉의 딸 부르테의 집에 남겨져 함께 생활하는 것이 나온다.
이것 역시 모계사회의 한 유풍이라 할 수 있는데, 이러한 유습은 고대 한국의 데릴사위
제도에서도 찾아볼 수 있다. 이렇게 결혼 풍습은 시대에 따라 여러 모습으로 바뀌고,
그 예법도 달라져 왔다.

가정을 이룬 신랑, 신부

　　몽골의 혼인 풍습은 시대뿐 아니라 지역 및 종족에 따라 차이가 있지만 보편적으로 공통적인 절차를 갖는다. 즉, 청혼, 혼례 준비, 신부 데려오기, 혼례, 신부 집 방문으로 이루어진다. 이를 간략히 소개하면 다음과 같다. 고대부터 결혼의 배우자 선택은 부모의 권한이었다. 며느리는 13~14세가 되면 청혼을 받아 여러 가지를 준비한 뒤 남자는 보통 19세, 여자는 17세 정도에 혼인을 하게 된다. 우선 신랑 측의 부모는 신부를 택하여 역술가에게 사주를 보게 하여 적합한 배우자인지를 확인한 뒤, 경험이 풍부한 중매인을 보내 하닥хадаг을 전한다. 중매인을 보낼 때는 백마를 태워 보내며 중매인은 여자 쪽 집에 가서 지혜로운 말을 시화詩化하여 서로 말 경합을 벌인다. 여자 쪽의 부모는 그 즉시 딸을 주겠다는 말하지 않고 형제들과 상의를 하겠다고 하고 중매인을 돌려

보낸다. 며칠 지난 후 아들 쪽 아버지가 별도의 한 사람을 데리고 하닥과 선물을 준비해 여자 쪽의 집을 방문한다.

혼인을 받아들이겠다는 의사가 있으면 신랑 집에서 전한 하닥을 받고, 그렇지 않을 경우 하닥을 돌려보낸다. 하닥이 받아들여지면 신랑 측에서는 약혼 예물을 보낸다. 예물의 규모는 신랑 측의 재산 정도에 따라 다르지만, 할하 종족의 경우 양 25마리, 말 2마리, 낙타 5마리 정도면 보통이고 가난한 집의 경우 양 2마리, 낙타 1마리 정도를 보낸다. 보통 가축이나 물건은 주로 길수인 홀수로 보내는 것을 선호한다. 그밖에 고삐 있는 말, 화합하며 살라는 의미의 풀, 불균형을 맞추라는 의미가 담긴 쇠를 깎는 줄, 번성을 상징하는 부싯돌 등을 넣어 신부 측의 아버지에게 준다. 이러한 선물은 두 신랑, 신부의 화합뿐 아니라 두 가문 간의 관계가 더욱 견고하고 우호적으로 될 것을 바라는 의미가 내포되어 있다. 일반적으로 폐백은 하닥을 묶은 흰 말을 앞세운다. 부랴트에서는 말을 예물에 반드시 포함시키며 낙타나 염소 등을 포함시키지 않는데, 낙타나 염소는 냉한 동물이기 때문이다. 그러나 짐을 싣는 등의 목적으로 적은 수의 낙타를 포함시키기도 했다. 예물을 받은 신부는 결혼에 필요한 여러 가지 물건을 준비하고, 신랑 측에서는 이들이 살 집을 마련한다. 신부 측의 혼수инж(인즈)는 부모가 주는 것이 아니라 어머니 측의 친척들이 준비하는 관습이 있었다.

신랑은 신부를 데리고 오기 위해 필요한 몇 명의 사람과 함께 활과 화살을 매고 신부 집으로 간다. 이때 신부 집에서 사용될 음식과 선물을 준비해 간다. 신랑 될 사람이 신부 집에 도착해, 집의 동쪽을 향해 활을 쏘는 모

활쏘기는 신랑의 능력을 시험하는 혼인 절차의 중요한 요건 가운데 하나였다.

습을 보이면 신부의 아버지는 활에 대한 축사를 해준다. 고대로부터 활과 화살은 남성의 상징으로 남자의 행운과 정기를 불꽃처럼 타오르게 하는 길상吉祥의 상징성을 담고 있는 것으로, 혼례에서도 매우 중요한 기능을 했다. 이때 신부는 별채에 숨어 있게 하고, 신랑은 게르로 들어가 준비된 잔치용 마유주나 술을 서로 주고받으며 한 가족이 되었음을 확인한다. 또 사위의 기량을 시험하기 위해 가축의 정강이뼈를 자르게 하고 목을 비틀어 보게 한다. 이러한 시험을 거친 후 신부를 집으로 들어오게 하여 신랑 옆에 앉힌다.

그 다음날 신랑은 새벽같이 떠날 준비를 하는데, 신부 측 사람들이 보내지 않을 듯이 서로 붙잡고 서 있으면 신랑은 강제로 신부를 빼앗아가는 듯이 말에 태운다. 이렇게 실랑이를 벌이는 듯한 행위는 신부 편의 조상신 내지는 종족의 수호신을 속이는 것이라 볼 수 있다. 즉, 종족의 한 구성원을 일부러 다른 종족으로 보내는 것이 아니라, 빼앗겨 억지로 떠나보내는 것이라는 상징적 행위를 보여주는 것이다. 그런 다음 신부의 얼굴을 붉은 천으로 가리고 신부 집을 세 바퀴 돌고 함께 왔던 사람들을 데리고 떠난다. 붉은 천은 길상과 함께 벽사辟邪의 상징성을 갖는다. 신부는 정든 가족을 떠나며 슬프게 소리 내어 운다.

정오 때쯤 되어 집에 도착하면 음식이 가득 담긴 접시를 든 말 탄 사람들이 맞이한다. 또 길 양쪽으로 불을 피워 신랑, 신부를 지나가게 한다. 이러한 의례는 먼 타지에서 지니고 왔을지도 모르는 병균이나 나쁜 기운을 정화시키는 실제적인 의미와 길고 긴 인생길을 살아갈 때 만나게 될 어려움을 극복한다는 상징적인 의미를 갖는다.

신부가 신랑 집에 도착하여 말에서 내리면 새로운 의례를 행하게 된다. 즉, 새 게르 앞에 오른쪽에 곡물로 해를 그리고, 왼쪽에 달을 그린 흰색의 펠트 깔개가 놓여 있게 되는데, 신랑은 해를 그린 곳에, 신부는 달을 그린 곳에 앉히고 가축의 정강이뼈의 굵은 부분은 신랑에게, 가는 부분은 신부에게 잡게 한다. 그런 다음 솟아오르는 태양을

전통 혼례 풍속

향해 세 번 절하게 한다. 이것은 태양숭배 신앙을 가졌던 고대인들의 풍습에서 유래된 의례라 할 수 있다. 이어 신부를 집으로 들어오게 하여 하나로 묶었던 머리에 가르마를 타 양쪽으로 갈라주며 부인이 되었다는 의례를 행한다.

또 하나의 흥미로운 풍습은 신부가 시부모의 게르의 문에 오면 양가 사람들은 기둥으로 문을 누르고 서서 교훈이나 속담을 사용하여 재치를 겨루는 말씨름을 벌이는 일이다. 이것은 기분을 전환하며 즐기는 일종의 언어 놀이로, 두 가문 사람들이 자신들의 언어적 재치와 능력을 드러냄으로써 가문을 과시하는 행위이다. 그런 다음 신부를 새 게르에 들어오게 하여 화로의 불을 피우게 하고, 불의 신과 시부모께 절을 시킨다.

사흘 후 잔치가 끝나면 같이 왔던 신부의 어머니는 딸의 델 앞자락에 돌이나 도끼를 놓아주고 떠나는데, 여기에는 돌이나 도끼처럼 강하게 살라는 의미와 돌처럼 변하지 않는 진실한 아내가 되라는 상징적 의미가 담겨있다. 이후 한 달이 되어 신부는 신랑과 함께 친정에 가서 인사를 하고 돌아와 두세 달 정도 시부모와 함께 살다가 분가해 산다.

전통 혼례의 잔치는 크게 세 가지로 나눌 수가 있다.

첫 번째, 딸을 시집으로 보낼 때 친정 부모가 신께 제의를 드리며 베푸는 잔치

두 번째, 신부가 신랑 집에 도착하여 벌이는 잔치

세 번째, 신부 측 사람들이 신부를 신랑 집에 데려다 주고 돌아와서 베푸는 잔치

잔치 가운데 가장 빼놓을 수 없는 의식은 축시(유럴)이다. 어떤 의례에도 반드시 축시가 뒤따르며, 축시로 두 사람의 앞날의 행복을 기원하고 축복해 준다.

현대 몽골 젊은이들의 결혼 평균 연령은 1994년 기준으로 남자 23~24세, 여자 19세로 매우 이른 나이에 결혼을 하는 편이었다. 여자인 경우 중학교 10학년을 졸업하고 대학교 2, 3학년 때 쯤 되어 아이를 낳는 경우가 많았다. 현재는 사회적 지위 상승욕구에 따른 학업과 직장으로 인해 결혼 연령이 점점 늦어지고 있어 사회 변화를 실감케 한

다. 평균 결혼 연령은 1989년 남성 23.3세, 여성 21.1세, 2000년에는 남성 25.7세, 여성 23.4세, 2010년에는 남성 26.2세, 여성 24.2세로 결혼 연령이 점차 높아져 가고 있음을 보여준다.

몽골의 전통 혼례의 절차는 시대적인 상황에 의해 점차 그 의미가 감소되고, 지금은 거의 행해지지 않는다. 도시의 경우 전통 혼례 대신 결혼 회관에서 현대식으로 예식을 올린다. 그러나 결혼 회관에서 결혼할 경우 많은 경비가 소요되기 때문에, 많은 젊은이들이 동거하며 아이를 낳고 살다가 적당한 시기에 친척들을 초대하여 간단한 식을 올리고 일가친척들에게 인사하는 경우가 많다. 결혼 잔치는 대개 젖과 유제품이 풍부한 여름이나 초가을에 많이 한다. 보통 점성술에서 '발진냠Балжинням'이 든 날 혹은 '다쉬냠Дашням'이 든 날을 길일이라 하여 결혼식을 많이 하며, 특히 이 두 날이 겹치는 음력 중추中秋 17일에 가장 많이 결혼식을 한다. 이 시기에 시골을 가다 보면 여러 집에서 혼인잔치를 하는 것을 볼 수 있다.

13
장례 풍속

몽골인들에게는 고대로부터 전승되어 온 여러 가지 장례 풍습이 있다. 전통적으로 왕족과 귀족, 고승이나 무당을 장례하는 풍습과 평민들을 장례하는 풍습이 달랐으며, 빈부에 따라서도 차이가 있었다. 장례법의 종류에는 풍장, 화장, 매장, 미라로 만들어 보관하는 방법 등이 있었다. 무당은 초원이나 산에 천막을 짓고 헹게렉(무당이 사용하는 북)과 함께 3년 간 둔 후 다시 2차 장례를 행했다. 일반 사람들은 대개 풍장을 했다. 풍장을 할 때는 머리를 서쪽으로 향하게 하고 흰 돌을 고여 주었다. 보통 해가 잘 드는 산의 남쪽, 경사지, 뒤쪽으로 어워가 있고 앞쪽으로 개울이 흐르는 비옥한 땅에 시신을 두었다. 또 말안장에 시신을 얹어놓고 마을 반대 방향으로 말을 달리게 해서 말에서 시신이 떨어지면 그곳에서 짐승의 먹이가 되게 하는 습속도 있었다. 예전에 왕족은 매장을 했는데, 매장지에는 사람이 다니는 것을 금했으며, 사람의 발이 닿지 않는 높은 산이나 무성한 숲, 깊은 물속에 시신을 숨겼다.

왕이 운명하면 관을 만들었으며 시신을 입관할 때는 털 있는 델을 입히고, 털 달

무덤

린 모자를 씌우고 구두를 신기고 허리띠를 매었다. 관에는 황금 그릇과 잔, 젓가락을 부장품으로 넣었으며, 그런 다음 황금색 끈으로 시체를 묶었다. 관은 흰 펠트와 금사로 짠 비단으로 둘렀다. 운명 뒤 3일 후 장지로 결정된 장소로 출발했는데, 시신 앞에는 무당이 말을 타고 황금 안장을 얹은 빈 말을 끌고 갔다. 시신을 매장한 후 말과 가축으로 땅을 다지게 하며, 팠던 흙을 다른 곳으로 져 날랐다. 시신을 묻은 장소를 누구도 알아내지 못하게 될 때까지 땅을 고르게 다졌다. 어떤 경우 어미 낙타가 보는 앞에서 새끼낙타를 죽이고, 그 다음해 어미를 시신을 매장했던 곳으로 데리고 가 풀어놓으면 새끼가 죽은 곳으로 어김없이 달려간다고 한다.

　　이렇게 왕족의 묘를 평지처럼 다지는 평장平葬 방식은 도굴방지를 위한 것이라고 본다. 그런데 이러한 매장 방식은 무덤 유물이 도굴되는 것을 막기도 했겠지만, 그보다는 무덤이 파헤쳐지는 것을 방지하기 위한 것이 아니었나 생각된다. 유목민들의 서사시를 보면 적이나 원수에 대해 잔인한 보복을 하는 것이 지배적으로 나타나는데, 종족이나 한 나라의 지배자를 아무도 알지 못하게 철저히 숨기는 것은 아마도 적으로부터 시신을 보호하려는 것이 주된 목적이었을 것이라 생각된다. 지금도 칭기스 칸이나 쿠빌라이 칸 등의 몽골 대칸들의 묘가 어디 있는지 아무도 알지 못한다. 칭기스 칸은 자신의 죽음을 비밀로 하라는 명령을 내렸기 때문에 장례행렬 도중에 만나는 모든 생명체를 죽음에 처했다. 고인을 위해 부장품으로 많은 가축을 죽이거나 어떤 경우에는 산 사람으로 제물로 바치기도 했다. 우구데 칸이 즉위했을 때 40여 명의 고관대작의 딸을 선발하여 보석과 장식으로 치장하여 말과 함께 칭기스 칸의 영혼에 제물로 바쳐졌다는 역사 기록이 있다. 이렇게 왕족은 매장을 주로 하였으며, 왕족이나 귀족, 고승의 경우 때에 따라서 화장을 하여 뼈를 날리거나 탑에 넣어 모시기도 했다. 어떤 때는 미라로 만들어 신앙의 대상으로 삼기도 했다.

몽골의 가장 보편적인 장례법은 풍장이었다. 그 후 매장 방식이 바뀌었으며 현재는 매장이 일반적인 장례법이 되었다. 고인을 매장하는 절차는 땅을 택하고, 시신을 집 안에 모시고 애도를 표하고, 땅에 묻는 순서로 이루어진다. 장지를 택할 때는 전문적인 기관에서 도움을 받아 택하는 것이 바람직하다. 시신을 모시기 며칠 전 가서 장지

알타이 산정의 적석총

를 택하고 주위 환경을 잘 살핀다. 할하 지역에서는 부모를 매장할 때는 자식들이 부모님이 타던 말을 타고 가서 말이 오줌을 누는 곳에 내려서 야생 영양의 일종인 어렁거 оронго라는 동물 뼈로 금을 그어 묘역을 표시하고 하닥을 묶어 장지를 구별한다. 몽골인들은 예로부터 땅을 정할 때 말이 오줌을 누는 곳을 길지로 보는 습속이 있었다.

무덤은 삽이나 곡괭이로 파는데, 매장할 땅의 깊이는 너무 깊지 않게 1.5m 정도로 파고, 성인의 경우 길이 2m, 폭 1m 정도로 한다. 매장할 때는 주변은 시멘트 등 다른 것으로 발라 막을 수도 있으나 밑에 땅은 그대로 둔다. 이렇게 바닥의 땅을 그대로 두는 것은 태어난 고향의 따스한 대지의 품에 보금자리를 만들어 묻는 것을 존숭하는 풍속 때문이다. 이렇게 무덤을 만들어 그 위를 다진 후 비석을 세운다.

고인의 시신은 장례를 치를 때까지 집안에 편히 모셔 애도를 표한다. 시신을 집안에 모실 때는 집안의 물건을 치우고 남자인 경우 서쪽, 여자의 경우 동쪽에 모시며, 존귀한 사람인 경우 게르의 중앙 상석에 모신다. 머리는 문 반대쪽으로 하며 상석을 향하도록 하고, 그 위쪽에 고인의 사진을 걸어 놓는다. 게르인 경우 천창의 덮개를 덮고 문을 닫지만 일반 집인 경우 작은 환기창을 열어 환기를 시킬 수 있다. 그러나 어떤 경우든 향을 피워 공기를 정결하게 한다. 시신을 모셔놓은 게르에는 사람이 있어서는 안 된다.

장례 의례에는 크게 염습과 매장의 두 가지 절차가 있다. 염습은 고인과 상생의 띠 즉, 용띠의 경우 쥐띠, 원숭이띠의 사람에게 행하게 한다. 만약 상생 띠의 사람이 없을 경우, 염습이나 매장을 하는 사람의 손바닥에 '맞는 띠'라고 적고 그 사람에게 행하게 한다. 고인에게 옷을 입힐 때는 새것이 아니어도 되며, 고인이 사용했던 옷을 입히거나, 흰색 계통의 천으로 시신을 감을 수도 있다. 고인의 얼굴은 하닥이나 흰 천 혹은 비단류의 천으로 덮어 관이 준비될 때까지 특별히 마련된 깔개나 침대 위에 시신을 모셔둔다.

사람이 죽으면 관을 준비해 잘 손질하고 장식해야 한다. 관 뚜껑은 흰색이나 푸른색 천으로, 관 안은 부드러운 노란색이나 흰색 천을 사용한다. 푸른색은 영원한 하늘, 노란색은 황금빛 대지를 상징한다. 꽃 장식은 영원함을 상징하는 푸른색 꽃이 중심이 되며, 사랑의 상징인 노란색, 순결의 상징인 흰색으로 만들어 장식한다. 또 부장품으로 나이 드신 어른인 경우 지팡이를, 여자인 경우 바늘이나 실, 아이인 경우 장난감 등을 넣어 준다. 또 고인이 평소 좋아했던 것을 넣을 수도 있다.

고인을 매장하는 날은 월, 수, 금요일 중에 적당한 날을 택하며 아침 일찍 발인하는 것이 좋다. 시신을 내갈 때는 문턱에 나무를 가로질러 놓고 시체의 머리 부분부터 나가게 한다. 이렇게 머리를 먼저 나가게 하는 것은 고인의 혼이 집으로 돌아오지 않게 하기 위해서라고 한다. 장례 행렬의 가장 앞에는 고인의 영정을 모시고 그 뒤에 유가족과 사람들이 뒤따른다. 영정 뒤에 꽃이나 고인의 생전에 받은 훈장이나 상을 들고 가기도 한다. 영구차에 시신을 모실 때는 가장 가까운 사람들이 함께 관을 들어 매트 위에 옮겨 고인을 편히 모신다.

장지에 가는 길에 유가족들은 소리 내어 울지 않으며 아무 소리도 내지 않고 간다. 눈물을 흘리면 죽은 이의 영혼이 물에 빠져 가는 길에 장애가 된다고 생각하기 때문이다. 이러한 풍속은 곡을 하고 소리를 매기며 슬픔을 표하는 한국의 풍속과는 사뭇 이질적이다. 고인이 장지에 당도하면 스님이 장지 주변에 금을 긋는다. 무덤 오른쪽에 시신을 매트 위에 내려놓고 그 머리를 위쪽으로 둔다. 구덩이를 깨끗하게 정리하고 모든 사람들이 소리 없이 이별의 의식을 행한다. 보통 스님이 경을 읽으며 쌀이나 먹을 것 등을 뿌려 올리며 수신, 산신을 위무한다.

의식을 주관하는 자가 의식에 필요한 말을 간단히 한 후 친지들은 관에 손을 대며 사랑의 마음을 표한다. 고인이 나이가 아주 많은 경우, 사람들은 무릎을 꿇고 관에 이마를 대어 존경하는 마음을 나타낼 수 있다. 그런 다음 시신을 무덤에 모신다. 땅에 묻을 때 여러 종류의 차, 가죽, 펠트 조각, 흰 돌을 넣기도 한다. 그러나 돈을 많이 넣는 것은 적합지 않게 본다. 그리고 가축의 젖, 보리와 쌀 등을 무덤에 뿌리고 관을 내린다.

관을 넣고 땅을 다진 후 머리 위쪽으로 비석을 세우고 묘를 만들거나, 흙을 쌓아 올릴 수도 있다. 이렇게 흙을 쌓아올릴 때는 돌을 뿌려놓거나 꽃이나 씨앗을 심어둔다. 장례가 다 끝나면 주변을 깨끗이 청소하고 무덤을 3번 돌고 집으로 돌아가는데, 갈 때는 절대로 뒤를 돌아보지 않으며 오던 길로 가지 않고 다른 길로 돌아서 간다. 그것은 고인의 혼이 집으로 돌아가는 길을 잃게 하려는 의도가 담겨 있다. 또 갈 때와 마찬가지로 올 때도 서로 대화를 나누지 않고 조용히 온다. 돌아오는 길에 검은 새나 콘도르와 같은 새를 만나면 길하게 여긴다. 아이들을 만나게 되면 유가족들이 풍요롭게 살게 된다고 하고, 말채찍이나 말장대를 얻으면 가축이 번성해진다고 생각한다.

집에 남아있던 사람들은 게르를 다시 새로 짓고 주변을 잘 청소하여 장지에서 돌아오는 사람들을 맞는다. 예전에는 게르를 다시 짓고 스님이 경을 읽은 후 일정한 의식을 행한 후 다시 게르를 내리고 두세 번 다시 이동을 했는데, 이것은 유가족들이 죽은 영혼으로부터 벗어나는 일이라고 생각했다. 마당 양쪽에 불을 피워 놓으면 장지에서 사람들은 불 사이를 지나 몸을 정화시키고 준비해 놓은 물이나 햐름(물에 가축을 젖을 넣고 끓인 것) 또는 알코올을 솜에 적셔 손을 닦는다. 또 향을 피워 주변을 정화시킨다. 집에 들어와 차와 음식을 먹지만 술이나 포도주 등은 마시지 않는다. 장례를 위해 특별히 애를 많이 쓴 사람들에게 하닥이나 차, 돈을 주고 다른 조문객들에게는 바늘, 실, 성냥 등을 준다. 찾아온 손님들에게뿐 아니라 유가족은 조의금으로 조의를 표한 사람, 직장 사람들, 아는 주변 사람에게 이러한 물건을 준다. 최근에는 비누, 향도 많이 주는데 이것은 정화의 의미를 가진 것이라 할 수 있다.

고인이 돌아가신 후 7, 21, 49일에 다시 장지에 가서 무덤을 돌아본다. 또 이날 어린 아이와 암캐를 배불리 먹이면 고인의 영혼에 좋다하여 많은 가정에서 이러한 의례를 행한다. 만약 죽은 이의 영혼이 어떤 사람에게 숨어 들어 있다면 -대체로 고인이 사랑하는 어린아이에게 혼령이 숨어든다고 한다.- 영혼을 떠나보내는 의식을 행한다. 요즘에는 스님을 모셔 이러한 의례를 행한다. 고대에는 상장례가 무속 의례로 행해지고 그 후 불교가 습합되어 행해졌다면, 최근에는 서양 장례법이 혼재된 형태를 띠게 되었다고 할 수 있다. 49일이 지날 때까지 잔치자리에 참여하거나 새해

훕스굴 아이막 무룡 시 오식 산 무덤 위에 세워진 사슴돌

인사를 나누거나 사냥을 하는 행위, 가축을 죽이거나 치장하는 일을 하지 않는다.

　　몽골인들은 인간이 죽어도 그 영혼은 죽지 않는다는 영혼불멸의 영혼관을 갖는다. 죽은 영혼은 자신의 가족과 함께 지내면서 집안에 도움을 준다고 생각한다. 한편 조상의 영혼을 불만스럽지 않게 하기 위해 예를 표하고 제물을 드리는 일이 중요하다고 본다. 그래서 음식을 새로 마련하거나 특별한 음식이 준비되면 먼저 단 위에 올려 조상께 드리는 풍습이 있다.

장례에 관계된 금기

◆ 임신한 여자가 죽으면 반드시 태에서 아이를 꺼내고 묻는다. 어미에게서 태어나지 못한 아이의 다음 길에 장애가 된다고 보기 때문이다.

◆ 고양이를 고인 옆에 접근하지 못하게 한다. 시신 위로 뛰어넘어 혼령이 길을 잃게 하여 고통을 준다고 한다.

◆ 사람이 죽은 후 49일 안에 가축을 거세하거나 죽이지 않는다. 거세를 하면 고인의 영혼에 죄가 되어 다시 태어날 때 자식이 없거나 남녀를 모르는 양성이 된다고 한다.

◆ 사람이 죽으면 그의 이름을 부르지 않는다. 이름을 부르면 살아있는 사람에게 영혼이 숨어든다고 생각하며 고인의 이름을 부른 사람은 복이 나간다고 한다. 자기도 모르게 이름을 불렀다면 "퉤"하고 침을 뱉어 부정을 씻는다.

◆ 시신을 게르에서 내갈 때는 문으로 내보지 않고, 게르 벽채자락이나 문과 벽채 사이로 내보낸다. 게르가 아닌 일반 집에서는 창으로 내보냈다.

◆ 시신을 집 문으로 내갈 때 나무나 깔개를 놓고 내간다. 그리고 이렇게 사용한 나무는 장지에 가져가 태운다.

◆ 문지방이 높은 게르에서 사람이 죽으면 생명을 지키고 나가지 않으려고 애쓰기 때문에 운명하기 전에 보조 게르나 문턱이 낮은 게르로 옮긴다. 시신을 내가면 즉시 가시 있는 붉은 하르간으로 게르의 안쪽 여기저기를 내리치는데 이것은 남아있는 사귀들을 쫓은 의례이다.

◆ 시신을 샘물 가까운 곳에 묻지 않는다.

◆ 장례를 치르러 가는 길에 물을 건너지 않는다. 영혼이 길을 잃는다고 한다.

◆ 한 그루 나무로 두 개의 관을 만들지 않는다. 그렇게 하면 또 다른 죽음을 부른다고 한다.

◆ 어린 아기가 죽으면 땅에 묻지 않는다. 다시 태어나는 데 장애가 된다고 한다.

◆ 수의를 만들 때는 호랑이 띠인 사람에게 만들게 하지 않는다. 그렇게 하면 유가족에게 해가 미친다고 여긴다.

◆ 시신을 매장하고 무덤을 만들 때는 앞뒤에서 흙을 퍼 올리지 않고 옆쪽에서 퍼 올린다. 앞쪽에서 흙을 푸면 고인이 가는 길에 구멍을 파는 것이요, 뒤에서 파면 의지처를 잃게 만드는 것이라고 본다.

◆ 고인을 단추가 있는 옷을 입힌 채 묻지 않는다.

◆ 사람이 81세에 죽는 것을 기피한다. 만약 81살에 죽었다면 한 살을 더하여 82세로 하여 나이를 감춘다.

◆ 유가족과 자녀들은 100일 동안 머리를 자르지 않는다.

◆ 가까운 형제자매들은 머리를 빗거나 머리를 땋는 등의 행위를 하지 않는다.

◆ 외지에서 죽은 사람의 시신은 곧바로 집으로 들여오는 것을 꺼린다.

◆ 장지에서 돌아와 시신을 싣고 갔던 말을 곧바로 말 떼에 섞어두지 않는다.

◆ 식구 중 특히 부모가 죽으면 다른 사람과 인사를 하지 않으며 잔치에 참여하지 않는다. 이웃에 마실 갈 때는 술을 마시지 않고 코담배를 차고 다니지 않으며, 옷 앞섶에 단추를 채우지 않는다.

◆ 집에 아픈 사람이나 시신이 있으면 사람의 출입을 금하는 금줄을 치거나 표를 세운다.

◆ 고인이 된 사람의 이름을 함부로 부르지 않는다. 가장 익숙한 것에 영혼이 깃들기 때문에 영혼이 이름을 부른 사람에게 와서 해를 줄 수 있다고 본다.

14
몽골인의 역과 방향

몽골인의 조상이 한 부분을 이루었던 고대 흉노인들은 해와 달, 사슴, 말, 뱀, 돼지, 용, 호랑이 등의 동물들을 신성한 신으로 신앙해 왔으며, 바람, 폭풍, 눈, 비, 천둥, 번개, 홍수, 가뭄 등 여러 자연 현상을 해와 달, 별의 움직임, 순환과 관련시켜 해석했다. 또 계절의 변화에 관심을 갖고 천체를 주의해서 관찰했다.

흉노인들은 한 해를 4계절 12달로 나누고, 달마다 쥐, 소, 호랑이, 토끼, 용, 뱀, 말, 양, 원숭이, 닭, 개, 돼지라고 하여 생활에서 매우 친근하게 신앙시하는 동물명으로 차례대로 명명했다. 4계절 가운데,

봄은 호랑이, 토끼, 용

여름은 뱀, 말, 양

놀이패

가을은 원숭이, 닭, 개

겨울은 돼지, 쥐, 소 달이라고 했다.

　12동물이 각각 단위가 되는 역을 흉노에서 한나라가 받아들여 사용하였으며, 한국, 일본, 베트남 등의 동양의 여러 나라에서 널리 사용되었다고 본다. 12지지는 음양이 번갈게 된다. 다시 말해, 쥐子는 양, 소丑은 음, 호랑이寅은 양, 토끼卯는 음 등으로 12지는 음양으로 구성된다. 몽골에는 12지지 이외에 10간이 함께 사용된다.

　10간을 5행五行인 목, 불, 흙, 쇠, 물을 각각 색과 음양陰陽으로 구분해 명명했다.

목은 청靑(음—후후그칭, 양—후흐) : 동쪽

불은 적赤(음—올라그칭, 양—올랑) : 남쪽

흙은 황黃(음—샤라그칭, 양—샤르) : 중앙

쇠는 백白(음—차가그칭, 양—차강) : 서쪽

물은 흑黑(음—하라그칭, 양—하르) : 북쪽

이것은 한국의 10간에 비교해 보면 다음과 같다.

갑甲 후흐xθx(양)

을乙 후후그칭xθxθгчин

병丙 올랑улаан(양)

정丁 올라그칭улаагчин

무戊 샤르шар(양)

기己 샤라그칭шарагчин

경庚 차강цагаан(양)

신辛 차가그칭цагаагчин

임壬 하르хар(양)

계癸 하라그칭харагчин

12지는 곧 띠와 연결되는데 몽골인들은 나이보다 띠로 자신의 나이를 말하는 경향이 있다. 띠에는 자기에게 맞는 상생과 상극의 띠가 있으며, 보통 4살 터울을 상생 띠라고 본다. 몽골의 일생 의례에는 보통 상생의 띠를 가진 사람들과 혼인하는 것을 길하게 여기고, 또 상생의 띠를 가진 사람들이 여러 가지 의례를 주도하는 풍습이 있다. 또 띠에는 센(강한) 띠와 부드러운 띠가 있는데, 호랑이, 용, 말, 개, 돼지는 센 띠이고 그밖에는 부드러운 띠이다. 혼인할 남녀는 보통 부드러운 띠를 선호하며, 서로 센 띠여도 괜찮지만 남자가 부드러운 띠인데 여자가 센 띠인 경우 바람직하지 않게 여긴다. 25, 37세는 보통 남녀 모두에게 좋은 시기라고 여기는데, 여성의 경우 이때 사내아이를 낳으면 운이 좋다고 하여 이시기에 맞추어 아이를 낳기도 한다. 몽골인들은 보통 자기 띠가 돌아오는 해를 조심한다. 61, 73, 85세 나이에는 어려움이 닥칠 수 있다고 보며, 질병에 걸리거나 죽음을 맞는 경우도 있다.

또 어떤 의례나 행사가 있을 경우 길일을 잡는 습속이 있다. 몽골인들은 장례를 치를 때 화요일, 토요일, 일요일을 기피하는데, 사회주의 시절 이 날

1　1 2014~15년 몽골 역술서
2　2 12지신

장례를 치르면 운구 비용을 저렴하게 해준다는 규정을 정했을 때 여론의 거친 반대로 실효를 거두지 못하고 유야무야 되고 만 적이 있었다고 한다. 그만큼 날을 잡아 의례를 행하는 전통이 몽골인들의 생활 및 의식에 깊이 배어 있다는 것을 말해준다.

몽골에 불교가 전파되기 이전인 기원전 3~1세기 경 달과 날짜를 분명히 사용했던 것에 관한 역사적 자료가 있다. 고대 몽골 종족들은 별의 위치를 보여주는 별자리 지도를 만들었다. 예를 들어, 3~6세기에 투바인들은 300개가량의 별, 은하수가 있는 지도를, 위구르(9~10세기)인들은 12달과 날짜를 적은 달력을 사용했다. 12세기에 별자리 지도를 칼라로 제작했으며, 천체의 1400개의 별자리 이름을 적어 넣었다. 이것은 현재 '별자리 천체도'라는 이름으로 국립도서관에 소장되어 있다. 이렇게 일과 월을 사용했다는 것은 그 당시 천체에 대한 분명한 이해가 있었다는 것을 말해준다.

이와 같이 몽골에는 고대로부터 점성술과 천체의 위치를 연구하는 천문학이 발달했으며, 원나라 시대에 이러한 학문은 특별한 역할을 했다. 〈원사〉나 마르코 폴로의 여행기 등에 몽골 대제국 시기에 수많은 수학자, 천문학자, 점성술사들이 유럽이나 아시아에서 초빙되어 와 천체에 대한 경전을 연구했던 사실이 기록되어 있다. 쿠빌라이 칸은 1280년부터 몽골인들에게 새로운 역을 사용하게 했다고 한다. 몽골의 왕들, 그 가운데 뭉흐 칸은 별에 대해 상당히 해박했다고 한다. 1779년에는 수도 우르거에 천문학 학교가 세워지기도 했다.

몽골인들이 현재 사용하는 60년으로 헤아리는 역(양력)은 1027년 정묘년丁卯年부터 티베트에서 받아들여 사용하기 시작했다. 몽골도 한국과 마찬가지로 명절이나 의례의 절기를 주로 음력을 사용하며, 3년마다 윤달을 두어 날짜를 조절한다. 몽골인들은 유목 생활을 하면서 천체의 별들이 존재하는 상태와 빠르고 느린 별의 움직임, 순환 기간, 특히 일식과 월식의 별자리 현상을 주목하여 천체 현상을 200년 앞서 예측할 수 있는 천문 기록을 만들었으며, 해마다 달력을 만들어 사용했다.

몽골에 시간을 나타내는 경우 자시子時는 11시 40분~01시 40분

축시丑時는 01시 40분~ 03시 40분

인시寅時는 03시 40분~ 05시 40 등으로 말한다.

몽골인들은 게르의 천창으로부터 비쳐 들어오는 태양 광선으로 하루의 시간을 헤아리기도 한다. 일주일은 천체로 나타내어 다와дaвaa(달)·먀그마르мягмар(화성)·라 윅лхагва(수성)·푸렙лүрэв(목성)·바상баасан(금성)·밤바бямба(토성)·냠ням(태양)이라고 티베트어로 명명하는 것 외에 산스크리트어로 이르기도 한다. 즉, 소미야, 앙가락, 보드, 바르하스바디, 소가르, 상치르, 아디야 등으로 이른다.

몽골인들의 역에는 24절기가 있으며 이 절기는 15일을 한 단위로 한다. 이는 우리가 사용하는 24절기와 일치하는데, 이것은 전통적인 몽골의 것은 아니다. 현재 몽골의 일반인들은 24절기에 대해 잘 알지 못한다. 그러나 춘분, 하지, 추분, 동지가 있으며, 이때의 천기를 통해 앞날의 대기 및 상황을 예측한다. 하지에는 무속에서 중요한 의례가 있다. 또 한식을 한쉬ханш라 하는데, 이 말은 중국어에서 온 것으로 이때를 기해 수말을 거세하거나 성묘를 하는 등의 생활 의례가 있다. 몽골의 사계는 보통 영지를 이동하는 것으로 구분하기도 한다.

몽골은 한국과 마찬가지로 음력을 사용하며, 음력을 몽골역이라고 말한다. 몽골음력은 몽골 지역의 특성에 맞추기 때문에 동양의 다른 나라의 음력과 때로는 1, 2주일 차이가 나는 일도 있다. 달을 이를 때도 1월, 2월 등으로 말하기도 하지만 13세기에 몽골인들은 동물이나 새, 기타 풍속과 관련하여 달을 부르기도 했다. 예를 들어, 음력 1월을 '호비 사르' 즉 '모가치(욋) 달'이라고 했는데, 이것은 야생동물의 번식과 성장, 사냥하는 시기를 살펴서 불렀던 명칭이다. 몽골인들은 주로 이 달에 사냥을 하고 사람들에게 몫을 나누어 주는 풍속이 있었기 때문에 정월을 이렇게 불렀다. 음력 2월을 '호

지르 사르'(야생 염분의 달), 음력 6월을 '순 사르'(젖의 달), 7월을 '고르 사르'(수노루 달), 8월을 '복그 사르'(사슴 달) 등으로 불렀다.

몽골인들은 고대로부터 태양이 떠오르는 방향을 숭상하여 현재 사용하는 동쪽 방향을 남쪽이라고 했다. 현대의 북쪽 방향은 동쪽, 서쪽은 북쪽, 남쪽은 서쪽이라 했다. 이렇게 현재와 90도의 차이를 가지고 있었다. 1207년 티베트에서 아라브자긴 점성술이 생겨나, 다른 나라에 전파되면서 고대 방향 개념이 90도 바뀌게 되었다.

몽골인들은 고대로부터 오른쪽 방향을 존숭해왔다. 형제들이 집 앞에 내릴 때 손윗사람을 오른편에 내려드리고, 손아랫사람은 왼편에 내린다. 집을 지을 때도 오른쪽으로 외벽의 끈을 조여 묶는다. 왼쪽은 한국에서처럼 비일상적인 방향의 의미를 지닌다.

쥐가 열두 해의 선두가 된 일

아주 오랜 옛날에 고양이와 쥐는 형제로 한 집에서 살았다. 고양이는 잠만 자는 아주 게으른 동물이었다. 하루는 고양이가 쥐에게,

"내일 아침 일찍 나를 깨워줘. 열두 해에 속할 동물을 뽑는 회의에 참석해야 돼."라고 말했다. 그 다음날 아침 쥐는 새 옷으로 갈아입고, 12해에 포함될 동물을 가리는 동물회의에 참석하기 위해 몰래 살그머니 갔다. 고양이를 깨우지 않았기 때문에 고양이는 자느라고 회의에 참석하지 못하고 말았다.

많은 동물들이 모인 후 코끼리님이 개회를 선포했다.

"열두 해를 선택하는 동물 회의를 이제 시작하겠습니다. 오신 여러분 가운데서 누구 머리가 가장 높이 있습니까."

코끼리는 머리가 가장 높이 있는 자가 그 즉시 열두 해의 첫 번째 동물이 될 것이라고 했다.

가장 목이 긴 동물이 옷매무새를 단정히 고치고 회의장 문앞에 와서, 몸집이 가장 작은 쥐를 많은 동물들 앞에서 부끄럽게 만들 심산으로,

"아, 이 쥐는 정말 크지요?"라고 비웃으며 말했다. 재치 있는 쥐가 그 말을 듣자마자,

"가장 큰 동물이 날 크다고 했습니다. 그러니 나보다 더 큰 동물은 없는 거지요."라고 했다.

"그렇다면 12해의 선두가 되라."

"내가 쥐보다 이렇게 큰데 무엇 때문에 저를 12해의 선두로 삼지 않는 겁니까?"

낙타가 화를 내며 코끼리에게 항변하고 회의장 문 앞에 가로질러 누워버렸다.

그러자 코끼리는 그들에게 먼저 해가 뜨는 것을 보는 자가 12해의 선두가 되라고 말했다. 낙타는 자신의 말이 받아질 거라며 기뻐했다. 그리고 동쪽을 바라보고 태양이 솟아오르기를 기다리며 엎드려 있었다. 그 때 쥐는 질 수 없어, 낙타의 머리 위에 올라가 낙타의 눈을 자신의 몸으로 가리고 있다가 태양이 떠오르자마자,

"산 정상에 해가 비쳤어요！ 내가 낙타보다 먼저 해 뜨는 것을 보았어요！" 하고 소리쳤다. 이렇게 해서 코끼리는 쥐가 정말로 12해 선두가 되었다고 동물들에게 선포했다.

"쥐가 내 눈을 눌러 가렸기 때문에 태양이 떠오르는 것을 볼 수 없었어요." 하고 낙타가 다시 항변을 했다. 그러자 코끼리는,

"자네는 12해에 들지 못했지만, 자네 몸에는 12해에 든 모든 동물들의 특징이 있네. 쥐의 귀, 소처럼 갈라진 발굽, 호랑이의 넓은 발굽, 토끼의 입술, 원숭이의 넓적다리, 닭의 벼슬, 개의 근육, 돼지의 꼬리가 그것이네."라고 했다. 이렇게 해서 12해 동물을 선출하는 회의가 끝이 났다.

쥐는 동물 회의에 참석하여 12해 선두가 되었기 때문에 발을 땅에 대지도 않고 날듯이 기뻐하며 집으로 뛰어 들어가 태평하게 자고 있던 고양이 형을 불러 깨웠다. 그리고 자신이 12해 선두로 뽑히는 경사가 생겼다고 했다.

"나를 깨우지 않고 누가 널보고 회의장에 가라고 했어?"

고양이는 격분하여 쥐를 잡아먹었다. 이렇게 고양이는 쥐와 원수가 되고 이후로 쥐를 잡아먹게 되었다고 한다.

—체렌소드놈 〈몽골의 신화〉 중에서

몽골
전통 의상 및 착용물

15
전통 의상 델

몽골의 전통 의상은 변화가 심한 기후 조건, 종사하는 일, 관습화된 전통뿐 아니라 역사적 시기의 특수성과 사회 상황을 반영하며 변천해 왔다. 사람들이 사냥을 하며 살 때는 짧은 델을 입고 가벼운 고탈гутал(구두)을 신었었다면, 목축에 종사하게 되면서 초원에서 덮개로도 사용할 수 있는 긴 델과 원추형의 모자, 코가 있는 구두를 착용하게 되었다.

몽골의 의상은 기후조건에 의해 많은 것이 조건화되었다. 몽골은 겨울이 매우 춥고 길기 때문에 특별히 추위를 막을 수 있는 옷의 형태가 발달했다. 몽골 델의 소매가 긴 것도 추위를 막기 위한 한 방편에서 생겨났다고 볼 수 있다. 옷의 재료도 추위를 막

몽골 전통의상

1 14세기 몽골 대칸과 왕비, 옷의 깃 모양이 오늘날과 다르다.
2 원나라 시대 몽골 델

| 1 | 2 |

을 수 있는 것을 선호했다. 목자들은 겨울에 털 있는 염소가죽이나 어린 양털 가죽으로 만든 옷이 따뜻하다고 하여, 이러한 가축의 가죽으로 옷을 해 입었다. 아주 가난하지 않으면 대개 어린 양털 가죽의 델을 입었다. 몽골 의상의 특징 중 하나는 옷의 길이를 길게 하여 추운 날씨를 견디는 데 도움을 줄 뿐만 아니라, 굽은 다리나 상처 등의 신체적 결점을 감추어 주는 점이다.

역사적 기록에 의하면 고대 몽골 의상은 흉노족의 의상과 같다고 본다. 흉노족(기원전 3~기원후 1세기)들은 오른쪽, 왼쪽을 여미는 깃이 있는 옷을 입었으며, 코가 있는 가죽신을 신었고 허리띠를 맸다. 또 그 후 흉노를 계승한 선비족과 유연의 옷도 흉노족의 그것과 유사했다고 본다. 6~10세기까지 몽골 땅에 살았던 투르크족들의 의상은 몽골 종족의 옷과 차이가 있었으며, 10~12세기 거란족의 의상은 몽골 의상을 여러 면에서 변화시켰다. 거란족은 제의를 드릴 때 의상 및 국가, 공적 의례, 사냥, 장례 복장 등을 각각 달리 사용했다. 그들의 의상을 그림에서 보면 앞섶을 여미는 형태를 하고 있었으며, 코가 있는 구두, 머리에는 수건을 둘렀고 비나 바람을 막아주는 모자를 쓰고 있다. 13~14세기 평민들의 의상은 앞섶을 여미는

버그드 칸의 용포

형태였으며, 예전에는 가축의 털이나 가죽을 주로 사용했다면 이 시기에 이르러서는 비단이나 공단류의 피륙으로 된 옷을 입게 되었다. 이때 복장에 대한 규례가 국가적으로 정해졌는데, 1252년 뭉흐 칸과 1275년 쿠빌라이 칸 시대에 귀족, 병사, 평민의 공적인 의상 규례가 있었다.

　　17세기에는 청나라의 지배를 받으면서 만주족의 의상이 몽골에 큰 영향을 미쳤다. 계급에 따라 다른 의상의 옷을 입었으며 황제는 4~5개의 발톱이 있는 용 문양의 황금색 옷을 입었고, 귀족들은 노란색 짧은 겉옷을 입었다. 그 다음 계급은 붉은색 겉옷, 그밖에 신하들은 검은 겉옷을 주로 입었다.

　　몽골 옷에는 색깔과 상징이 매우 중요한 역할을 한다. 고대로부터 붉은색 델을 많이 입었다. 고대 몽골 종족 사람들은 붉은색을 삶의 기쁨을 상징화한 태양과 불의 색이라고 보아 붉은색으로 장식을 하거나 붉은색 계통의 옷을 즐겨 입었다. 또 흰색의

서부 몽골인들의 의상

가죽옷에 검은색 테를 덧대는 형태의 대조적인 색채를 사용한 옷을 입었다. 일반적으로 고대에는 검은색으로 델을 만드는 것을 금기시했으나, 후에 검은색을 사용하여 옷의 장식을 넣는 방법이 생겨났다. 봉건주의 시대에는 의상의 색상에 따라 계급의 정도를 알 수 있었다. 일반인들이 푸른색의 옷을 주로 입었다면, 스님들은 노란색 계통의 옷을 입었다. 국가 예복은 붉은색, 관리는 갈색, 왕은 붉은색 계통이나 녹색을 주로 사용했다. 나이에 따라서도 옷의 색깔을 달리 한다. 나이든 사람들은 수수하고 화려하지 않은 색의 옷을 입는 반면 젊은 사람들은 색깔 있는 옷을 입는다. 종족에 따라서도 주로 입는 옷의 색깔에 차이가 있다. 예를 들면, 할하 사람들은 푸른색과 갈색을, 부랴트 사람들은 푸른색과 약간 어두운 색상의 옷을 즐겨 입는다.

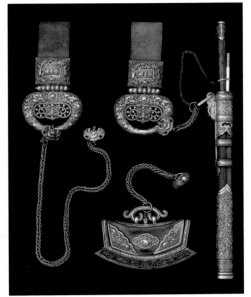

1 13, 4세기 상류층 여성들이 썼던 벅그탁 모자
2 남성들이 허리에 차고 다녔던 부시와 칼, 젓가락

　　여자는 결혼을 하면 소매가 없고 앞섶이 벌어진 긴 오즈уγж라는 겉옷을 입었다. 13, 4세기 상류층 여인이나 왕비들은 벅그탁богтаг이라는 높은 원추형 모자를 썼다. 모자의 높낮이로 여성의 사회적 신분을 나타냈으며, 모자의 높이가 높을수록 신분이 높다는 것을 나타냈다. 모자 앞쪽은 진주로 장식했고, 모자는 구두를 거꾸로 세워놓은 듯한 모양을 하고 있다. 이것은 여성의 지위가 아무리 높고 대단해도 남성의 영향 아래 있어야 한다는 상징적 의미를 갖는다고 한다. 그밖에 남녀 모두 기본적인 델 의상 외에 조끼나 후렘хγрэм이라는 겉옷을 입기도 한다. 보통 여름에는 목면 델, 봄·가을에는 솜이 든 델, 겨울에는 가죽 털을 댄 델을 입는다. 예전에는 허리띠에 칼이 든 칼집, 코담배를 넣은 긴 주머니나 담뱃대 등을 차고 다녔다.

　　옷을 입는 태도에는 여러 가지 예법이 있다. 몽골 사람들은 모자와 델의 깃을 매

221

1 | 1 장을 보호해주는 부스(허리띠)
2 | 2 부스를 매고 있다.

우 중요시 하는데 델의 깃을 아래쪽을 향하
게 두지 않으며, 그 위로 지나가는 것을 금
기시한다. 낡은 옷의 깃은 그대로 버리지 않
고 반드시 불에 태운다. 그리고 깃을 안쪽으
로 꺾어두지 않는다. 그렇게 하면 다른 사람
과 싸우거나 말다툼을 할 징조라고 본다. 옷
을 둘 때는 깃을 문 쪽으로 향해 두지 않는
다. 그렇게 하면 그 옷의 주인이 나갔다가
다시 돌아오지 않을 지도 모른다고 생각한
다. 또 델의 옷자락을 걷어 올리지 않으며,
앞섶을 열어 아래로 제쳐놓지 않는다. 깃이
나 앞섶을 접어놓으면 "누구와 싸울 거냐?"
고 묻는다. 또 집안에 사람이 죽으면 일정
기간 앞섶을 여미지 않고 제켜 놓고 지내는
풍습이 있기 때문에 평상시에는 앞섶을 여
민다.

소매를 흔들거나 옷자락을 허리띠에
끼운 채 남의 집에 들어가지 않는다. 그렇게
하면 싸우겠다는 의도로 받아들여진다.

몽골인들은 델의 허리 부분에 부스(허
리띠)를 둘러매는데, 부스는 인간의 생명을
지키는 고리라고 생각하여 매우 중시하며,
정성들여 간수한다. 부스는 기마 생활습속

222

과 불가분의 연관을 갖는다. 흔들리는 말을 타고 먼 거리를 달릴 때 폭이 넓은 부스로 배 부분을 감싸듯이 매면 내장이 흔들리는 것을 막을 수 있다고 한다. 일반적으로 부스의 폭은 그다지 넓지 않으나 넓은 것은 1m가 넘는 것도 있다.

이전에는 결혼한 여인들은 허리띠를 매지 않았기 때문에 여자를 '부스귀'('부스를 매지 않다'라는 뜻)라고 했다. 성별과 나이에 따라 사용하는 부스의 길이와 굵기, 색에 차이가 있다. 부스를 매듭지어 묶지 않으며, 바른쪽으로 돌려 둘러져 있는 곳에 마지막 부분을 끼워 넣는다. 부스는 모든 벌어진 것을 단단히 조이고, 분리

1
2

1 서부 망가드 여성들
2 서부 오량하이 가족

되고 흩어져 있는 것을 정리해 주는 완성의 의미를 가지기 때문에 매우 존귀하게 여긴다. 부스는 자신의 생명과 같은 것이기 때문에 부스를 서로 바꾸어 매지 않는다. 그러나 의형제를 맺는 의식을 행할 때 서로의 부스를 교환하는 풍습이 있었다. 또 일반 사람들에게 부스를 선물하지 않으며, 가장 친한 친구에게 선물을 한다. 예전에는 장인이 사위에게 부스를 선물하는 풍습이 있었다.

몽골의 의상은 종족마다 차이가 있으나 기본적으로는 유사하다. 우선 델의 깃은 끝이 둥글게 돌려 모양을 내었으며, 앞가슴의 섶을 오른쪽으로 낸다. 여기에 여러 가지 장식을 하고 무늬를 넣어 옷의 아름다움을 살린다. 때로 아이들의 옷의 섶을 왼쪽으로 내는 경우도 있는데, 이것은 아이가 자주 유산되는 집에서 악귀의 해를 막기 위해 옷의

1 할하 여성 의상
2 할하 남성 복장
3 몽골 동부 다리강가 여성 의상

1
2
3

섶을 비일상적인 방향인 왼쪽으로 넘으로써 다시 생길 지도 모를 재앙을 피하기 위한 것이다. 이런 경우 섶의 방향뿐 아니라 옷을 완전히 거꾸로 입히기도 한다.

옷을 간수할 때는 단추를 잠그지 않으며, 다른 사람의 옷을 함부로 입지 않는다. 그렇게 하면 입을 옷가지 수가 줄어든다고 한다. 어떤 사람을 위해 만들어 놓은 옷을 다른 사람에게 입게 하지 않는다. 그렇게 하면 옷 주인이 어려움을 겪게 된다고 여긴다.

델은 종족에 따라 많은 차이가 있고, 시대적 환경에 따라 변화하기도 했다. 예를 들어 혁명 이후에는 소맷귀가 없는 델을 입게 되었으며, 모자나 신발의 형태도 변화되었다. 현재 몽골 델의 종류는 약 400가지 정도가 되며, 부스(허리띠)는 약 10가지 정도가 있다. 남자들의 델의 형태는 그리 크게 변하지 않았으나 여성들의 옷에는 많은 변화가 있었다. 몽골의 델 가운데 어깨에 봉을 넣어 높게 하고, 결혼한 여인의 머리를 과대하게 장식하게 된 전설이 있다. 몽골 사람들이 세 개의 돌을 괴어 화덕을 삼던 시기를 지나 쇠로 된 화로(톨륵)를 사용하게 되었을 때, 만주는 이를 이용해 몽골을 노예화하고 가정의 온상을 없애기 위해 만주(청나라)에서 네 마리 까마귀를 보냈다고 한다.(이것은 실제로 톨륵의 네 받침의 위쪽 끝부분을 까마귀 부리 모양으로 고안해 만든 것을 의미한다.) 한 현자가 이를 막기 위한 한 가지 방법을 생각해 냈는데 즉, "불 옆에 있는 사람은 여인들이니, 여인의 머리를 새의 왕 항가리드хангарид의 날개처럼 만들어 불 옆에 있게 하자."는 것이었다. 이렇게 하면 까마귀는 항가리드가 무서워 접근하지 못할 것이라는 것이었다. 까마귀는 만주의 토템이었으며, 이러한 자신의 토템 새로 몽골의 가계家系를 장악하려 했던 역사·심리적인 사건이었다.

몽골 민족이 생명처럼 소중히 여기는 가정의 불을 지키지 못한다면, 나라의 불을 지키지 못하게 되고 결국 나라는 망한다는 생각에서 몽골의 한 현자는 이와 같이 여성의 머리 모양과 옷의 어깨를 높이는 방법을 고안하여, 민족 존립의 상징인 불을 지키게 했다고 한다. 이에 따라 결혼한 여인의 옷의 어깨에 봉을 넣어 높이고, 여인들은 쇠로 된 부젓가락을 집고 불 옆에 앉게 되었다고 한다. 이와 같이 옷과 장식은 시대적, 정치적인 상황에 따라 변수가 있어 왔다는 것을 알 수 있다. 또 델의 단을 검은색으로 한 것은 만주로부터 나라를 잃은 것을 슬퍼하는 민중의 마음을 상징적으로 나타낸 것이라고 한다.

16
모자 및 구두

모자는 의복과 함께 추위를 막고 아름다운 장식적 효과를 위해 사용되었다. 일반적으로 몽골에서는 모자를 매우 중시하며, 비싼 모자라도 돈을 아끼지 않고 사는 경향이 있다. 지리적인 영향으로 매우 추운 기간이 오래 되기 때문에 모자는 추위를 막아 줄 뿐 아니라, 머리라는 신체의 가장 중요한 부분을 보호해 주기 때문에 그 상징적 의미가 더 커졌다고 볼 수 있다. "머리가 있으면 모자가 있다."고 하여 모자를 머리와 불가분의 관계가 있는 것으로 보았다.

모자를 잃으면 불행을 당하든가 생명에 위험이 닥친다는 속신이 있고, 실제로 그러한 일을 당한 사람들이 있다는 것을 주변에

1	2

1 할하 여성들의 겨울 모자
2 귀가리개

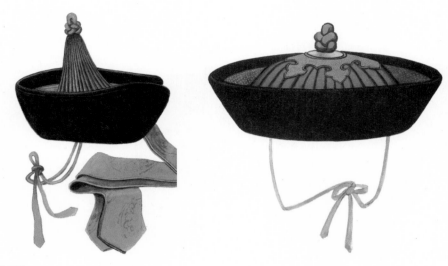

1 힐렝 모자
2 바르가인들의 여름 모자

서 적지 않게 듣게 된다. 또 모자에 대한 금기도 많은 편이다. 모자를 밟거나 모자 위로 지나가는 것은 주인을 멸시하는 일이라고 보아 이런 행동을 금했다. 모자를 일단 잃어버렸으면 그것을 찾으려고 애쓰지 않고 액땜했다고 생각한다. 또 모자를 줍는 것을 금기시한다. 길에 떨어진 남의 모자를 줍는 것은 횡재가 아니라 불운을 자초하는 일로 본다. 모자를 다른 사람과 바꾸어 쓰지 않으며 주인의 허락 없이 다른 사람의 모자를 쓰지 않는다. 낡은 모자는 그대로 버리지 않고 태운다. 모자를 거꾸로 뒤집어놓지 않으며, 우연히 모자가 뒤집혀 떨어지면 운이 좋지 않게 진행될 징조로 여긴다. 길을 가다 뒤집혀 있는 모자를 보게 되면 발로 세 번 차고, 세 번 침을 뱉고 바람 부는 쪽을 향해 차버린다. 또 모자를 비스듬히 기울여 쓰거나 겹쳐서 쓰지 않는다.

생활의 예절 가운데 모자의 비중은 가볍지 않다. 예를 들면 어떤 경우에든 하닥을 잡고 가축의 젖을 드릴 때, 주인으로서 고기를 자를 때, 잔치용 술을 준비할 때, 축사나

3 두르워드 여성들의 터르척
4 할하 남성의 겨울 모자

| 1 | 2 | 3 | 4 |

모자 및 구두

축하인사를 할 때, 차강사르 때에 인사를 할 때 등 생활의 여러 부분에서 모자를 쓰는 것은 상대에 대한 존중의 예를 표시한다.

　모자의 기원은 일반적으로 귀가리개로부터 시작되었다고 추측한다. 귀가리개는 추위로부터 귀를 보호하기 위해 주로 안쪽은 다람쥐 털을 이용하고, 바깥쪽에는 여러 가지 문양을 넣어 만든다. 몽골 모자의 특징은 기후 조건과 종사하는 일에 적합하게 실용적으로 만들어진 것과 장식을 위한 것이 있다.

　모자는 몽골 민족의 문화적 특징을 다른 나라와 비교할 때 분명한 차이를 드러내 준다. 몽골 사람들의 모자는 여러 가지 종류가 있으며, 각 종족 간, 계급이나 재산의 정도에 따라 차이가 있지만 일반적인 형태는 유사하다. 몽골은 주로 목축업에 종사하고 사냥을 하며 살았던 민족이니만큼 가축의 털과 가죽은 좋은 모자의 재료가 된다. 겨울 모자는 고대로부터 양가죽, 양과 새끼 염소의 가죽, 털이 많은 담비, 늑대, 야생고양이,

229

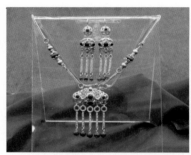

1	
2	
3	

1 여성 장신구
2 머리 장식
3 머리 장식

타르박 등의 가죽을 사용해 만들었다.

지난 1세기 동안에는 모자의 끝이 원추형으로 되는 경향이 있어 왔다. 델과 마찬가지로 모자도 민중의 풍속을 반영하는데, 몽골 사람들은 자신들을 태양과 달의 민족이라고 생각했기 때문에 모자에도 이러한 상징성이 반영되어 있다. 예를 들면, 힐렝хилэн 모자 끝에 있는 삼펑이라는 둥근 매듭은 태양과 견고함의 상징으로 보았다. 또 모자 끝에서 아래로 32개의 봉재선으로 모양을 만드는데, 이것은 태양 빛을 상징한다. 가장 일반적으로 쓰는 모자로는 러워즈лоовууз가 있다. 이 모자는 주로 겨울에 쓰며, 특징은 만들기가 쉽고 편하기 때문에 몽골 사람들이 가장 일반적으로 쓰는 모자이다. 모자 안쪽에는 여우나 새끼양털을 붙여주고 밖은 여러 가지 문양으로 장식한다. 터르척의 형태는 전체적으로 둥근 모양이며, 겨울이나 여름에 실용적인 목적 이외에 장식으로도 쓴다. 이 모자는 고대로부터 오늘날까지 널리 사용되는 모자 중 하나이다. 이 모자는 남녀 모두 쓸 수 있으나, 여자 모자의 경우 뒤쪽 끝에 술을 늘어뜨려 장식한다. 장군 모자는 나담 때에 씨름 선수들이 쓰는 모자로 예전에는 토일치(서사시를 전문적으로 부르는 사람)나 유럴치(각종 행사에 축시를 부르는 사람) 등이 썼다. 후레 모자는 주로 부인들이 쓰며, 장식을 넣어 정교하게 만든다. 주로 도시(후레)의 우아한 부인들이 썼기 때문에 후레 모자라 했다. 이 모자도 힐렝 모자처럼 모자 끝에 삼펑을 붙이고 32개의 봉재선으로 장식을 하는데, 이것 역시 태양과 빛의 상징성을 갖는다.

모자의 이름은 주로 만드는 재료로 붙이는데, 새끼양털 모자, 담비털 모자, 여우털 모자 등으로 불렀다.

몽골의 구두는 매우 독특한 모양과 문양을 가지고 있어 장식적인 효과뿐 아니라 실용적인 목적을 갖는다. 신발의 고대 형태는 짐승의 네 다리의 정강이 가죽인 '고드гуд'로 만든 조야한 상태의 발싸개였던 것이 생활환경에 맞게 점차 발전되었을 것으로 본다. 학자들은 구두를 뜻하는 단어 '고탈гутал'의 어원은 '고드'에서 비롯

1 고드 가축의 정강이 가죽
2 고탈

모자 및 구두

되었다고 말한다. 몽골 사람들은 주로 목축업에 종사하여 살아왔기 때문에 풍부한 가축의 가죽을 이용하여 다양한 수공예품을 만들었으며, 발의 보호와 일의 능률을 위해 일상생활에 필요한 신발을 가죽 재료로 하여 튼튼하고 정교하게 만들었다. 겨울 방한 용 신발로는 가죽으로 만들어진 것뿐 아니라 펠트로 만들어진 것도 있다.

19~20C 무렵에 만들어진 할하 지역에 널리 퍼진 구두는 '몽골'로 이름난 구두이다. 종족에 따라 약간의 차이가 있지만 대체적으로 몽골의 구두는 굽이 없고, 앞발에 코를 높이는 형태를 하고 있다. 이것은 말을 탈 때 발걸이에 코를 걸어 안전도를 높이기 위한 것이며, 씨름을 할 때도 유용한 형태이다.

1 몽골 구두
2 몽골 구두

1
2

한국의 일부 언어학자들은 한국의 '구두'라는 단어가 몽골의 구두를 뜻하는 '고탈'에서 왔을 것이라고 추정한다. 우리나라 예전의 신발이나 현재에도 신는 고무신의 코를 보면 실증적으로도 전혀 불가능한 이야기는 아니다. 구두 안에 신는 목이 긴 덧신을 보면 우리나라의 버선과 거의 유사한 형태로 되어 있다.

몽골 고탈의 형태는 길고 짧은 것, 발바닥이 얇고 두꺼운 것, 신발의 코가 날카롭게 올라간 것, 약간 밋밋한 것 등 여러 종류가 있으며, 신는 방법으로는 덧신을 신거나 천 등으로 발을 감고 신는 방법이 있다.

고탈을 신기 전에 천으로 감발을 한다.

232

몽골의
신앙과 종교

17
자연 신앙

자연물 신앙

인간은 어느 시대를 막론하고 신앙적 뿌리 위에서 삶을 영위해 왔다. 이러한 신앙적 삶의 태도는 기본적으로 인간이 '생각한다'는 특수성과 연관이 있으며, 다른 한편 인간 힘이 광대한 자연의 위협과 신비를 감당하지 못하는 데서 비롯되기도 한다.

현재 몽골의 국교는 불교이지만 전반적인 생활 깊숙이 자연신앙이 자리 잡고 있다. 자연신앙의 대상은 자연물 전체가 될 수 있으며, 특히 돌이나 물, 나무, 동물, 새, 대지, 산, 별 등 자연의 대상물 가운데 어떤 특수한 형태나 성질을 가진 것들이 포함된다.

자딩촐로와 바위신앙

자연신앙에도 여러 가지 변천의 과정이 있어 한 가지로 요약해 말할 수는 없으나, 가장 원초적인 형태는 페티시즘feticism 즉 물신物神 신앙이다. 이것은 자연물 그 자체가 초자연적인 힘 내지 마법적인 힘을 지니고 있다고 믿는 신앙의 원초적인 형태인데, 그

석인상

대표적인 것으로 자딩촐로가 있다. 고대 몽골인들은 자신들의 주변에 가장 가까이 있으며 생활의 강력한 도구가 되는 돌을 물신화하여 신앙하는 풍습이 보편적이었다.

　　몽골인들은 예로부터 화살촉 모양이나 네모형의 차돌 형태의 '자딩촐로'задын чулуу로 비를 오게 하거나 천기를 변화시키는 데 사용해 왔다. 몽골 서사시의 영웅들은 이 돌로 엄청난 힘을 지닌 강력한 적의 목숨을 끊는 무기로 사용했다. 몽골의 선조 중 유연 사람들은 전쟁을 하거나 적의 미행을 따돌리기 위해 자딩촐로를 사용했다는 기록이 있다. 몽골인들이 이러한 자딩촐로를 적어도 1,500년 전부터 사용했다고 본다. 『몽골 비사』 143절에 나이만의 보이록 칸Буйруг хан, 오이라드의 호토가Хутуга가 자드를 이용해 비바람을 일으키지만 오히려 그들 쪽으로 비바람이 휘몰아치자 "하늘이 우리를 달갑게 여기지 않는다."라고 하며 도망쳤던 사건이 나온다. 이렇게 13세기에도 전쟁에 자딩촐로를 이용했으며, 우구데이 칸 때에 중국 병사에 저항하면서 자드를 잡았던 기록이 있다. 몽골학자 게.엔.포타닌의 기록에 의하면 19세기 말에 서부 몽골인들이 자드를 사용했던 것에 관해 기록했다.

자딩촐로의 기원에 관해서는 일반적으로 하늘에서 내려왔다, 산에서 얻었다, 동물에서 나왔다는 등의 견해가 있다. 몽골인들은 고대로부터 돌을 하늘의 것, 하늘에서 기원한 것이라고 신앙시했다. 자드를 서부 몽골인들은 '신의 화살', 투르크인들은 '하늘의 기원을 가진 것', 부랴트 서사시에는 '천신의 돌', '하늘 아버지의 돌'이라고 말한다. 몽골신화에는 엘스틴 투건이라는 무당이 하늘에서 돌을 내려오게 하여 자딩촐로가 생겨났다고 말한다.

자딩촐로는 아니지만 돌이 하늘에 기원을 가지고 있다는 관념의 한 예는, 테무진이 태초오드 사람들을 피해 보드항 할동 산으로 피해 있다가, 숲에서 나오려 하자 앞에 커다란 흰 돌이 떨어져 있는 것을 보고 "하늘이 나를 막으시려는 것인가?"하고 생각하는 부분이다. 테무진 앞에 놓여있던 흰 돌은 하늘의 돌이라는 관념이 내포되어 있다.

몽골인들에게 '하늘'이라는 것은 모든 것을 운명 짓는 전능한 힘을 지닌 영원한 상계의 아버지이다. 몽골어로 하늘을 이르는 '텡게르(텡그리)'는 곧 '천신'을 뜻한다. 이것 역시 하늘 그 자체를 신성시했던 물신신앙의 하나임을 보여준다. 이렇게 자딩촐로는 하늘에서 기원했으며, 하늘에 속한 사물이기 때문에 신(하늘)이 갖고 있는 주술적인 힘과 초능력을 갖고 있다고 믿었다. 이 돌은 일반인들이 사용하지 못하고 하늘로부터 특별한 능력을 부여받았다고 여겨지는 자다치(자드를 잡는 사람) 혹은 무당이 자드를 사용하여 천기를 변화시켰다.

자딩촐로를 산에서 얻는다는 관점은 신성한 산과 특수한 어떤 돌을 신앙한 데서 비롯된 것이라고 본다. 자딩촐로가 동물에서 기원했다고 보는 입장은 자딩촐로가 동물의 머리 혹은 배에 있다고 하는 두 가지 형태가 있다. 두르워드, 오량하이, 알타이 사람들은 뱀, 사향노루, 오리, 원앙새의 머리 부분에서 이 돌을 얻을 수 있다고 한다. 그런데 자딩촐로를 동물의 머리에서 얻는다고 기록된 자료가 매우 드문 것을 보면 이것은 그렇게 일반적인 관념이 아니었던 것 같다. 그러나 자딩촐로가 동물의 배에 있다고 보는 것은 상당히 보편적이었다. 13세기 기록에 의하면 "특별히 소나 말의 배에서 얻은 것을 귀하게 여긴다."라고 한 것을 보면 몽골인들에게 이러한 견해는 매우 분명했던 것 같다.

게.엔.포타닌의 기록에 의하면 진짜 자드인지를 알기 위해 손에 잡아보면 참을 수 없이 차가움이 느껴진다고 하며, 귀에 놓아보면 '챙'하는 소리를 낸다고 한다. 자드를 강물에 빠뜨리거나 해를 보게 하는 등 부주의하게 사용하면 엄청난 양의 눈이나 비가 오고, 자드의 마법적인 힘이 강하면 눈이나 비, 폭풍 등을 잠재울 수 있다고 한다.

자딩촐로는 대부분 처음 얻은 동물의 가죽에 싸서 보관하거나 늘 자신의 몸에 지니고 다니는 습속이 있었다. 게.엔.포타닌은 그의 저서에서 자딩촐로는 오랫동안 보관을 하면 마법적인 힘이 떨어지는 것에 관해 또 그 힘을 회복시키는 방법에 대해 말하고 있다. 이 돌은 보통 3년 정도 주술적인 힘을 지니며, 그 이상의 기간이 지나면 그 힘이 떨어진다고 한다. 능력을 회복시키는 방법은 처음 그 돌을 얻었던 동물류를 사냥하여 그 동물이 숨을 거둘 때 자딩촐로를 그 숨에 가져다대어 숨기운이 스며들게 하는 방법을 사용했다고 한다.

오늘날에도 어떤 가정과 집안에서는 이 돌을 대대로 물려 귀하게 간직한다고 한다. 이 자딩촐로는 천기만을 변화시켰던 것이 아니라 아기의 태를 자르는 데도 사용했으며, 아기의 요람에 달아주어 사귀를 막는 데도 이용되었다. 또 고향을 떠나 먼 길을 가는 사람이 고향의 특수한 모양의 돌을 귀하게 지니고 가면 질병이나 어려움, 위험에서 벗어날 수 있다고 믿었다. 이밖에 특수하게 생긴 나무나 버드나무, 자작나무, 막대

1 **어머니 바위** 대표적인 기자석으로 자식을 점지해 줄 뿐만 아니라 사람들의 소원을
　　　　　　　들어주는 자애로운 어머니로 신앙시 된다.
2 치료 효과가 있다는 염소가 변한 바위

기와 화살, 화살촉 등을 신성시했다.

　　위와 같은 돌신앙은 바위신앙으로 이어진다. 울란바타르에서 약 80km 떨어진 투브 아이막의 세르겔렌 솜에 가면 '에즈 하드_{ээж хад}'라 불리는 어머니 바위가 있다. 이 바위는 치마를 입은 여인의 모습을 하고 있으며, 목이 떨어졌던 것을 최근에 새로 붙여 놓았다. 추위가 풀리면 이곳을 찾는 인파가 장사진을 이루는데, 사람들은 어머니 바위에게 가장 좋은 것으로 공물을 드리고, 진심으로 자신의 소원을 간구하면 '어머니'께서 그 소원하는 바를 반드시 성취시켜 준다고 믿는다. 어머니 바위는 무당들의 성소이기도 하며 초여름 15일 제의를 행한다.

　　이 '어머니 바위'에는 몇 가지 전설이 있는데, 그 중 하나를 소개하면 다음과 같다. 이 지역 사람들은 옛날부터 이 바위를 '아브개_{авгай} 바위'라고 했다. 옛날에 이 지역에 3마리 푸른 염소를 기르는 한 노파가 살았다. 여름이고 겨울이고 이 3마리 염소

239

에게서 젖이 나왔기 때문에 그 젖을 짜서 생활을 했다. 그뿐 아니라 가난한 이웃 사람들에게도 젖을 나누어주어 생활하도록 했다. 사람들은 노파에게 감사하며 그녀를 덕스런 어머니처럼 생각해 '어머니'라고 불렀다. 그렇게 지내다가 어느 날 밤 노파가 앉은 채로 죽어 큰 돌로 변했다. 그녀에게 도움을 받았던 사람들은 매우 슬퍼하며 그 바위를 '아브개 어머니 바위'라고 불렀다. '아브개'란 나이든 사람을 높여 부르는 칭호이다. 사람들은 그 바위에 제물을 드려 섬겼을 뿐만 아니라 남자는 오른쪽 귀에, 여자는 왼쪽 귀에 어머니만 듣도록 속삭여 소원을 빌었다. 세 마리 푸른 염소도 주인 옆에서 푸른 돌로 변했다고 한다. 이 바위는 치병에 효능이 있다 하여, 어머니 바위를 찾은 사람들은 대부분 이 바위에 자신의 신체 가운데 좋지 않은 부분을 문지르며 치병을 소망한다. 어머니 바위에게 소원을 비는 것이나 바위에 몸을 비비며 치병을 소망하는 것은 페티시즘이 변형된 한 형태라고 볼 수 있다. 이러한 바위에 대한 치병 기원은 돌에 주술적인 힘이 있다는 원시 신앙적 관념 이외에 실제적으로 돌에 특수한 방사선 성분이 있어 치료 효과를 준다고 한다.

바위는 자애로운 어머니나 할머니뿐 아니라 노인으로도 신앙시된다. 아르항가이의 테르힌 차강 호수를 바라보고 있는 커다란 바위가 있는데, 사람들은 그 바위를 '할아버지 바위'라고 부르며 호수를 지켜준다고 생각한다. 또 무당의 시조인 다양 데레흐는 칭기스 칸의 딸을 훔쳐 달아나다가 바위가 되었다는 신화가 있다. 사람뿐 아니라 하늘에서 내려온 소가 사람들을 위협하는 독사를 누르고 검은 바위가 되었다는 전설도 있는데, 현재 이 돌은 아르항가이 아이막의 체체렉 솜에 있다.

바위는 신의 거처이기도 하다. 부랴트 무속에는 바이칼 호수의 올혼 섬에 있는 '보르항 바위' 일명 '무당 돌 사당'이라는 바위에는 신의 열세 아들이 깃들여 살며 부랴트 민중의 삶을 지켜준다고 한다.

돌은 탄생과도 밀접한 상관관계가 있으며 한국처럼 기자석 신앙이 있다. 또 서사

1 바이칼 호수 올혼 섬의 신령한 보르항 바위
2 아르항가이 테브홍 사원의 자궁 바위

시의 영웅들은 대개 돌에서 탄생하는 것으로 묘사되어 돌의 모태 신앙을 보여준다. 또 제1대 버그드 자나바자르가 수도했던 아르항가이의 운두르 쉬웨트 산의 테브홍 사원에 가면 '어머니 자궁' 바위가 있는데, 바위의 구멍을 들어갔다 나오면 새로 태어난 존재가 된다고 믿는다. 저자가 그곳에 가서 구멍으로 기어들어가 나와서 앉아 있는데, 50대 가량의 한 남자는 그 구멍에 들어갔다 나오더니 "당신과 나는 동갑이 되었다."며 웃어, "우리는 같은 날 태어났으니 특별한 운명의 친구네요."라고 맞장구를 쳐주었다. 이러한 자궁 바위는 몽골의 여러 지역에 산재되어 있으며, 구멍 바위 이외에 굴 모양의 '어머니 자궁 굴'도 있다. 자궁바위는 자녀가 없는 경우 어머니 자궁에 들어갔다 나오면 자식을 얻게 되고, 병으로 고생하는 경우 자궁 바위에 들어갔다 나와 새사람이 되었다고 믿고 치성을 드리면 자신의 삶의 죄과를 씻고 치유함을 받고, 어머니가 없는 사람은 자애로운 어머니의 사랑을 받듯 살게 된다고 믿는다.

241

대지와 산천신 신앙

이러한 물신신앙이 발전하여 자연물에 인간이나 동물 형태의 초월적인 존재가 거한다는 관념이 생겨나게 되었다. 대지에는 지모신(에투겐 에흐), 하늘에는 천신(텡게르), 물에는 수신(로스), 산에는 산의 주인(사브닥)이 거한다는 믿음이 그것이다. 몽골에서는 한국과 마찬가지로 산과 물 신앙이 하나로 결합되어 있으며, 수신과 지신을 함께 '로스·사브닥'이라고 이른다. '로스'는 뱀의 형태를 지니는 수신을 이르는 말이며, '사브닥'은 '흙, 먼지'를 이르는 티베트어로 '산의 주인'을 이른다. 대모신과 천신은 음양의 질서를 조화시킨 관념적 사고에서 발생하였는데, 이러한 자연신들은 샤머니즘이나 불교 속에 습합되어 전승되어 왔다.

1 알타이 도팅 솜 네브트 약수터

| 1 |
| 2 |

2 헙드 아이막 볼강 솜 인데르트 약수
흰 천조각을 묶어 신성한 곳임을
표시한다.

자연신앙 가운데 물과 땅에 대한 신앙이 가장 보편적인 형태이다. 물에 대한 신앙 가운데 성수聖水 또는 약수를 이르는 '아르샹 오스'рашаан ус는 일반적으로 불사不死의 물, 영생永生의 물이라 하여 매우 귀한 것으로 생각하며, 주로 치병이나 신앙 또는 종교 의식용으로 사용한다. 몽골 신화에 '아르샹 오스'는 영원한 생명을 보장해주는 영생수로 나타나기도 한다. 한 신화를 보면, 옛날에 천 년을 살고 있던 솔하나이라는 사람이 신께 영생수를 구하러 간다. 길에서 눈에는 보이지 않는 누군가가 그에게 물을 따라주며, 이것을 마시면 영원히 죽지 않고 살 수 있다고 말한다. 또 신이 인간을 만들고 그에게 생명을 불어넣기 위해 '영생수'를 구하러 가는 신

1 강물을 식수로 하기 때문에 물을 청결히 보호하는 것은 생명을 지키는 일이 된다.
2 우물을 이용해 가축이 물을 먹을 수 있도록 한다.

화가 있다. 상록수에 관련된 몽골 설화에는 신이 인간에게 주려했던 영생수를 그것을 전하려고 가던 제비나 까마귀가 제3의 방해물에 의해 인간에게 전하지 못하고, 나무에 떨어뜨려 그 나무가 상록수가 되었다고 말한다.

몽골 사람들은 '아르샹 오스'뿐 아니라, 물 자체를 매우 신성하게 생각하여 물을 더럽히는 어떠한 행위도 일체 금했다. 우물이나 샘물에 피나 가축의 젖, 마유주 등이 떨어지지 않도록 조심한다. 만약 이러한 것들이 물에 떨어지면 수신이 진노하여 물이 마르거나 더러워진다고 생각한다. 칭기스 칸의 대법령인 〈이흐 자삭Их засаг〉에 물을 향해 재를 뿌리거나 방뇨하는 자는 엄벌에 처한다고 규정했다. 또 뇌우를 불러일으킬지도 모른다는 두려움 때문에 봄, 여름으로 물에 들어가거나 흐르는 물에 손을 씻지 못하도록 했다. 이상한 일처럼 들리지만 의복을 세탁해서는 안 되고 해어질 때까지 입어야 한다고 했다. 일반적으로 강물에 더러운 손을 씻는 것은 물론이려니와 가축의 젖이 묻은 국자도 담그지 않았다. 집터를 강이나 샘에서 어느 정도 거리를 두고 게르를 세

1 샘이 있는 곳에 어워를 세워 지역을 신성시한다.
2 더르너드 아이막의 버링 약수터, 약수터는 몽골인에게 치병을 위한 자연의 신앙처라 할 수 있다.

왔고, 물 가까이에 쓰레기를 버리지 않았다. 또 샘의 원천과 강가에 자라는 나무를 함부로 베지 않는 등 강물을 깨끗이 하고, 물 원천을 있는 그대로 보존해왔다.

그밖에도 우물 위에 함부로 걸터앉지 않으며, 우물 바가지나 드레박의 끈이 땅에 끌리지 않도록 하며, 우물에서 퍼 올린 물은 다시 우물에 붓지 않는데, 이것은 모두 물이 오염되는 것을 경계하는 금기들이다. 또 우물 옆에 있는 구유를 비워두지 않는데, 가축에게 물을 마시게 한 뒤 다시 물을 가득 채워둔다. 이렇게 목마른 가축에게 덕을 베풀면 우물물이 줄어들지 않는다고 사람들은 믿는다. 또 여자가 우물 입구에서 다리를 벌리고 서있는 것을 금기시하는데, 그렇게 하면 샘이나 우물물에 부정이 탄다고 여기거나 수신이 진노한다고 생각한다. 이러한 모든 종류의 금기는 물을 신성시하는 몽골인들의 보편적인 사고에서 비롯되었다고 할 수 있다. 로스·사브닥은 자신의 신성한 지역을 더럽히거나 해치지 않으면 움직이지 않으나, 그렇지 않으면 인간들에게 해를 미친다고 생각한다. 몽골인들 가운데는 물이 풍부했던 아름다운 자연에 사람들이 많이 찾아와 더럽히면 그 물길이 몸을 감추고 숨어버린다고 말하기도 한다.

'약수(아르샹 오스)'가 솟는 샘에는 어떤 숨은 힘이 존재한다고 생각하여, 공물을 드려 제의를 드리는 풍습이 있다. 이 샘 주변에 하닥을 걸고, 오물을 버리거나 가축의 젖 등을 떨어뜨리는 것을 금한다. 이때 보통 푸른색 하닥을 사용하나, 몽골 서부 알타이 지역에는 흰색 하닥이나 흰색 천조각을 사용하기도 한다. 몽골 고대인들은 산 혹은 강, 큰 호수가 있는 곳을 제의소로 삼아 제의를 드렸던 역사가 있다. 호수에 제의를 드린 후에 그 호수에 물고기를 잡거나 주변을 더럽히는 행위를 금했다. 물을 배경으로 하는 신앙처는 인간들이 자신의 생명과 삶을 가호해 줄 것을 기원하며 신께 바친 절대 신성 공간이었기 때문에 이러한 신령한 곳에서 부정한 행동을 하면 재앙이 이른다고 생각했다. 약수를 마실 때는 함부로 마시지 않고 일정한 규범에 따른다. 규칙 없이 마음대로 마시면 오랜 지병이 움직여 오히려 독이 되기 때문에 시간과 양을 조절해서 마셔야

1 술로 사찰을 올리는 몽골인
2 어트겅텡게르 성산을 향해 사찰을 올리는 사람들. 술이나 가축의 젖을 뿌려 올린다.

좋은 효능을 볼 수 있다.

대지에 대한 신앙은 산에 대한 신앙 형태가 지배적이며, 산에는 산신이 살고 있다고 믿었다. 예를 들면, 헙드와 고비알타이의 경계에 있는 만년설로 덮인 소태 산Сутай уул의 주인은 흰 소를 탄 여인의 모습으로 관념된다. 울란바타르의 버그드 산의 주인은 새의 왕 항가리드인데, 때로는 사슴을 탄 백발의 노인이라고도 한다. 북쪽의 칭겔테 산의 산신은 흰 수염의 노인이며, 서쪽의 성긴 하이르항 산의 주인은 푸른 소를 탄 푸른 색의 할아버지로 매우 술을 좋아한다고 하여, 사람들은 술을 마시기 전에 성긴 하이르항 산신에게 먼저 술을 뿌려 드린다고 한다. 또 더르너드 아이막의 할하 강 유역에 살고 있는 사람들은 보이르 호수Буйр нуур의 주인은 흰 옷을 입은 여인이며, 그녀는 호수 북쪽의 한 바위 위에 앉아서 사람들에게 자비와 은혜를 베풀고 있다고 말한다.

대지 내지 산에 대한 신앙은 물 신앙과 밀접한 관계를 갖는다. 울란바타르의 버그드 산을 왕 즉 '버그드 항 산'이라고 부르며, 그 앞을 흐르는 톨 강을 왕비 즉 '하탄 톨'

246

이라고 하여, 산과 물에 대한 신앙이 음양의 조화로 연결되어 있음을 보여준다.

　몽골 사람들의 자연 신앙은 매우 일상화되어 있다고 할 수 있다. 몽골인들은 아침, 점심, 저녁에 젖이나 차의 첫 번째 것을 그 지역의 산신이나 지신께 올리는 풍습이 있다. 이렇게 신께 젖이나 차를 올릴 때는 공중으로 뿌려 드리는데, 이것을 사찰сацал'이라고 한다. 보통 사람들은 '차찰'이라고 하는데 차찰이란 '흩뿌린다'란 의미의 '차차흐'라는 동사에서 파생된 명사이다. 일반적으로 가축의 젖이나 술을 자연 신께 뿌려 드리는 신앙적 행위는 일반적으로 뿌리는 행위를 말하는 '차찰'과 구별하여 '사찰'이라고 한다.

　사찰은 목축문화와 밀접한 관련을 가지며, 젖의 첫술을 천신·지신·산천신께 드려 신을 위무하고 감사를 드리며, 자비와 축복을 구하는 의례이다. 사찰을 드릴 때는 단지 드리는 행위로 그치는 것이 아니라, 천신·산신을 향해 소원하는 바를 짤막한 시로 말한다. 식구 중 누군가 먼 길을 떠날 때 말의 등자에 가축의 젖을 떨어뜨리거나 떠나는 자의 등 뒤에서 젖을 뿌려 올림으로써 가는 길의 안전을 빌어주기도 한다.

　사찰을 드릴 때는 유제품이나 차뿐 아니라 곡식이나 술을 올리기도 한다. 이 사찰 의식은 어디를 가나 많이 볼 수 있는 모습인데, 좁은 장소에서 간단히 뿌릴 때는 약지藥指로 공중을 향해 세 번을 뿌린다. 몽골에는 3수를 좋아하며, 여러 가지 생활 또는 의례 속에서 주로 3번을 행하는 습속이 있다. 그래서 '몽골 3'이라는 말이 있다. 3은 천·지·인 혹은 천계·인간계·지하계, 과거·현재·미래를 상징하며, 발전과 완성, 또 그 항구성이라는 상징성을 갖는다.

　사찰을 드릴 때는 손으로 혹은 손가락을 사용하

사찰 도구
9개 구멍은 하늘의 신성수인
9수와 관련이 있다.

하늘에 관련된 금기

◆ 하늘을 향해 물 혹은 흙을 뿌리지 않는다.

◆ 하늘을 향해 검지를 치켜세우지 않는다.

◆ 하늘을 저주하거나 욕하지 않는다.

◆ 하늘에 대고 함부로 말하지 않는다.

◆ 해와 달을 향해 손가락질하지 않는다.

◆ 해와 달 쪽을 향해 물이나 흙을 뿌리는 것은 죄라고 여긴다.

◆ 별똥별이 떨어지는 것을 보지 않는다. 만약 보았다면 "하늘에서 내 별이 떨어지지 않았다. 퉤, 퉤" 혹은 "내 별이 아니라 다른 사람 별이야."라고 하며 부정을 해소한다.

물에 관련된 금기

◆ 더운 여름날 우물이나 샘물로 머리를 감거나 머리 쪽으로 물을 갑자기 뿌리지 않는다. 피가 굳는 병을 얻거나 정신이 흐려진다고 한다.

◆ 흐르는 물에 무언가를 빨거나 씻지 않는다. 만약 빨거나 씻으려면 그릇으로 퍼서 물에서 멀찍이 떨어진 곳에서 한다. 이것을 어기면 수신이 진노해 물이 오염된다고 여긴다.

◆ 물과 땔감을 함께 가지고 오지 않는다. 고인을 장례지낼 때 물과 땔감을 함께 가져오거나 가져가기 때문에 보통 때에는 그렇게 하는 것을 금기시한다.

◆ 마른 우물을 내려다보지 않는다.

◆ 물에 대고 함부로 무언가를 장담하지 않는다(이것쯤은 건널 수 있다는 등). 만약 그렇게 할 경우 잘못하면 목숨을 잃을 수도 있다고 여긴다.

지만 때로는 유승 누드테 할박가(9개 구멍이 있는 주걱)를 이용해 한 번 혹은 열 번을 올린다. 이 사찰의 도구로 한 번 뿌려 올리면 9번, 열 번을 뿌리면 90번을 뿌려 올리는 셈이 된다. 이 때 9수는 하늘 수의 상징성을 갖는다.

토테미즘

자연신앙이 발전하여 나타난 한 형태는 토테미즘이다. 토테미즘이란 고대인들이 어떤 특정한 동물이나 식물을 자신의 조상의 기원과 관련을 가진 신령한 종교적 대상물로 삼는 신앙적 풍습을 말한다.

토템이란 오지브와족의 단어 '오토테만'에서 유래한 것으로, 이것은 원래 형제, 자매의 혈연관계를 의미하는 단어였다. 토테미즘은 동물이나 식물과 같은 자연 대상물이 인간과 신비한 관계 내지는 친족 관계가 있다는 믿음 위에 기초한 것으로 고대의 많은 원시 종족들 사이에서 중요한 종교적 역할을 수행해 왔다. 토테미즘은 이러한 종교적 역할 이외에도 금기 또는 타부시하는 일정한 행동을 사회적 규범으로 함으로써 사회 불문율을 형성하게 되고, 사회 구성원들의 일체감을 형성하면서 도덕적 생활의 규준이 되기도 했다.

고대인들의 신앙적 태도는 주변 환경과 그에 대응하는 생활 방식과 밀접한 관련을 갖는다. 예를 들어, 인간 삶의 주변에서 위협을 주거나 영향을 미치는 맹수나 그 밖의 동물에게 특별한 의미를 부여하고, 그들이 인간의 삶을 지켜주며 복을 가져다준다고 믿었다. 이것은 특정 동물을 인격화 또는 신격화함으로써 스스로 해결할 수 없는 삶의 많은 문제를 주변 생물체와 함께 해결하려는 적극적인 삶의 한 방식이라고 할 수 있다.

토템 신앙은 기원 면에서 인류 사회 발전의 초기 단계인 고대 씨족이나 종족 형성과 깊은 관계를 가지고 있다. 이러한 신앙적 전통은 세계의 각 민족마다 서로 다른 형태를 가지면서 전승되어 왔다. 몽골은 영토에 비해 인구가 매우 적은 편이지만, 광대한 지역에 흩어져 사는 많은 종족들이 있기 때문에 토템의 종류도 그만큼 많다고 할 수 있다.

늑대와 개 토템

몽골족은 중앙아시아의 드넓은 초원에서 유목생활을 하며 동물과 긴밀한 관계를 갖고 살아왔다. 몽골의 대표적인 종족인 히야드 버르지긴Хияд Боржигин 부족의 토템인 부르테 천(늑대), 호아 마랄(사슴)은 몽골 고원에 풍부히 만날 수 있는 잿빛 늑대, 실제로 이 지방에 서식하는 사슴의 한 종류인 붉은 사슴을 이른다고 학자들은 본다.

부르테 천, 호아 마랄은 히야드 부족의 지도자들을 이르는 명칭으로 보는데, 이것은 고대에 부족이나 족장을 토템 동물로 대표하여 불렀던 것과 관련이 있다. 몽골의 오이라드 처러스 종족은 버드나무를 모성 토템으로, 올빼미를 부성 토템으로 생각한다. 호리 부랴트인들은 고니와 자작나무를 토템으로 여긴다. 히야드 부족의 토템인 늑대는 우회적으로 '누런 개'라고 불리기도 한다. 부랴트의 신화에 나오는 부르테는 개를 이르며, 몽골의 최초의 무당은 부르테라는 노인이었다고 한다.

몽골의 베르시드Берсид 부족의 조상은 어떤 호수 근처의 숲에 살고 있던 늑대와

몽골의 토템 늑대

사슴 사이에서 태어난 아들이라고 보는데, 베르시드는 『몽골비사』에 나오는 '베수드' 부족의 이름과 유사하며, 이들 부족명은 늑대와 모종의 관련을 갖고 있다고 본다. 토템 동물의 이름으로 자신들의 부족명으로 삼는 풍습은 세계의 민중들 가운데 상당히 널리

퍼져 있으며, 할하 사람들의 종족 이름에 늑대 토템의 이름이 지금까지 전승되어 내려온다. 또 몽골의 귀족 가문의 부족 '버르즈긴'이라는 명칭 역시 늑대 토템의 이름에서 비롯된 것이라고 최근 연구자들에 의해 발표되었다. 늑대에 관련된 것은 이름뿐 아니라 칭호에서도 나타나는데, 늑대를 토템으로 신앙하는 부족 사이에서 나이 많은 노인에게 '베르테 천(회색의 늑대)'이라는 칭호를 주고, 여자에게는 '호아 마랄(아름다운 사슴)'이라는 칭호를 주는 관습이 있었다고 한다.

고대 흉노와 위구르 사람들도 자신들의 조상을 늑대라고 생각했다. 흉노의 왕은 한 왕비에게서 아름다운 두 딸이 태어났는데, 딸들을 인간의 어머니가 되게 하지 않고, 신의 제물로 드리리라 결심하고 인적이 없는 외딴 곳에 집을 지어 살게 했다. 작은 딸은 거기서 늑대를 만나 살게 되며, 이들은 점점 성장하고 번성하여 한 종족국가를 이루게 된다. 그들의 후손들은 나중에 장가를 부를 때 늑대처럼 소리를 내며 자신들의 조상을 묘사했다고 한다.

생활 속에서 늑대는 어떤 징조로 여겨지기도 했는데, 우구데이 칸은 이슬람교도들이 잡은 늑대를 천 랑(37.3g=37.3kg)에 사서 놓아주었을 뿐 아니라 이 소식을 들려준 사람에게도 많은 양을 상으로 주었다고 한다. 놓아준 늑대가 다시 사냥개에게 붙잡히자 우구데이 칸은 매우 슬퍼하며 자신에게 불길한 일이 생길 징조라고 생각했다. 이렇게 늑대의 위기 상황을 자신의 운명에 곧바로 관련시켰던 것은 늑대 토템 신앙을 반영한 태도라 할 수 있다.

할하 종족 사이에는 늑대와 관련된 속신 내지 생활 습속이 적지 않게 전해져 내려온다. 장사나 길을 잃은 가축을 찾으러 갈 때 등 어떤 행위를 목적으로 집을 떠나 길에서 늑대를 만나게 되면 길조로 생각하여 원하는 일이 잘 될 것이라고 생각한다. 또 늑대가 가축 떼에 들어가 가축을 잡아먹는 것을 그렇게 나쁘게 보지 않았으며 큰 피해로 여기지 않았다. "늑대의 입은 넓고, 도둑질하는 손은 검다."라고 하여 늑대의 행동을

알랑고아 석상

도둑질하는 행위 위에 두어 비유한다. 할하 종족의 경우, 아이가 태어나 계속 죽는 집에서는 아이가 태어나면 늑대의 힘줄로 탯줄을 싸고, 늑대의 복사뼈를 아이에게 걸어주면 좋다고 여겼다. 또 늑대 가죽으로 아이를 싸기도 하는데, 이러한 행위들은 늑대가 그 생명을 악귀로부터 보호해 줄 것이라고 믿는 관념에서 비롯된 것이라 볼 수 있다. 또 아이에게 샤알로шаалуу(늑대 인간), 벨트렉бэлтрэг(새끼 늑대)이라는 이름을 붙여 주면 아이가 별 사고 없이 잘 자란다고 하여, 이런 습속을 적지 않게 지키고 따라왔다. 늑대와 관련된 이런 것들은 위험한 재앙을 가져다주는 악귀惡鬼를 막기 위한 일종의 수호부적의 성격을 띤다. 또한 이러한 행위 이면에는 늑대 토템의 신앙적 관념이 내포되어 있다고 할 수 있다.

늑대의 야생적인 파괴력과 강인함은 유목민들에게 있어 경계의 대상이 되는 동시에 무한한 외경의 존재가 되어 조상신으로까지 숭앙되었다. 늑대 토템은 그 강한 힘으로 부족을 지켜준다는 수호신적인 의미를 지님과 동시에 부족 자체를 늑대와 동일시함으로써 자기 부족의 강인함을 부각시키는 부족 표징의 상징성을 갖기도 했다.

늑대와 같은 유類인 개를 토템으로 숭앙하는 종족도 있다. 일반적으로 늑대와 개를 존귀하게 여기는 토템 신앙은 몽골족뿐만 아니라 그 밖의 많은 민중들 가운데 보편

가축을 지켜주는 개

적으로 퍼져있고, 지금도 울드 사람들 가운데는 '너허이 보잉트Нохой буянт'라는 한 무리의 사람들이 있어 개를 토템으로 했던 잔영을 보여준다.

　『몽골비사』에 개와 관련된 흥미로운 일화가 전한다. 알랑고아 어머니는 남편 더보 메르겐Добу мэргэн이 죽은 후 남편도 없이 보하-하타기, 보하토-살지, 버덩차르-몽학이라는 세 아들을 낳는다. 본 남편의 두 아들 벨구누테이, 부구누테이 형제는 이들은 분명 집 안의 종인 말릭 바이오드Малиг баяуд 씨족 사람의 아이들일 것이라고 의심하자, 어느 봄날 그녀는 아이들에게 형제가 서로 협력해 살아가야만 앞날을 헤쳐 나갈 수 있다는 것을 가르쳐 말하면서, 이 세 아이들은 빛이 배에 비쳐서 얻은 하늘의 혈통을 가진 아이들이라고 말한다. 즉, 그녀는 "밤마다 밝은 누런빛의 사람이 게르의 천창과 문미 틈새로 들어와 나의 배를 만질 때 그 빛이 나의 배에 스며들었다. 그 사람은 달이 지고 해가 뜰 무렵에 누런 개처럼 꼬리를 흔들며 나간다."라고 한다. 여기서 누런 개는 늑대를 우의적으로 말한 것이라 할 수 있다.

개를 존숭하는 예절은 몽골의 많은 종족의 결혼 풍습에서도 찾아볼 수 있다. 집안에 며느리를 맞이할 때 시아버지는 화로의 불에 절하게 한 다음 개에게 절하게 하는 풍습이 전한다. 더르워드 종족의 결혼 풍속에는 며느리를 맞이하는 의식으로 며느리가 게르 안에서 생가죽 위에 앉아 있으면 밖에서 시아버지가 신랑의 형제 가운데 한 사람에게 개를 끌고 게르에 들어가게 하는데, 며느리는 게르에 들어온 개의 목에 흰 색의 천을 묶고 속옷 자락을 펴고 거기에 고기와 비계를 놓아 먹인 후 개를 나가게 한다. 이것은 며느리를 자신의 종족에 받아들일 때 자신들의 조상신이며 수호신인 개에게 고하고 그 신을 귀하게 받드는 의식이라고 한다.

개를 존숭하는 풍습은 연구자들의 견해처럼 흉노, 거란 등의 고대 몽골계 종족에 개 토템이 있었다는 것과 연관하여 생각할 수 있으며, 개 토템은 몽골 이외에 동시베리아의 야쿠트, 중앙아시아의 투르크멘들에게도 보편적으로 존재했던 토템 형태이다.

사슴 토템

왕관에 장식하는 사슴뿔 장식

위에서 언급한 것처럼 사슴은 늑대와 함께 몽골의 황금 가문(왕족)의 직계 조상으로 등장하며, 몽골 전역에 걸쳐 나타나는 보편적인 토템이다. 사슴을 신성한 존재로 신앙하는 풍습은 몽골 이외에 알타이, 오량하이, 키르기스에 널리 퍼져있다. 예로부터 몽골인들은 사슴은 하늘 동물이라 여겼으며, 하늘에 올라가 별이 되었다는 관념이 신화에 전한다.

이처럼 몽골인들은 사슴을 가장 순수하고 고귀한 동물이라고 여기고, 그 모습을 보게 되면 좋은 일의 생길 징조로 생각한다. 몽골의 서북쪽의 다르하드의 무당들과 바르가, 차하르, 허르친 종족들은 최근까지도 사슴을 수놓아 장식하고, 사슴의 뿔 부분을 무당의 북과 의식용 모자에 달았다. 또 사슴가죽으로 무고인 헹게렉을 만들고, 그 위에 사슴을 그려 넣었다.

사슴은 장수하는 동물로 사슴을 많이 죽이면 인간의 수명에 지장이 있다고 생각하여 죽이는 것을 꺼렸다. 사슴을 죽인 경우에 그 머리를 나무에 걸어 남겨두어 사슴을 존숭하는 풍습이 있으며, 뿔 끝이 보이는 쪽에서 세번 절하고 축복을 받는 전통이 있었다. 그러나 오늘날에는 이러한 사슴 신앙 전통이 잊혀져 가고 있다. 사슴을 존숭하는 또 하나의 예는 암사슴이나 수사슴의 어금니를 신성시하며, 아이들의 옷이나 장난감에 묶어 달아주는 풍습이다. 또 사슴의 위에는 희고 조금 어두운 두 가지 색의 돌이 있는데, 이것들은 비나 회오리바람을 일으키는 등 천

1 사슴돌은 부족의 토템인 사슴을 조형한 전사의 무덤에 세운 기념비이다.
2 알타이 고산의 무덤터에 세워진 사슴돌

기를 변화시키는 힘을 가진 돌─자딩촐로─이라고 하여 특별한 것으로 생각하기도 한다.

사슴에 대한 토템 신앙을 잘 보여주는 고대인의 기념물 중의 하나는 사슴돌이라고도 하는 사슴비이다. 사슴돌은 청동기시대 부족의 수장 등 부족의 주요 임무를 수행했던 자, 지배적인 권력을 가지고 있던 사람의 무덤에 앞에 세운 석상으로, 이 석상에 사슴을 새겨 놓았기 때문에 붙여진 이름이다. 몽골의 고대인들의 관념으로 죽은 사람의 영혼은 천계로 올라가고 육신은 땅에 남는다고 생각했으며, 죽은 혼이 하늘로 올라가는 것을 상징하는 사슴의 모습을 돌에 형상화했다.

동물 모형에 대한 예술적인 기원은 부족민들이 신앙하는 토템에서 비롯되었다고 볼 수 있는데, 사슴돌은 그것을 만든 사람들 혹은 그들 부족이 사슴으로부터 나왔다고 보는 토템 신앙과 관련이 있다. 이렇게 사슴의 모습을 새겨 넣은 돌을 죽은 사람을 매장할 때 무덤에 세우는 행위는 비록 이 생을 떠나지만 부족의 토템인 그 동물의 세계로 돌아간다는 믿음을 보여주는 것이다.

이들 사슴돌의 사슴의 모습은 주둥이 부분을 새처럼 표현한 것을 풍부하게 만날 수 있는데, 대체로 태양을 향해 질주하는 형상을 하고 있다. 어떤 사슴돌에는 사슴 이외에 고니나 들기러기 등의 동물도 그려져 있지만 사슴의 모습에 특별한 주의를 기울여 배치하고 있고, 비석들 위에는 '태양'을 묘사한 원형의 형상을 그리고 있다. 이것은 그 시대의 신화 또는 세계관에 태양과 그와 관련된 천계의 사슴이 주된 위치를 차지하고 있다는 것을 보여준다. 다시 말해 이것은 태양이 상징하는 영원한 하늘에 대한 관념을 하늘에 기원을 둔 조상신인 사슴과 관련하여 표현한 것이라 할 수 있다.

사슴을 형상화한 기념물에는 사슴돌 이외에 바위그림에서도 그 자취를 찾아볼 수 있다. 울란바타르 시 남쪽에 있는 버그드 산의 '이흐 텡게르' 골짜기 어귀에 있는 바위그림에는 몽골의 전통 의상을 입고 있는 여성과 함께 얼룩 사슴이 그려져 있는데,

이것은 사슴을 몽골인의 시조모인 '고아 마랄'(붉은 사슴)과 동일시하여 보여주는 것으로 생각된다. 이처럼 사슴은 몽골족의 모성 상징의 고대 토템 형상으로 나타난다.

고니 토템

동물을 신앙하는 고대 풍습의 한 자취는 새와 깊은 관련이 있다. 여러 가지 종류의 새를 존귀하게 여기지만 물새를 신앙하는 전통은 상당히 널리 퍼져있다. 그 가운데서도 고니에 대한 신앙이 지배적이다. 고니는 행운을 가져다주며, 그 노래 소리를 들으면 장수한다는 속신이 있다.

헙드 아이막의 자흐칭 종족 사람들은 고니를 죽이는 것을 금기시한다. 고니가 열지어 날아갈 때 부인들은 성장盛裝을 하고 나가 가축의 젖을 하늘을 향해 뿌리며 고니를 존숭하는 예를 드린다. 바야드 종족 사람들도 물새 가운데 고니를 가장 길하게 여

고니 부랴트인의 토템

기며, 사람들은 "우리의 조상인 고니여, 고향의 맑은 성수聖水에서 평화롭게 헤엄치며, 자손을 번성하게 해주십시오!"라고 고니를 부르며 젖의 첫술과 유제품 가운데 가장 좋은 것을 드리는 풍습이 있다.

　　몽골이 여러 종족들 사이에는 자신들의 조상이 고니라고 생각하는데, 호리 부랴트 종족의 기원신화는 이러한 사실을 잘 반영해 준다. 아주 오랜 옛날 부르트 천Бөрт чоно 가문의 바르가Барга라는 귀족에게 이료다르 투멩, 부리아대 메르겐, 호리대 메르겐라는 세 아들이 있었다. 이들은 수렵 생활을 하며 살았다고 한다. 어느 해 전쟁이 나자 그들은 각각 바이칼 호수를 중심으로 흩어져 살게 된다. 큰 아들 이료다르는 두 동생과 사이가 나빠졌기 때문에 서쪽으로 갔고, 두 동생은 각각 바이칼 호수 북쪽과 남쪽에 가서 살았다. 바이칼 호수 남쪽에 가서 살던 호리대 메르겐이 어느 날 바닷가에 물고기를 잡으러 갔는데, 창공에서 세 마리 고니가 바닷가로 내려왔다. 세 마리 고니

더르너드 아이막 아기 부랴트 지역의 고니 어머니 동상

가 날개옷을 벗자 여인으로 변해 바다에 뛰어들어 헤엄치며 즐겁게 노는 것이 아닌가. 너무도 놀랍고 신기한 일이었다. 호리대 메르겐은 물속에서 노는 그 아름다운 여인들을 바라보자 참을 수 없는 욕정에 사로잡혀, 여인들이 벗어 놓은 옷 가운데 한 벌을 몰래 감추어 둔다. 놀기를 마친 두 여인은 날개옷을 입고 날아가지만, 옷을 잃어버린 한 여인은 하늘로 날아가지 못하고 호리대 메르겐의 아내가 된다. 호리대에게는 이미 아내가 있었으나 그에게

는 자식이 없었고, 고니 아내에게서 다섯 명의 아들을 낳게 된다. 그리고 세 번째 아내를 맞아 8명의 아들을 낳지만 2명은 어려서 죽어, 고니 아내에게서 난아들 5명과 함께 11명의 아들이 자라나 모두 결혼하여 각각 종족을 형성하게 된다. 이들의 삼촌의 이름이 부랴트였고, 아버지 이름이 호리대였기 때문에 후세들은 자신들을 호리 부랴트Хорь буриад라고 불렀다.

이렇게 하여 고니 아내와 호리대 메르겐은 세월이 흘러 늙은이가 된다. 할머니가 된 고니 아내는 남편을 졸라 젊었을 때 자신의 날개옷을 한 번 보여줄 것을 간청하자, 호리대는 이제 늙었는데 무슨 일이 있겠는가 하는 생각에 그 옷을 보여준다. 그러나 그녀는 옷을 입고 장신구를 달더니 게르의 천창을 통해 하늘로 날아가 버리고 만다. 그녀가 낳은 아들과 세 번째 부인에게서 난 아들 11명은 후에 호리 부랴트의 11종족이 되는데, 이들 종족들은 자신들이 고니에게서 기원했다고 말한다.

동물을 숭배하는 행위는 기원적인 면에서 씨족이나 종족의 형성과 깊은 관계를 맺고 있다. 토템 신앙은 고대인의 정신적인 면과 실제적인 삶의 측면에서 중요한 영향력을 미쳤으며, 현재까지도 생활 저변에 토템 신앙의 잔영이 짙게 깔려있다고 할 수 있다.

몽골의 토템 신앙의 중심 자리에는 '늑대'와 '사슴'이 자리 잡고 있으며, 그밖에 '개', '고니', '소' 등이 신앙의 대상이 되었다. 이들 토템은 기본적으로 하늘과 밀접한 관련을 맺고 있으며, 이러한 성격은 후에 무속신앙으로 흡수, 동화되는 조건을 형성한다. 몽골의 늑대 토템은 사슴 토템과 배우 관계를 이루고 있으며, 이 두 토템은 몽골 이외에 중앙아시아의 여러 나라의 토템이 되기도 한다. 이 두 동물은 몽골 민중의 자연 환경, 생활 조건 등과 밀접한 관련을 갖고 있으며, 늑대는 빠르고 사나운 맹수의 속성으로 인해 외경과 경계의 이중적인 관념을 낳았고, 사슴은 우아한 자태와 고귀함 그리고 장수의 속성으로 인해 천계의 존재로 숭앙되며, 천기天氣를 변화시키는 힘을 가진 수신水神의 성격을 갖기도 한다. 이규보의 『동명왕편』을 보면, 동명왕(주몽)이 송양왕과 다투는 과정에서 흰 사슴을 잡아 해원의 큰 나무에 거꾸로 매달아놓고 주문을 외운다. 그러자 사슴이 슬피 울어 그 소리가 하늘에 사무쳐 큰 비가 이레를 내렸다고 나온다. 이것 역시 사슴의 수신적 성격을 드러내 주는 일화이다.

늑대와 사슴은 몽골의 황금 가문의 직계 조상으로 나타나며, 이들은 몽골인들의 수호신으로 여러 풍습 속에서 특별한 의미와 상징성을 갖는다. 고니는 '하늘의 선녀'라는 관념이 있었으며, 흰색을 순결하고 고귀하게 보는 몽골인들에게 고니는 여타의 새 가운데 가장 고귀한 새로 숭앙된다. 고니에 대한 토템 신앙은 사슴돌에 고니가 등장하는 것과도 연관이 있다. 고니에 관한 설화는 우리나라의 '선녀와 나무꾼'의 화소와 유사해 매우 흥미를 끈다.

18
불 신앙

고대 몽골인들은 불을 모든 것을 정화시키는 능력을 지닌 '자연의 힘'이라고 생각해 왔으며, 가장 순수하고 성스러운 것, 만물을 이루는 원소라고 보았다. 또한 물질적인 것만이 아니라 인간까지 정화시키는 능력을 가지고 있다고 믿었다. 몽골인들이 언제부터 불을 신앙시했는지에 대해 증거할 만한 자료가 지금까지 발견되지는 않았지만 도르지 반자로프는 몽골인의 불 신앙이 페르시아와 투르크에서 전해졌다고 보았다. 페르시아의 조로아스터교를 일반적으로 배화교拜火教라 이르는데, 이 종교는 신전의 불을 지키는 것이 예배의 가장 중요한 부분을 차지한다.

조로아스터교는 B.C 6세기 경 종교 개혁가

가정과 나라의 번성을 상징하는 불

인 자라투스트라에 의해 창시되었다. A.D 224년 민족의 정체성을 확립한 새로운 페르시아 왕조인 사산 왕조가 출현하면서 국교가 되었다. 페르시아의 불 신앙이 어떤 경로에 의해 몽골에 전해졌는지는 정확히 알 수 없으나, 몽골의 신화상의 최고신인 '호르마스트 신Хурмаст тэнгэр'의 명칭이 조교아스터교의 경전인 아베스타Avesta에 나오는 지고신 '아후라마즈다Ахурамазда'에서 온 것이라고 본다. 이것으로 보면 몽골의 불 신앙이 페르시아 종교와 무관하다고 할 수는 없으며, 투르크의 불 신앙 역시 그들과 생활 무대를 같이 했던 몽골인들의 신앙에 직간접적인 영향을 미쳤을 것으로 짐작된다.

몽골인들의 사유 속에 불은 지상의 것이 아닌 천상의 것으로 인식되었으며, 그것은 그들의 신화 속에 반영되어 있다. 신화적으로 보면, 불은 원래 천상계의 것이었는데 지상의 사는 사람들이 상계 사람들로부터 훔쳐가지고 온 것이라고 말한다. 고대에는 위대한 것, 인간들이 숭앙하는 대상이 되는 것의 기원을 대개 하늘에 두었는데, 불 역시 이러한 숭배 사고를 반영한다.

아메리카 인디언들의 신화에 불은 신과 인간을 중개하는 것으로 나타나는데, 이러한 신화적 관념은 몽골 샤머니즘에도 잘 나타나 있다. 불은 무당들의 신앙적 대상 가운데 가장 중요한 신앙물에 속한다. 무속 신화 가운데 "아주 오랜 옛날에 세상이 개벽할 때 무질서했던 하나의 실체가 두 부분으로 나뉘어 한 부분은 모든 것을 생성시키는 자 곧 하늘 아버지가 되어 위로 날아 올라가고, 다른 하나는 모든 형태를 이루게 하여 인간들로 하여금 생활을 영위하게 하는 어머니 대지가 되었다. 그런데 어머니 대지가 오디나무에 불을 일으키자 그 주위에서 인간이 생겨나고, 불꽃이 위로 타오르면서 종족과 나라가 이루어졌다."라는 창조 이야기가 전한다. 이 신화에서 형상화하고 있는 창조의 불은 여성성, 창조성을 지니며, 인간과 지상계 창조의 근원이라는 관념을 내포하고 있다.

일반적으로 불 신앙 내지 불 제의를 샤머니즘과 직접적으로 연결시키는 경향이 있으나, 불 신앙은 샤머니즘 생성 이전부터 존재했던 자연 원시신앙의 한 형태라고 할 수 있다. 몽골인들은 날마다 음식과 차 가운데 첫술을 하늘과 땅, 산과 물의 주인(사브다) 그리고 조상신에게 올리는 습속이 있다. 13세기 몽골의 특별한 생활 풍속에 대해 기리욤 데 루브룩의 〈동방 여행기〉에 "그들은 남쪽을 향해 땅에 무릎을 꿇고 세 번 절하며 술과 성수로 세 번 뿌려 올리는데, 이것은 불의 수호신을 존숭하여 올리는 예이다. 동쪽으로 대기의 신, 서쪽으로 물의 신께 사찰(하늘을 향해 제물을 뿌려 올리는 행위)과 절을 올린다. 마지막으로 북쪽을 향해 술을 뿌려 올리는데, 이것은 죽은 영혼에게 절하는 것이다."라고 하였다. 즉, 불 신앙이 자연 신앙의 한 연장선에서 이루어지고 있으며, 조상숭배와도 일정한 상관관계가 있음을 보여준다. 불에 절을 할 때 "은혜로운 부모님의 운명의 수호신께"라고 기원하는 데서 이러한 견해를 확인할 수 있다.

고대로부터 몽골인들은 불의 신을 '갈라이항 어머니Галайхан эх', '불 어머니', '걸럼트 어머니'라고 불렀다. '갈라이항'이란 '불의 왕' 즉 '불의 주인'을 뜻한다. 화신火神을 이르는 단어로는 '아르쉬 텡게르Арши тэнгэр'가 있는데, 이 신은 높고 완전한 불꽃의 왕, 길상과 행운을 가진 존재로 표현된다. 원래 '아르쉬'란 산스크리트어로 '정직을 인도하는 자'의 뜻으로 인도 베다 신화상의 신의 이름이며, 몽골에 들어와 '명상자', '불의 신'의 의미로 쓰였다. 또 '아그니 항' 역시 산스크리트어로 '불의 주인'을 뜻하는 단어이다. 불의 왕 '아그니 항Агни хан'은 희망과 모든 복을 가져다주는 자일 뿐 아니라 가장 순수한 존재로 악하고 장애가 되는 모든 것을 멀리 쫓아내는 자라고 보았다. 일반적으로 불의 신은 여성으로 표현되는데, 이것은 모계 사회 유습과의 관련 속에서 생겨났다고 본다.

갈 걸럼트

몽골에서 가계를 계승하고 집안을 불씨를 이어가는 아들은 막내이며, 막내라는 뜻의 '어트경OTTOH'은 투르크 기원의 단어로 '불의 왕' 또는 '불의 주인'이라는 의미를 갖는다. 몽골인들이 고대로부터 막내아들을 어트경, 어트경바야르, 어트경바타르 등으로 불러온 것은 막내아들의 특별한 권리를 부각한 이름이라 할 수 있다. 어트경과 마찬가지로 '어트치겐OTчигэн'이라는 이름도 많이 쓰인다. 칭기스 칸의 막내 동생 이름은 '어트치겐'인데, 이 이름 역시 '불의 주인'이라는 의미를 가지고 있다. 이 단어는 후에 '어트경'으로 바뀌어 쓰인다.

막내는 가정의 갈 걸럼트를 계승하며, 부모의 집을 지키고 가계를 잇는 중요한 역할을 하기 때문에 그를 어떠한 정치적 이유로도 함부로 죽일 수 없었다. 『몽골비사』에 칭기스 칸은 삼촌 즉 아버지 예수헤이 바타르의 막내 동생인 다리다이 어트치겐이 자신을 배반했기 때문에 그를 처형하려 한다. 그러나 측근 신하였던 버르치는 "혈족을 해치는 자는 갈 걸럼트(불의 온상)를 해치는 것과 같습니다. 그를 죽이는 것은 가계를 해치는 것과 같지 않습니까? 훌륭한 아버님의 가계에서 이 삼촌이 남으셨습니다."라고 했다. 버르치가 가계를 이어가는 막내의 역할을 상기시키자, 칭기스 칸은 그의 말을 받아들여 삼촌을 용서하면서, "이 점을 잘 알지 못한 것에 대해 미안하게 생각한다."며 그에게 자비를 베푼다.

몽골에서는 가계를 계승하는 것을 '갈 걸럼트'를 지키는 것으로 표현한다. '갈 걸럼트'란 화로, 화로가 있는 중심자리, 고향, 가계 등의 의미로 전이되어 쓰이며, 가정의 갈 걸럼트의 불씨를 꺼뜨리지 않고 지키는 것을 나라의 갈 걸럼트를 지키는 것과 동일시되었으며, 불의 지키고 계승하는 것은 나라의 힘과 존립의 문제와 직결되는 것으로 생각했다. 그만큼 불에 대한 존숭감과 신앙심이 중시되었다.

일반적으로 한 가정에 세 명의 아들이 있는 경우 맏아들은 정치적인 일에 힘쓰고, 둘째 아들은 지식이나 종교적인 일을 위해 집을 떠나고 셋째인 막내는 집안에 남아 부모의 일을 도우며 갈 걸럼트를 계승한다는 말이 있다. 자식이 없다는 것은 가계가 끊어지고 갈 걸럼트가 꺼진 것이라고 생각하였으며, 자식을 남기지 못하고 죽으면 그 집은 "갈 걸럼트가 꺼졌다."라고 말한다. 그러나 보통 아들이 없는 경우 손자가, 손자도 없는 경우 외손자를 데려다 갈 걸럼트를 잇게 했다.

자식이 장성하여 혼인을 하면 아버지의 집에서 불을 떼어가 갈 걸럼트에 불을 붙이고 새 가정을 이루는 풍습이 있다. 이때 아버지의 집을 '큰집'이라 하여 매우 존중하며, 분가한 자식의 집을 '작은집'이라고 한다. 분가하여 독립적인 가정을 이룬 자식에게 아버지는 '불의 자식', '걸럼트의 자식'이라고 부른다.

가정을 이루는 경우 결혼 잔치에 앞서 새로운 가정의 불을 붙이는 공식적인 의례를 행해야 한다. 식구와 손님들이 자리 잡고 앉으면 신랑 측의 형수가 젊은 신랑, 신부를 조용히 이끌고 게르로 들어온다. 그들은 집으로 들어와 미리 준비된 깔개에 앉는데, 신랑은 화로의 뒤편에 신부는 화로 입구 쪽으로 앉는다. 그렇게 앉으면 신랑은 아버지를 향해 "아버님, 불을 주십시오."라고 한다. 그러면 아버지는 "불로 무엇을 하려고 하느냐?"라고 묻는다. 아들이 "아버님의 불에서 불씨를 받아 새 가정에 불을 지피려고 합니다."라고 하면 아버지는 매우 기뻐하며 부시(헤트)를 꺼내 아들에게 준다. 그러면 아들은 헤트를 두 손으로 공손히 받아들고 부싯돌을 꺼내 부시를 쳐서 불을 일으킨다.

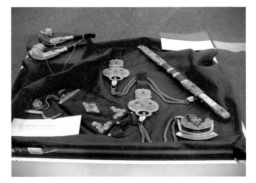

신부는 그 불을 받아 화로 옆에 준비된 소똥 등의 땔감으로 불을 붙이고, 그 즉시 솥을 걸고 새 가정의 첫 번째 차를 끓인다. 이것으로 갈 걸럼트에 불이 붙여지고 남은 의례가 행해지며 잔치가 계속된다. 새색시는 시댁의 제단에 모셔진 부처님과 갈 걸럼트, 시

은으로 된 부시와 담뱃대

1 **톨록** 연통이 없는 화로
2 **삼발이 솥**

1 | 2

부모, 마유주 가죽부대, 개 등에 절을 한다. 여러 예절 의식 가운데 가장 중요한 예법은 불에 절을 하는 예법이다. 이어 두 형수는 새 며느리를 이끌고 시아버지가 계신 게르로 들어가게 하여 화로의 왼쪽에 준비된 흰 펠트 매트 위에 무릎을 꿇게 한다. 그리고 두 손으로 흰색 주머니에 든 오색의 비단 조각, 비계, 버터를 불에 올리게 하고 화로 앞에서 세 번 절을 시켰다. 몽골 사람들은 화덕을 집안의 중심 또는 생명이라고 보고, 화덕의 세 개의 돌 또는 화로의 세 개 받침다리를 집의 가장, 안주인, 며느리를 대표한다고 보았다.

몽골인들이 불의 신을 '걸럼트 에흐'(불 어머니)라고 부르며 신앙하는 것은 갈 걸럼트가 가정을 영속시키고 평화와 발전, 번성을 가져온다고 믿는 데 있다. 가정에 불이 있으면 가정이 번창하고 자손이 번성하며, 집에 불이 없으면 걸럼트는 퇴락하여 생활의 의미를 잃는다고 생각한다. 불은 신성한 빛과 순수한 정화의 상징으로, 생활 속에서

266

닥치는 재난을 물리치는 보이지 않는 힘이 불 속에 내재하고 있다고 믿었다. 그렇기 때문에 예전에 사신이나 다른 지역의 이방인들이 오면 그들이 가지고 온 물건과 함께 양쪽에 피어놓은 불 사이로 지나가게 하여 정화를 시켰으며, 나쁜 잡균이나 재해를 가져올 지도 모를 어떤 사악한 기운이나 위험을 경계했다. 불의 정화력은 단순히 물체에만 해당하는 것이 아니라 인간의 사악한 생각이나 마음 따위도 정화된다고 믿었다.

갈 걸럼트와 뗄 수 없는 것의 하나는 불을 피우는 '톨륵тулга'이다. 일반적으로 화로를 톨륵이라 하는데, 이것은 무엇을 받치는 것을 의미하는 단어이다. 화로가 없던 고대에는 솥을 걸기 위해 받쳐 놓은 돌을 톨륵이라 했다. 그러다가 화식을 위한 시설이나 도구가 발전하여 세 개의 쇠를 땅에 박아 고정하고, 그것의 윗부분을 둥글게 연결하여 솥 따위를 쉽게 걸 수 있는 방법이 고안되었다.

그 후 여러 장식을 한 톨륵이 고안되고 만들어졌으며, 1930년대부터 연통이 없는 톨륵에서 연통이 있는 무쇠 화로인 조흐로 교체되기 시작했다. 장식을 한 톨륵 위쪽에 있는 받침대 머리 부분의 까마귀 머리 문양은 만주 지배기 몽골의 갈 걸럼트를 자신의 손에 장악하고자 하는 정치적 목적으로 만들어졌다고 한다. 즉, 몽골인들이 가장 귀하게 여기는 갈 걸럼트를 그들의 토템인 까마귀로 쪼게 하려는 상징적 의미가 있다고 본다. 그러나 이런 견해에 반박하여 학자 엔. 세르-어드자브는 톨륵은 오히려 만주의 압제를 이기기 위해 더욱 강한 쇠로 만들었으며, 톨륵의 문양에는 가축을 번성케 하는 상징적 의미가 있다고 했다. 실제로 양 머리를 조형해 만든 톨륵은 이러한 번성의 상징을 보여주는 예이다.

몽골에서는 예로부터 불을 신이 깃든 것으로 외경하고 존숭했을 뿐만 아니라 인간의 지혜, 뛰어남, 지성을 불로 비유했다. 영웅이나 총기 있는 사람을 묘사할 때 "얼굴에 불이 있고, 눈에 불꽃이 있다."고 말한다. 또 몽골에서는 먼 곳으로 여행을 떠날 때나 이동할 때 무리지어 각각 불을 지폈으며, 인격이 있고 경험이 풍부한 연장자 한

분을 '불의 어머니'로 삼은 것도 갈 걸럼트를 존중하는 몽골인의 생활 태도에서 비롯된 것이라 할 수 있다.

불 제의火祭

몽골에서는 전통적으로 불신火神을 제의하는 것을 매우 중요한 의례로 생각했다. 몽골에 불 제의를 드리는 시기와 신앙적 의미는 거의 공통적이지만 지역과 자연, 대기의 조건, 지역 민중의 특수성, 신분의 고하에 따라 조금씩 차이가 있다. 몽골의 화제火祭 풍속은 모든 가정에 화로의 주인, 즉 불의 신이 거한다는 믿음과 신앙에 근거한다. 예전에는 해마다 불에 제의를 드리는 자세한 규례가 있었으나, 오늘날은 잊어지고 희미해진 풍습의 하나가 되었다.

일반적으로 몽골에서는 가장 크고 보편적인 불 제의를 12월 23 또는 24일에 행하며, 때때로 봄에 제의를 드리기도 한다. 12월 23일에 화제를 드리는 것은 그 날 '불의 신'이 하늘로 올라가서 세상의 온갖 동물의 상태를 '호르마스트 신'께 고하는 때라고 생각하기 때문이다. 보통 23일에는 평민들이 제의를 지내고, 24일에는 귀족이나 왕 등 상류층 사람들이 제의를 드렸다고 한다. 이렇게 제의 날짜가 차이가 있게 된 이유는 몽골인들이 아르항가이에서 고비 쪽으로 이동을 할 때 일반민들이 귀족들보다 하루 전에 도착해 제의를 드리고, 그 다음날인 24일에 귀족들이 도착해 불 제의를 드렸기 때문이라는 전설이 전한다.

불 제의

고대인들은 불 제의를 드릴 때 화덕에 세 개 돌을 받치고, 털을 벗긴 어

불과 쇠를 다루는 대장장이

린 양의 배 부위 비계로 돌을 싸고 비계 위에 누런 버터를 떨어뜨려 불을 지폈다. 비계
로 돌을 싸는 것은 완전한 양 한 마리를 제물로 드린다는 의미를 갖는다. 후대에는 대
부분 양의 흉부로 제의를 드리게 되었다고 하는데, 제의를 드릴 때 붉은 끈으로 흉부를
두르고 다시 가죽으로 둘렀다. 그리고 갈 걸림트에 부정이 타지 않도록 사방에 향을 피
우고 졸зул(제의용 램프)을 밝혀 놓았으며, 불 제의에 관련된 모든 것들을 깨끗하게 준비
하고 경건한 마음으로 제의에 임했다. 모든 종류의 화제 뒤에는 화신에게 드렸던 음식
을 모인 사람들에게 나누어주고 의례를 마친다.

　　불 제의를 드릴 때는 정결한 곳에서 자란 버드나무를 정성껏 골라 나무를 가지런
히 쌓아 불을 붙이는데, 버드나무를 사용하는 것은 버드나무가 불, 연기, 신, 태양과 관
계를 갖는다고 보았기 때문이다. 불교가 전파되기 이전에는 크고 작은 화제火祭를 무

당이 주관하였으나, 불교가 전파된 이후는 주로 스님들이 주관하게 되었다.

　화제를 드린 후 삼 일 동안은 유제품이나 곡식류를 다른 사람들에게 주는 것을 금하며, 일주일 동안 불을 쇠 종류의 꼬챙이로 찌르거나 휘젓는 것을 금한다. 또 일주일 동안은 불의 신이 없는 때라고 보아 불을 더럽히거나 함부로 하는 것을 매우 금기시했다.

　역사서나 경전에 화제를 드린 날을 '작은 설', '작은 새 달'이라고 한 것은 한국에서 동지를 '작은 설'이라고 한 것과 매우 흡사하다. 이렇게 동지에 화제를 드리고 그날을 '작은 설'로 본 것은 불 제의로 모든 부정적인 것을 소진시키고, 오는 한 해가 새롭게 타오르는 불처럼 번성하고 행운이 가득하기를 바라는 의미가 내포되어 있다.

　북유럽의 원시인들은 한 해 동안 사용하는 태양의 힘이 연말에 가면 그 힘이 다하여 기력을 상실한다고 보았다. 그래서 나무에 불을 붙여 피로에 지친 태양에 원동력을 더하여 불의 재생을 돕는 상징적 의례를 행했다. 이것은 일종의 태양제 성격을 지니는 것으로 몽골의 불 제의도 이러한 성격과 동궤의 것이라고 볼 수 있을 것이다.

불에 관련된 금기

앞에서 살펴본 대로 몽골에서는 고대로부터 불을 신성하고 존귀하며 가장 순수한 것으로 보았으며, 불에 신이 거하여 가정에 축복을 가져다주고 가축을 번성케 하며, 재난을 물리쳐 준다고 믿었다. 그뿐 아니라 갈 걸럼트는 가정의 중심이며 나라의 중심적인 생명력이기 때문에 그 중요성은 더욱 크고 그에 따른 금기도 적지 않다.

◆ 칼로 불을 찌르거나 불에 넣어 흔들지 않는다. 칼로 불을 찌르면 불의 신이 놀라고 갈 걸럼트에 재해가 생기게 된다고 여긴다.

◆ 불 옆에서 도끼로 장작을 패는 행위를 금한다. 이것은 화신(火神)의 평화를 해치는 일이라고 본다. 이에 대해 칭기스 칸은 1189년과 1206년 대법령인 〈이흐 자삭〉에 "누구든 솥에서 고기를 칼로 꺼내거나, 불 옆에서 나무를 패는 행위, 옷을 강 속에 넣어 빠는 행위, 물과 재, 가축우리에서 소변을 보는 행위를 엄하게 금하며 이러한 사항을 어기면 엄한 처벌을 받게 된다."고 천명했다.

◆ 외부 사람이 들어와 화롯불에 직접 담뱃불을 붙이거나, 갈 걸럼트의 왼쪽으로 돌아나가는 것은 예의가 아니라고 본다. 또 집에서 불을 내가 다른 사람에게 불을 주는 것을 꺼린다.

◆ 불에 대해 함부로 말하는 것을 금기시한다. 불에 대해 이러니저러니 함부로 말을 하게 되면 화재를 당하게 된다고 생각한다. 일반적으로 몽골 사람들은 불과 물에 대해 함부로 말하면 불과 물에 관련된 재앙이 이른다고 보아 매우 주의를 한다.

◆ 걸럼트의 불에 더러운 것, 지저분한 쓰레기를 태우지 않는다. 불이 더럽혀져 화신이 진노해 불을 떠난다고 보기 때문이다.

◆ 걸럼트의 불을 향해 발길질하거나 불에 물을 붓지 않는다. 물을 부으면 불과 물의 신이 노하여 갈 걸럼트의 불을 끄거나 나쁜 일이 생길 징조라고 여긴다. 일반적으로 물과 불은 상반된 성질을 가지고 있기 때문이며, 만약 꼭 불을 물로 꺼야할 급한 일이 생기면 "불의 신이시여, 당신의 발을 당기십시오."라고 말하여 금기를 푼다.

◆ 불이 있는 화로 위를 걷거나 밟거나 차지 않는다. 불 위를 걷거나 차면 집에 모신 부처님과 갈 걸럼트, 집의 운을 약화시키는 행위와 마찬가지로 본다. 또 델의 깃이나 구두의 앞을 불을 향해 두지 않는다.

◆ 불에 비계나 술, 유제품, 고기를 올리는 것은 가능하지만, 가축의 젖을 떨어뜨리지 않는다. 그렇게 하면 가축의 유두에 병이 생기거나 젖이 줄어든다고 한다. 또 불에 새의 깃, 양파, 마늘 껍질 등을 태우지 않는다. 그렇게 하면 가축이 눈병이 생기거나 눈이 먼다고 한다.

◆ 불에 침을 뱉거나 코를 풀지 않는다. 이것은 갈 걸럼트를 모욕하는 행위라고 본다.

◆ 불이 있는 재를 뒤척이거나 뒤섞지 않는다. 이렇게 하면 가축 떼가 흩어지고, 정신이 산란해지며 어리석어진다고 여긴다.

◆ 보통 때에 불에 소금을 집어넣지 않는다. 당면한 재난이나 어려움 등을 쫓을 때 불에 소금을 넣고 불을 지피며, 보통 때 불에 소금을 집어넣으면 화신이 놀란다고 한다.

◆ 이동하는 가정의 갈 걸럼트와 집터에 뼈나 털을 남기는 것을 금한다. 이것을 어기면 가축이 해를 입고 집안의 복이 나가며 가축우리의 상황이 나빠진다고 본다.

◆ 이동하는 가정은 짐을 다 실은 후 집터를 깨끗하게 청소한다. 집터 주변 환경을 다시 정돈하고, 갈 걸럼트에 밀가루를 뿌리고, 향나무를 피워 연기가 피어오르게 하여 그 사이로 짐을 통과시키는 풍습이 있었다. 또 무쇠로 된 화로와 연통이 없었을 때 집의 갈 걸럼트에 받치는 화덕의 돌로 이동 방향을 표시하는 습속이 있었다. 이럴 때 화덕의 앞쪽 돌을 움직여 그것을 다른 돌과 떨어지게 두었다. 또 이웃 지방으로 이동할 때 화덕의 돌 가운데 하나를 가져가는 풍습이 있었다.

◆ 천둥 번개가 치는 날 게르 문을 열거나 화로의 굴뚝을 내린다. 이렇게 하지 않으면 천둥이 치고 집에 벼락이 떨어진다고 한다.

◆ 신발이나 속옷을 화로 가까이 두어 말리지 않는다. 이것은 화신을 더럽히는 행위로 화신이 매우 노한다고 본다. 그뿐 아니라 불 위로 붉은 천 등을 돌리는 것을 금한다.

◆ 불 제의 시에 사용한 낙엽송이나 느릅나무 등의 나무로 게르의 천정 받침대나 벽의 기둥으로 사용하지 않는다. 그런 나무를 사용하면 화재가 나기 쉽다고 한다.

◆ 부젓가락이나 불쏘시개를 친척이 아닌 다른 이웃에게 빌려주지 않는다. 특별히 불쏘시개를 집에서 내가거나 아이들에게 주는 것을 꺼리는 것은 청결하고 안전한 생활과 관계가 있다.

◆ 부젓가락, 소똥을 담는 통 등은 화로와 같은 개념으로 본다. 땔감 통을 비운 채 두거나 그 위에 걸터앉지 않으며, 부젓가락의 끝을 문 쪽으로 향해 두지 않는다.

◆ 물과 땔감을 함께 집 안으로 가지고 들어가지 않는다. 왜냐하면 고인을 묻을 때에 이렇게 행하는 법이 있기 때문에 이러한 행위를 보통 때 행하는 것을 금한다.

◆ 재와 쓰레기를 버리러 갈 때 이웃한 두 집 사람이 함께 가지 않는다. 또 두 이웃이 재나 쓰레기를 합해서 버리지 않는다. 자신의 쓰레기장을 사용하지 않으면 악귀가 일어나며 여자가 아이를 낳을 때 고생을 하게 된다고 생각한다.

◆ 재를 버릴 때 불씨가 있는 상태에서 버리지 않는다. 재를 향해 오줌을 누는 행위를 금한다. 화신이 노여워한다고 여긴다. 특히 여자가 재에 오줌을 누는 행위를 금하는데, 그렇게 하면 푸른 몸을 가지거나 푸른

엉덩이를 가진 아이를 낳는다고 한다.

◆ 새로 태어난 여아를 불에 가까이 하지 않는다. 불에 부정이 탄다고 한다.

◆ 불기가 있는 뜨거운 재, 끓는 물을 아무렇게나 밖에 쏟아버리지 않는다. 만약 그대로 쏟아버리면 이유 없이 많은 벌레들이 생겨나 동식물에 해를 미친다고 한다.

◆ 재를 버리러 갈 때 도중에 질질 흘리고 가지 않는다. 만약 그렇게 하면 재난이 닥치고 땅이 황폐해진다고 한다. 재를 쏟고 소똥을 집에 들일 때 소똥과 남은 재가 섞이지 않도록 한다.

◆ 몽골인들은 어떤 계절이든 마른 땔감을 사용하는 것을 매우 중시한다. 그렇기 때문에 소똥을 미리 준비해 말려 두고, 특별히 명절이나 손님을 맞을 때 마른 장작을 풍부하게 마련해 둔다.

◆ 새 가정을 이루고 처음으로 갈 걸럼트의 불을 지필 때 친척이나 이웃집에서 불을 빌려오거나 스스로 직접 불을 지피지 않는다. 반드시 큰집 즉 아버지의 갈 걸럼트에서 불을 떼어가지고 와서 불을 피워야 한다. 그렇게 하지 않으면 자손이 끊길 수 있으며 바른 예법이 아니라고 본다.

◆ 장례를 치르고 온 사람은 곧바로 집에 들어가지 않는다. 집으로 들어갈 때는 반드시 두 불 사이로 지나가거나 향으로 몸을 정화시킨 다음 들어간다. 그것을 어기면 그 집에 시신의 부정이 이르고 병이나 재난이 닥친다고 생각한다.

◆ 부젓가락 등을 하늘 쪽 혹은 게르의 안측, 오신 손님 쪽을 향해 두지 않는다. 부젓가락에 그을음이 묻어 있기 때문에 존중해야 할 방향이나 사물 쪽을 향해 두지 않는다. 부젓가락은 벌려 두지 않는다. 만약 그렇게 하면 그 가정에 구론이 생겨 시끄러워질 징조라 본다.

◆ 불로 장난을 하지 않으며, 갈 걸럼트를 손가락으로 가리키거나 찔러 넣지 않는다. 만약 그렇게 하면 화신이 진노한다고 여긴다.

◆ 불 제의를 드릴 때 임신한 여자가 옆에 있는 것을 금한다. 그렇게 하면 낙태할 위험이 있다고 본다.

◆ 예전에는 자식들이 심하게 어리광을 부리는 것을 그리 좋아하지 않았다. 왜냐하면 아버지를 '불'로, 어머니를 '물'로 비유하여, 아버지에게 어리광을 많이 부리면 불에 타는 것 같고, 어머니에게 어리광을 심하게 부리면 물에 가라앉는 것과 같다고 보았기 때문이다.

◆ 새 옷을 만들어 불에 정화시켜 입는다. 특별히 어린 아이들에게 옷을 해 입힐 때 많이 행하는 습속이다.

◆ 몽골의 집집마다 차강사르 아침에는 다른 때보다 훨씬 일찍 일어나 반드시 마른 새 땔감으로 불을 붙이고, 솥에 가득 차를 끓인다. 그리고 태양이 솟아오르면 주위에 있는 어워에 올라가 음식과 차의 첫술로 사찰을 올리고, 장엄한 산과 이 세상을 향해 경건한 마음을 표한다. 그리고 부처님과 어워제를 드리는 산천, 가정의 갈 걸럼트에 새해 음식과 고기의 가장 좋은 부위를 올려드리는 풍습이 있다.

인간 세상에 불이 있게 된 일

옛날에는 이 세상 사람들에게 불이라는 것이 없었다. 그런데 저녁마다 창공을 바라보면 천상계 사람들이 불을 피워 수많은 모닥불이 반짝이고 있었다. 사람들은 상계 사람들의 불을 훔쳐서라도 얻고 싶었다. 그래서 어떻게, 누구를 보낼까에 대해 상의를 했다. 사람은 날개가 없기 때문에 천상 세계에 갈 방법이 없었고, 콘도르나 독수리를 보내면 몸집이 커서 잡히고 말 것이라고 했다. 제비는 빠르고 민첩하게 움직일 뿐만 아니라 몸집도 작아 적격이라고 생각하여, 제비에게 상계에 가서 불을 구해 올 것을 부탁했다. 제비가 그러겠다고 하고 날아올라가 천상 세계에 이르렀을 때 그곳에서는 집집마다 저녁 식사를 준비하고 있었다. 한 집의 천창으로 날아 들어가 불씨를 부리로 조금 물고 위로 날아 오르려 하자 부젓가락을 쥐고 있던 그 집 아낙네가 "불 도둑이야！"하고 소리를 지르며 부젓가락으로 제비의 꼬리를 집었다. 제비는 날아 올랐지만 꼬리털은 부젓가락에 집혀서 남게 되었다. 제비가 불씨를 물고 날아와 세상 사람들에게 불을 가져다주었다. 지금까지 제비의 꼬리가 포크처럼 갈라져 있게 된 것은 천상계 사람들에게 꼬리털을 뽑힌 표식이라고 한다.

세상 밑에는 지하세계 사람들이 살고 있었다. 그들은 지상계 사람들이 하늘나라에서 불을 훔쳐온 것을 알고, 저녁에 윗세상을 쳐다보면서 인간에게서 불을 빼앗아올 생각을 품었다. 그리고 서로 상의한 끝에 밤에 날아다니는 무당나방을 인간 세상에 보내기로 했다. 나방은 불의 푸른 화염 끝에서 불을 조금 훔쳐 아무도 모르게 아래세상 사람들에게 가져다주었다. 그러나 그것은 불꽃이 없는 푸른 화염이었기 때문에 지하세계 사람들의 불은 열기가 없었다. 그래서 지금까지 무당나방은 밤에 불을 보면 불씨를 가져가려고 불 속으로 뛰어 들어가 죽는다고 한다.

—체렌소드놈 〈몽골의 신화〉 중에서

19
샤머니즘

몽골의 샤머니즘은 흉노 시대에 이미 널리 퍼져 있었다. 몽골의 샤머니즘은 일반적으로 무속이라고 하는데, 최근 들어 이를 무교라고 하는 경향이 있다. 무속은 자연신앙을 바탕으로 생성된 것으로 고대 동북아시아의 보편적인 신앙 형태였다. 몽골 사람들은 고대로부터 '뭉흐 텡게르'(영원한 하늘: 천신)와 '에투겡 에흐'(대지의 어머니: 지모신)에 대한 신앙을 가지고 있었다. 몽골어에서 하늘을 나타내는 '텡게르'(또는 텡그리)라는 단어는 고대 알타이계통의 모든 언어에서 만나게 되는 '신격화된 하늘'을 의미한다.

샤머니즘은 구체적인 자연신앙인 페시티즘(물신신앙)이 추상적인 하늘과 대지 신앙으로

부랴트 박수 무복과 헹게렉

275

민간의 신앙적 대상인 셀렝게 아이막의 어머니 나무. 각종 피륙으로 옷이 입혀져 있다.

전이된 형태이다. 이는 사회의 발전 단계와 밀접한 관계를 가지고 생성·발전되었다. 몽골에서 무속이 생성되었던 시기는 대략 지금으로부터 5~7천 년 경으로, 당시 사회는 모계제를 기반으로 하고 있던 사회라고 본다. 그때의 사회 발달 단계를 살펴보면 도구의 발달과 더불어 공동체의 생산력이 점차 증가하면서, 생산 방식이 수렵채취에서 점차 도구를 이용한 사냥과 유목으로 넘어가는 사회 단계에 이르게 된다. 수렵채취의 생활 방식에서 목축생활로 전이된 시기, 석기에서 청동기, 철기를 사용하게 되던 시기, '삼림민ойн иргэн'이 '초원민талын иргэн'으로 전환되던 시기, 사회 구조로 보면 모계사회에서 부계사회로 전이된 시대와 어느 정도 맞물린다.

사고 면에서 감각적이고 구체적인 인식에서 추상적인 사고가 더욱 발달하고, 평면적 사고에서 입체적인 사고로 전환된 것과 관련이 있다. 수렵시대 신화에서는 수평적인 세계 인식이 지배적이고 땅의 기원(대모신)과 그의 주인인 정령을 신앙하는 것이 보편적이었다면, 유목 문화로 발전되면서 하늘과 대기의 상태를 무엇보다 먼저 살피는 하늘 중심의 세계관이 주를 이루게 된다. 하늘에 자신의 소원을 고하고 가호를 비는 일이 잦아졌으며, 이때부터 '지고한 하늘(수직)'과 '드넓은 대지(수평)'를 대응시켜 인식하려는 새로운 사고 형태가 생겨나게 되었다고 본다.

신화론의 발전 초기에는 대지-모성 신화가 주를 이루고, 신앙적인 면에서도 대지를 제의하는 무당의 굿이 훨씬 지배적이었던 것은 이와 관련이 있다. 이 시대 신앙의 한 형태는 '무당나무'(당나무) 신앙이다. 오드강 나무라는 당나무는 수신 또는 무당의 수호신이 깃드는 곳으로 생각했으며, 나무신앙은 초기에 지신신앙과 관련되어 있었던 것으로 보인다. 자연신앙 단계에서 나무신앙은 토템 형태로 발전하는데, 부랴트족들은 자신들이 자작나무에서, 칼묵인들은 버드나무에서 기원했다고 생각했다. 이렇게 나무에서 태어났기 때문에 죽을 때 영혼은 다시 나무로 돌아간다고 믿었다.

후에 대지에 대한 신앙 및 대지 중심의 제의에서 하늘 신앙과 제의가 보다 큰 위

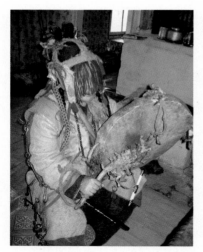
헹게렉을 치며 신과 교통하는 아기 부랴트 무당

치를 차지함과 동시에 무당이 아닌 박수의 역할이 더욱 두드러졌을 것으로 생각된다. 이 시기에 이르면 남성의 생산력이 강화됨으로써 공동체의 중심적인 힘이 여성에서 남성으로 전이되고, 잉여 생산이 생기면서 재산의 상속 문제가 대두되는 사회가 된다. 이러한 과정이 전개되면서 남성 가계를 중심으로 하는 부계제 사회로 접어들며, 무속은 하늘을 숭배하고 신앙하는 남성 위주의 무속으로 발전한다. 즉, 초기 지신신앙 중심의 무속에서 천신신앙 중심의 무속으로 전환되면서, 종족 연합체 내지 국가 개념의 공동체가 형성되었다고 본다.

이렇게 샤머니즘의 초기 단계는 여무女巫인 오드강удган의 대지신앙이 우세했다면, 다음 단계의 샤머니즘은 남무男巫(박수)인 '자이랑зайран'의 하늘신앙이 강조되게 된다. 오드강은 '이두겡идүгэн' 즉 여신성, 여성 기원에 관련된 단어이며 지(대)모신을 나타내는 에투겡도 어원을 같이하는데, 학자들은 이는 모두 모계제와 관계된다고 본다. '자이랑'은 천신과 의사소통을 하는 자, 천신의 명령을 전하는 자로 몽골어 '가리키다, 가르치다'를 의미하는 '자흐'에서 왔다고 본다. 또 한국의 고대국인 신라 남해왕을 '차차웅'이라 했는데, 한국학자인 베. 소미아바타르는 이 단어가 '현자'를 나타내는 몽골어 '체쳉цэцэн'에서 왔을 거라는 견해를 제시했다.

투르크어 계통에서 남자 무당을 '박사'라고 하는데, 이 박사라는 단어에서 몽골어의 '선생'을 나타내는 '박시'가 생겨났다고 본다. 이 '박사'나 '박시багш'가 우리나라에서 남무를 지칭하는 '박수'라는 단어와 유사하여 흥미를 끈다.

부랴트의 동양학 연구자인 게. 체.츠비코프는 〈동양의 부랴트 몽골인들의 불신앙

몽골의 생활과 전통

)이라는 기록에서 최초의 제의자들은 불을 지키고 불을 제의하는 의무를 지닌 여성들이었다는 견해를 제시했다. 그의 견해에 의하면 '오드강'(무당)이라는 단어는 고대 투르크어의 '오트ут'(불)이며, 여기에 여성을 의미하는 단어를 생성시킬 때 사용하는 접사 '강ган'이 붙여진 형태라고 보았다. 즉, '오드강'(무당)이란 최초의 신앙의 주재자인 불의 오드강 즉 '불을 제의하는 자'를 의미한다고 했다.

벽화에 그려져 있는 여성들의 형상과 돌이나 뼈, 코끼리의 어금니로 만들어진 여성 조형물 등 원시공동체 시대의 이러한 형상들은 무당을 표현한 것이라고 볼 수 있으며, 이것은 후에 옹고드онгод(무당의 몸주신)가 되었다고 학자들은 본다.

몽골 샤머니즘을 무교라고 명명한 푸레브가 제시한 무교의 발전 단계를 언급해 보면 다음과 같다.

1. 무교의 생성기 지금부터 5~7천 년 전의 시대. 즉 모계제 사회로부터 몽골에 처음 국가가 형성된 기원전 3세기까지의 시기.

이 당시의 종족의 지도자는 초능력을 가진 무당들이었다. 그들은 탁월한 재능을 소유한 자들로 종족을 통괄하는 지도자였으며, 질병을 치료하는 치료 의술사였다.

2. 무교의 발전기 즉 흉노국의 무교 시기 이때는 흉노국이 강성하게 발전하고 있던 기원전 3~1세기의 시기를 포함한다. 이 시대는 몽골 무교의 세계관이 모두 형성된 시기였기 때문에 내·외국의 상호 관계 및 정치적인 정책과 활동이 무교적 견지에서 이루어졌다.

흉노국에서는 무교를 정치의 생활의 지배원리로 삼았으며, 왕인 선우만을 '천자天子'라고 하였다. 역사서에 "흉노인들은 해마다 조상과 천신제, 산천제를 지냈다.", "왕은 아침마다 궁에서 나와 솟아오르는 태양에, 밤에는 달에 절했다."고 언급하고 있

불강아이막 부렉항가이 솜의 초원제

어 궁에서 무속의 습속이 일상화되어 있었음을 보여준다.

　　3. 몽골의 많은 종교 사상이 혼합되어 영향을 주고받던 시기 이 시기는 흉노가 지배했던 지역에서 황금 불상이 발견된 기원전 2세기부터 몽골의 무교가 다른 종교 사상이 서로 공존하며, 섞이고 습합되는 과정이 계속되었던 13세기까지를 이른다.

　　몽골 땅에 살던 많은 종족 국가들은 대부분 무속을 신봉하였으며 무속이 사회, 문화 전반을 지배했다. 선비, 유연, 투르크, 위구르, 거란, 몽골족 들은 모두 무속을 신봉했다. 삼림민이었던 오량하이 사람들과 바르가 사람들 가운데는 다른 종족보다 더 많은 무당들이 있었다고 한다. 일반적으로 북쪽 삼림민 가운데 무속이 우세했는데, 이것은 삼림민과 무속 간에 일정한 상관관계가 있음을 말해준다.

　　선비의 태조 왕은 40군데 제의소에서 제의를 드렸으며, 그때 상당히 많은 무당들이 동원되었다고 한다. 유연국은 정치적으로 불교의 영향을 크게 받았지만 무속 역시 정치, 사회생활 전반에 영향을 미쳤다. 왕은 중추에 큰 호수에 천막을 세우고 일주일 동안 고기를 먹지 않고 근신하며 천신제를 지냈다고 한다. 고기를 먹지 않는 계율은 무속적인 것이 아니라 불교적인 것으로 이때에는 이미 무속에 불교적인 영향이 습합 되고 있었음을 시사해준다. 유연에서는 무속이 전 시대처럼 정치의 중심적 지위를 차 지하지는 못했지만 왕족이나 귀족들의 생활에 여전히 강한 영향을 미치고 있었으며, 민중의 대다수는 무속을 신봉했다. 그러나 이 시대에는 지배자 계급의 권익에 반하는 무당들을 처치하여 무속의 독점적인 지배력이 많이 약화된다.

〈원사〉에 보면 몽골 사람들은 조상께 큰 제사를 드릴 때 가축을 죽이고, 마유주와 가축의 젖을 뿌려 올리고 무당들에게 굿을 시켰다고 기록되어 있다. 몽골제국 시절부 터 무당의 개별적인 제의소를 갖게 된다. 칭기스 칸이 무속을 신봉하였다는 사실이 『몽 골비사』에 자주 언급된다. 테무진에게 칭기스라는 칭호를 준 것도 무속과 관계가 있 다. 무가에 '하지르 칭기스 텡게르'라고 나오는 것을 보면 칭기스라는 명칭이 무속과 무관하지 않다는 것을 확실히 말해준다.

칭기스 칸은 스스로는 '영원한 푸른 하늘' 을 숭배하는 무교도였으며 무교의 힘을 빌어 대 권을 얻고 나라를 통일한 사람이었다. 그는 자 신이 칸이 될 것을 예언한 후후추Хөхөчγ를 옆에 두고 항상 국정에 자문을 구했을 뿐 아니라, 전 쟁을 하기 전에 반드시 높은 산에 올라가 천신 께 제의를 드리고 가호를 비는 의식을 행했다.

그러나 칭기스 칸은 1,000년 이상 지속되어 온 제정일치 사회를 마감하고 정치를 종교에서

영원한 푸른 하늘을 신봉했던 칭기스 칸

분리시켰으며, 국정에 무교와 불교의 이원화된 견해를 수용함으로써 점차 정치가 분열하는 원인을 제공하였다. 칭기스 칸을 결정적으로 도왔던 멩릭의 아들 후후추 테브 텡게르는 형제를 이간시키고 여러 가지 음모를 꾸며 왕의 무리와 샤먼의 무리가 서로 대결하는 양상을 빚기도 했다. 테브 텡게르는 스스로 자신을 '신의 화신'이라 불렀으며 점점 오만해져 결국 죽임을 당하고 만다.

이러한 무속의 폐해에도 불구하고 무속은 여전히 정치·사회에 지배적인 위치를 점하고 있었다. 『몽골 비사』272절에는 13C 몽골에 무속의 힘이 대단히 컸음을 보여주는 기사가 나온다. 1231년 우구데이 칸이 중국 원정에서 입과 혀가 마비되는 중병에 걸렸을 때 많은 무당들을 불러 굿을 하게 하고 제물을 받쳤으나 병이 낫지 않자, 무당의 말대로 칭기스 칸의 막내아들이자 자신의 동생 톨로이를 희생시키는 사건이 벌어진다. 톨로이는 무당에 의해 죽게 되었을 때 순순히 죽음을 받아들인다.

이 시대 박수, 무당들은 몽골의 왕과 귀족들의 권익에 직접적으로 봉사했으며, 한편 자신의 권위를 직간접적으로 행사함으로써 계급사회에 음양으로 영향력을 미쳤다. 또 그들은 민중들을 미혹에 빠지게 하였고 하층민들을 착취하는 일을 돕기도 했다.

그러나 쿠빌라이 칸 시대부터는 무당들 대신 국사에 승려를 앉힘으로써 무교는 통치의 기반에서 물러나게 된다. 불교는 무교의 의례를 불교화했으며, 이러한 불교적 영향 밑에 들어간 무당을 '황무당'이라 한다. 원나라 시대에 비록 불교가 국교로 자리 잡고 정치적인 주된 역할을 수행했으나, 일반 민중들의 대다수는 무속에 의지해 살았다. 쿠빌라이 칸과 원나라의 칸들은 불교를 존중하고 전파시키는 데 많은 노력을 기울였지만, 그들 역시 무속의 영향에서 완전히 벗어나지 못했으며 생활 속에서 여전히 무속의 지배를 받았다.

〈원사〉에는 몽골 칸들이 몸소 참여했던 제의에 관해 기록되어 있다. 몽골의 칸들은 해마다 6월 24일에 샨도 시에서 대제大祭를 지내거나 계절마다 태묘에 제의를 드릴 때 많은 무당들을 불러 모아 굿을 했다고 한다. 또 왕이나 귀족들은 장례를 지낸 뒤 49일째에 묘에 가서 제의를 드릴 때 무당과 박수에게 굿을 하게 했다고 한다. 원나라 시대부터 불교의 영향이 매우 커져, 승려들이 무당보다 정치적으로 더 큰 영향력을 행사했다. 이러한 시대적 분위기 속에서 무속과 불교 사이에 갈등과 대립이 첨예화된다.

칭기스 칸 시절에 불교와 도교와 투쟁하여 무당들을 지키고 보호했던 사람 중 고난올랑 바타르에 관한 전설이 바르가, 오량하이, 다르하드 무당들 사이에 널리 퍼져있다. 13~14세기 무속은 몽골인들 사이에서 절대적인 영향을 미쳤으며 많은 이들이 불교와 도교가 몽골에 전파되는 것을 반대하고 저항했다.

한편 13~14세기 몽골에 불교가 강하게 전파됨으로써 무속 의례에 새로운 것들이 생겨났으며, 무복과 무구는 예전의 것과 비교해 상당히 개량되고 복잡해졌다. 윗시대에는 무당들은 자신의 몸주신의 형상을 돌이나 나무로 만들었다면 제국 시대에는 은이나 쇠로 자신의 신을 만드는 무당도 생기게 되었다.

4. 몽골 무교의 쇠퇴기, 분열의 시기 13세기 이후 서서히 쇠퇴의 길을 걷던 무교는 16세기 말에 오면 황교의 강한 침투로 말미암아 탄압을 받으면서 급격히 쇠퇴의 길을 겪게 된다.

이렇게 하여 국가의 공적인 종교 의례는 대부분 불교가 대신하게 되었으며, 무교의 자리는 사회와 매우 멀리 떨어져 일부 지역에 남아 있게 된다. 예를 들면, 홉스굴 호수의 서쪽 다르하드와 차탄, 동쪽의 허트거이드, 할하, 더르너드 아이막의 올즈 강 유역의 부랴트 사람들, 헨티 아이막의 일부 솜의 부랴트 사람들, 바양울기 아이막의 오량하이 사람들 사이에 남아 있었다. 이들은 대부분 정치권에서 멀리 떨어진 북쪽에 위치한 지역 사람들이다.

283

몽골 무속의 이해

몽골의 무속에서는 세상은 천상계, 지상계, 지하계라는 삼계로 이루어져 있다고 본다. 몽골의 흑무당들은 세상의 기원에 관해 이야기할 때, 아주 오랜 옛날 세상은 작은 덩어리 상태였다가 천지개벽이 일어나 남성 기원의 하늘과 여성 기원의 땅이 생겨났다고 말한다.

몽골의 천신(영원한 푸른 하늘), 지신(에투겐 에흐)은 음양 사상의 근간 속에서 형성되었으며, 아버지 99천신과 어머니 77지신은 쌍으로 숭배되었다. 천신은 서쪽의 55백천신과 동쪽의 44흑천신이 있다고 한다. 서쪽은 현대의 남쪽, 동쪽은 현대의 북쪽에 해당한다고 볼 수 있다. 서쪽(남)의 55신 중 50신에게는 비손을 하고, 다섯 신에게는 제의를 드리며, 마찬가지로 동쪽(북)의 44신 중 40신은 비손을 하고, 네 신에게는 제의를 드려 신앙한다. 서쪽인 백방의 55신은 온순하며 선한 일을 가호하고, 인간들을 지키며 삶의 방향을 지시하고 이끄는 신성들이며, 이들 신들을 모시는 무당을 '백무당'이라 한다. 이에 반해 동쪽인 흑방의 44신은 위험하고 악한 모든 것에서 인류를 구원하고 보호하며, 적을 눌러 멸망시키는 사납고 무서운 신들로, 이들 신을 모시는 무당을 흑방의 무당 즉, '흑무당'이라고 한다.

이 99신의 양쪽 55, 44신의 중심 신은 아홉 신으로, 이 모든 신들은 남성신이며 아내와 자식을 거느린다. 이렇게 두 가지 방향의 신들이 존재한다고 관념하는 것은 세상의 모든 것에는 빛과 어둠이 있다는 음양 사상에서 비롯된 것이며, 아내와 자식이 있다고 생각하는 것은 천신들의 세계는 인간 세계와 대칭을 이루고 있다는 인간 중심적 사고에 기인한 것이라 할 수 있다.

몽골 무속에 황교의 영향이 강해지면서, 불교와 혼재된 성격을 가진 황무당(황교의 영향을 받았다 해서 붙여진 명칭)이 생겨나게 되었다. 불교가 지배적인 힘을 행사하던 시기에는 무속을 '검은 종교'라 하였으며, 이때 사용된 '검다'는 수식어는 '강하고 거센 영적 힘'의 원래 의미와는 달리 무속을 매우 비하하는 말로 사용되었다.

몽골 무속의 세계관을 간단히 언급하면 다음과 같다.

1. 세계는 처음 하나로 존재하다가 세상이 개벽하여 아버지 하늘과 어머니 땅으로 나누어졌다. 그 가운데 가족과 생활이 생겨났다.

2. 이 세계는 천상계, 지상계, 지하계의 세 개의 공간으로 이루어져 있다.

3. 세계는 일반적으로 태양계, 흑암의 공간(명계)이라는 두 개의 공간으로 구별할 수 있다. 태양이 비추는 이 세상은 위에 언급한 삼계를 말하며, 이 세 세계는 함께 어우러져 있다.

4. 사람들이 죽은 후 내세라는 것은 존재하지 않으며, 이 세상에서 삶을 마치면 영혼은 명계에 존재하게 된다. 그 영혼이 영원한 삶의 순환이 시작되면 어머니의 배에 스스로 빛을 비추어 옮겨간다. 〈알랑고아의 배에 들어온 빛과 같은 것—늑대 토템 참조〉

5. 인간의 혼은 3가지로 이루어진다. 두 가지는 사람이 죽으면 사라지는 혼이요, 하나는 영원히 죽지 않는 혼이다.

세 가지 영혼의 하나는 어머니 쪽에서 얻는 피와 살의 혼, 다른 하나는 아버지 쪽에서 얻는 뼈의 혼, 그리고 나머지 하나는 지성의 혼 또는 영혼이다. 사람이 죽으면 피와 살의 혼은 사람이 죽은 후 심장에 깃들여 있다가 심장이 마르는 49일 후에 나간다고 한다. 뼈의 혼은 인간의 엉덩뼈сүүж에 깃들여 있으며, 뼈의 혼은 사람이 죽어 3년이 지나면 나간다. 가축의 엉덩뼈를 발라먹고 반드시 홈을 내어 버리는 풍속이 있는데, 그렇지 않으면 죽은 혼이 깃들어 인간 주변을 맴돈다고 본다. 또 길을 가다 사람의 엉덩뼈를 마주치게 되면 말발굽으로 밟게 하여 홈을 내어 혼을 제거하며, 여럿이서 함께 가다 엉덩뼈를 마주치면 양쪽으로 갈라서 지나가지 않고 한쪽으로 지나간다. 그래야 엉덩뼈에 깃든 혼이 따라오지 않는다고 한다. 무당이 죽으면 일정한 곳에 흰 펠트로 싼 시신을 3년 동안 풍장을 한 후 남은 잔해를 모아 주변의 높은 산 정상에 올라가 쌓은 후 불에 태운다. 이것은 육신과 뼈의 혼이 완전히 사라지고 혼령이 산천신으로부터 벗어나 하늘로 올라가는 것이라 할 수 있다.

피, 뼈의 혼은 사라지지만 지성의 혼(영혼)은 사라지지 않고 위로 올라간다고 본다. 이것은 한국의 혼백에 대한 관념과 유사하다고 할 수 있다. 즉, 지성의 혼은 한국의 혼魂에, 피와 살의 혼, 뼈의 혼은 백魄에 해당한다.

무속의 습속

일반적으로 몽골의 무당은 강신무를 말하며 보통 12~25세에 무당이 된다. 세습적으로 무당이 되든 그렇지 않든 무당이 될 사람은 일정 기간 무병을 앓는다. 몽골의 흑무당들은 무당이 되겠다고 여겨지는 사람을 무속에서 말하는 명계로 데리고 가 길을 가르쳐주는 의례를 행한다. 이 의례는 3단계로 이루어진다.

첫 번째, 무복과 무구를 만들어 신어미가 그것을 입고 사용하면서 옆에 있는 제자를 인도하여 제자의 집에서 일주일 동안 연속하여 굿을 한다. 이 일주일 안에 제자의 신체와 마음에 변화가 생기면 그 즉시 신어머니는 무복을 입히고 굿을 하게 하며, 명계로 여행하는 길을 이미 찾았다고 본다. 만약 일주일 안에 제자에게 아무런 변화가 생기지 않으면 무당이 될 수 없는 사람이라고 간주한다.

두 번째, 제자의 몸과 마음에 변화가 생기면 다시 두 번째 단계의 의례를 행한다. 신어머니는 제자를 자신의 집으로 데리고 가서 의례를 행한다. 제자는 신어머니의 신령(옹고드)에게 일주일 동안 제의를 올리며 굿을 하고, 신어머니에게서 오른쪽 만찍(술장

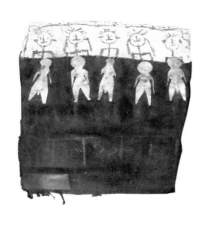

1 부랴트 무당의 옹고드
2 상자 안에 보관된 옹고드

식)을 받는다. 14일 동안 제자는 혼자 밖에 나가서는 안 된다.

　세 번째, 강신이 되어 굿을 할 수 있으면 무당이 되었다고 보지만 처음 3년 동안은 다른 무당을 가르칠 수 없으며, 신께 바치는 세테르(가축 제물)을 드리는 의례를 주관하지 못하며, 사람들에게 치료 행위를 하지 못한다. 3년 동안 사부는 제자의 옹고드, 제자는 사부의 신령에게 제의를 드리며, 제자는 사부의 가르침에 따라 흑무당의 여러 의례와 규칙들을 배운다. 이러는 동안 제자는 스스로 자신의 옹고드를 모시기 시작한다.

　무속에서 가장 중요한 것은 옹고드이다. 옹고드는 자신이 가호하는 모든 것들을 위험에서 구원하고 지키는 수호신이다. 무당은 옹고드의 모시고 다니는 자이며, 이 세상에 존재하는 옹고드의 대표 사신이다. 무당은 옹고드의 말을 사람들에게 전하기도 하고, 사람들의 말을 옹고드에게 전하기도 하는 통역자로서의 역할을 한다.

　무당, 박수들은 모두 자신의 집에 옹고드의 형상을 펠트나 쇠, 은으로 만들어 모셔 놓고 제의를 드린다. 몽골의 가정들에서도 무당이나 박수를 모셔 굿을 할 때 옹고드의 형상을 만들며, 사용했던 옹고드의 형상들은 버리지 않고 간직해 제의를 드리는 풍습

1	2
3	

1 쇠로 만든 옹고드
2 나무로 만든 옹고드
3 뱀을 상징하는 긴 장식들

이 있다. 그렇기 때문에 어떤 가정에서는 이동을 할 때 몇 수레의 옹고드 형상을 싣고 간다. 가계에서 얼마나 많이 무당을 모셨는가에 따라 많은 옹고드를 보관하게 된다.

무당들이 굿을 할 때 특수한 복장을 한다. 종족마다 무복은 차이가 있지만 일반적으로 여러 종류의 천을 꼬아 붙인 긴 델, 독수리 발톱이나 사슴뿔의 형상을 가진 쇠 모자나 특수한 형태의 쓰개를 쓰고, 독특한 모양의 구두를 신는다.

무복은 무당에게 들어온 옹고드의 몸이라고 본다. 즉 인간이나 노루, 영양, 염소 등의 동물 혼이 변화된 것이라고 본다. 고대와 중세기 때에는 무복을 노루, 영양, 염소의 가죽으로 만들었다. 무복의 뒤쪽에는 무당을 수호하는 뱀 상징의 88개 줄을 꼬아 아래로 늘어뜨린다. 또 뒤쪽으로는 무르굴мөргөл이라고 하는 세 개의 술을 늘어뜨리고 하닥을 묶는다. 허리에는 십이지 동물이나 용의 형상을 새긴 아홉 개의 쇠거울을 단다. 주로 옛날에 전승되어 온 청동 거울에는 십이지 동물이나 용의 형상들을 그려 넣었다. 거울은 여러 가지 저주 혹은 옹고드의 공격으로부터 무당을 보호해 주며, 무당이 점을 칠 때 무구로 사용되기도 한다.

무당이 쓰는 신모神帽는 옹고드의 머리라고 보며, 대부분의 지역에서 '어르거이 оргой'라고 부른다. 몽골의 흑무당은 머리에 사각형의 띠를 두르고 위쪽이 막히지 않는 것을 쓴다면 황무당은 머리를 덮는 형태의 신모를 쓴다. 쓰개는 지역마다 차이가 있는데, 서부 몽골의 무당들은 높이가 낮지 않는 것을 사용하며, 어떤 무당은 수건으로 머리를 두른다. 반면, 할하 무당들의 모자는 상당히 장대한 모양을 가지고 있으며 높이가 높다.

고대 흑무당의 쓰개의 앞쪽에는 부엉이 형상을 만들었다면 20세기에는 사람 얼굴 형상을 묘사했다. 부엉이 형상은 고대 토템(조상신)을 반영한 것이며, 인간 형상은 칭기스 칸 시대 무속을 지키기 위해 불교에 저항했던 인물인 고난올랑 바타르의 형상이라고 신화적으로 말한다. 흉노시대에는 쓰개의 위쪽을 부엉이 털로 돌아가며 장식했

1 무당의 쓰개 ┃ 2 헹게렉

는데, 20세기에는 부엉이, 독수리, 흑뇌조의 깃털로 장식했다. 또 쓰개의 양쪽 귀에는
각각 3개씩의 쇠붙이가 달려있다.

　　무당이 굿을 할 때 헹게렉(북)을 사용한다. 무당의 헹게렉хэнгэрэг은 아홉 개의 각
면이 있으며 한쪽을 가죽으로 씌운다. 헹게렉은 9면의 둥근 형태, 세모 형태의 것이 있
다. 박수는 수노루의 가죽으로, 무당은 암사슴의 가죽으로 헹게렉을 씌우며, 북면에는
사슴 모양을 그려 넣었다. 헹게렉은 몸주신 혹은 무당의 이계 여행 시의 탈 것, 사람들
의 소원을 신게 전하고 신의 말씀을 받아오는 도구, 오신娛神의 도구, 무당과 신의 의사
소통을 돕는 도구의 역할을 한다. 헹게렉을 다르하드 무당들은 '헹게렉', '아잉 사랄'
이라 하고 부랴트 무당들은 '헤츠хэц', 오량하이 무당들은 '둔게르'라고 부른다. 무당
은 굿을 할 때 먼저 무복을 입고 쑥을 태워 연기를 내어 헹게렉을 쐬게 하는데, 이것을
'북을 살린다.'라고 한다.

　　바르가 부랴트 종족의 무속에서는 사슴으로 수호신에게 제의를 드리는 것 외에
동물의 내장을 걸어 제의를 드렸던 풍습이 있었다. 즉, 무당의 집 뒤에 동쪽으로 낙엽
송, 서쪽으로 자작나무를 세우고, 그 두 나무를 줄로 연결하여 거기에 제의에 바쳐진

동물의 심장, 식도, 허파, 간 등을 걸었으며, 이 두 나무의 앞쪽에 두 그루의 작은 나무를 세워 죽인 동물의 내장을 걸고, 피로 나무를 칠했다. 집의 오른편 나무에는 달을, 왼편으로는 태양을 만들어 걸어 자신의 몸주신을 제의하는 풍습이 있었다. 『몽골 비사』에도 나무에 동물의 심장 또는 내장을 걸고 하늘에 제사하는 것이 나오는데, 이러한 제의를 '주겔리ЖҮГЭЛИ'라 하였다.

무당이 변한 독수리 이야기

아주 오랜 옛날에 독수리는 사람이었다. 한 젊고 아름다운 무당이 독수리로 변해 서쪽 경계까지 날아갔다가 다시 집으로 돌아와 옛 모습대로 사람이 되곤 했다. 그 다음에 그는 다시 독수리로 변하여 동쪽 경계까지 날아갔다. 그리고 그곳에서 꽤 오래 머물러 있다가 집으로 돌아오는 길에 몹시 배가 고파 죽은 동물의 시체 위에 앉아 고기 찌꺼기를 쪼아 먹었다. 그는 동물의 시체로 배를 채우고는 집을 향해 날아갔다.

이렇게 부정한 시체를 먹었기 때문에 그는 집에 돌아와서 사람의 모습으로 변하지 못하고 그대로 독수리가 되어버렸다. 부랴트 사람들은 독수리를 수호신으로 신앙하기 때문에 독수리를 매우 존숭하며 활을 쏘아 함부로 사냥하지 않는다. 만약 사람이 두 마리의 독수리 가운데 한 마리를 죽였다면 남겨진 독수리는 밤새도록 올혼 섬(바이칼 호수에 있는 섬, 무속의 성지)을 향해 날아가, 거기서 그와 같은 독수리를 발견하여 짝을 얻는다고 한다. 그 다음날 보면 정말로 두 마리 독수리가 짝이 되어 날아간다고 한다.

—체렌소드놈 〈몽골의 신화〉 중에서

박수 밤바도르지 게르 서까래에 끼워놓은 박제 독수리

산이나 물에 대한 자연 신앙의 한 형태에 어워OBOO 신앙이 있다. 어워란 일종의 돌무지를 말하며, 지금까지 한국의 대부분의 학자들이 이를 한국의 서낭당과 유사한 신앙적 대상물로 해석해 왔다. 어워의 기원은 원시인들이 자연의 힘에 지배를 받으며 살아가던 때에 여러 가지 자연재해를 당하거나 질병 등으로 고통을 받게 되었을 때 주변 지역의 산천신이 분노하여 재앙을 내린 것으로 생각하여, 신을 위무하기 위해 생겨났다고 본다. 즉, 산과 물의 주인(신)이 깃드는 곳을 시각적으로 가시화한 표시로, 자연신앙의 신격이 의인화의 과정에서 생겨난 종교적 상징물이라고 볼 수 있다. 일반적인 지신 신앙은 산천신 숭배로 그 이전 자연 신앙이 좀 더 인간화, 추상화된 형태로 이어졌는데, 이것은 어워라는 종교적 신앙물로 구체화된다. 이와 같이 어워는 산의 형상을 세계 축으로 하고, 때로 나무(버드나무가 주종을 이룬다.)를 세워 천신이 내리는 강림처로 삼았다. 일반적으로 몽골 사람들은 어워와 수호령, 천신(하늘)을 하나로 관념한다.

어워가 언제부터 존재했는지 그 기원에 대한 구체적인 자료가 없다. 역사적으로

293

1 헙드 아이막 마을제의 13오보
2 위구르 몽골인들이 신앙하는 제의 오보

보면 13C 자료에 나타나지만, 이것은 신앙의 발전 단계로 보아 훨씬 이전 시대에 세워졌을 것으로 추측된다. 몽골의 어워는 최소한 샤머니즘의 초기 단계 즈음에는 존재했을 것으로 보인다. 즉, 어워는 지신신앙의 종교적 상징물로 세워졌다가, 그 다음 단계의 천신신앙을 흡수한 종교적 대상물이라 할 수 있다. 어떤 학자는 모계제 사회가 부계사회로 바뀌어 가는 전환기에 생겨났다고 본다.

고대인들은 불을 돌 속에 간수하였으며, 이러한 화덕의 돌과 돌무지인 어워가 모종의 관련을 지녔을 것으로 추측하기도 한다. 또 무속이 지배되던 고대 몽골에서는 어워에 무당의 영혼이 깃들어 있다고 생각하여 무당의 영혼을 부르며 굿을 하는 어워제가 있었다고 한다. 학자들은 13C 자료로 『몽골 비사』 등에 나오는 '고아 더브(언덕)', '운두르 더브(높은 언덕)', '후레 더브' 등이 고대 무속의 중심지였으며, 이곳은 어워가 있었던 곳으로 추정된다고 보았다.

어워는 무속 에너지의 지고의 거점이며 하늘과 가장 가까이 있는 곳으로 불교적인 이해로 보면 절과 같은 개념으로 볼 수 있다. 이러한 어워는 몽골의 성산이면 어느 곳이나 있으며, 이 어워를 중심으로 산신제가 거행된다. 인간 생활의 고통을 주는 가뭄이나 자연재해, 질병이나 어려움이 생길 때에 여러 가지 방식으로 어워제를 드렸다.

어워는 유목 생활과도 밀접한 관련성을 갖는다. 몽골 사람들은 충분한 초지를 제공하는 대지와 그 초지를 가능하게 하는 태양, 비 등을 내려 주는 하늘에 대한 무한한 감사와 경외의 마음을 드러내고, 앞날의 삶을 가호하고 축복을 내려 줄 것을 기원하며 어워를 세웠다. 또한 먼 길을 떠날 때 높은 산이나 고개 위에 어워를 세워 방향을 가늠하는 방향자가 되게 했으며, 어워는 초원의 험한 여행길에서 여행객의 든든한 정신적 지주가 되기도 했다. 전쟁을 떠날 때에도 어워에 제의를 드림으로써 하늘에 가호를 비는 의식을 행했다.

현재 몽골에서 어워제를 드리는 곳은 800여 곳에 이르며, 신성이 거하여 제의를

1 알타이 소태 산 국가 천신제를 드리는 어워
2 도제를 지내는 훕스굴 아이막 아르볼락 솜의 차강 촐로팅 어워

드리는 어워는 420여 개가 된다.

　어워는 큰 산이나, 언덕, 고개 위나 강, 호수, 샘물 옆에 또 초원 등에 만들어지며, 몽골의 어느 지역을 가든 쉽게 볼 수 있다. 어워는 돌로만 되어 있는 것, 돌 위에 나무를 세워 놓은 형태, 타이가 지역의 나무 어워, 돌이 거의 없는 곳에서는 흙으로 된 것 등 다양한 형태가 있다. 이 가운데 가장 보편적인 것은 돌을 쌓고 맨 위에 기나 하닥을 묶은 버드나무나 나뭇가지 등을 꽂아 놓은 형태이다. 몽골의 할하 사람들은 버드나무를 숭상하며 이 나무를 '몽골 나무'라고 부른다. 이렇게 버드나무에 하닥이나 천 또는 종이를 묶어 장식한 것을 '잘람залма'이라고 한다. 몽골의 흑무당들이 저주 등을 행할 때 어린 전나무나 낙엽송, 검은 하르간 등을 검은 천으로 장식했는데, 이것을 '잘람'이라고 했다. 이렇게 행한 저주에 대응할 때, 어린 낙엽송이나 검은 하르간 등의 나무를 검은색으로 장식하고, 자작나무, 버드나무, 잣나무 등을 흰 천으로 장식했다. 그리고 검은 것으로는 저주가 이른 쪽을 향해 불에 태우고, 흰 것으로 장식한 나무는 무당 자신

의 집 화로에 모셔와 태웠다고 한다.

어워의 종류로는 알탄 어워, 길 어워(고개 어워), 샘 어워, 약수 어워, 초원 어워, 기념 어워, 경계 어워 등이 있다. 어워의 성격으로 보면 크게 하늘 어워, 인간 어워, 대지 어워의 세 가지 형태로 나누어 볼 수 있다. 헨티 아이막의 보르항 할동 산의 오른쪽 정상에 있는 큰 어워를 '하늘 어워'라고 부르는데, 이 어워에는 칭기스 칸 가문의 무당들이 제의를 드리며 승려나 여자들은 올라갈 수 없다.

알탄 어워는 장대하고 위용 있는 산 즉 버그드 산, 하이르항 산에 세우는 어워를 말하며, 이 어워는 해마다 정해진 날짜에 제의를 드린다. 이 어워가 있는 산은 매우 신성시되며, 그 주변에서는 행동을 매우 조심해야 한다. 나무나 풀을 손상시키는 행위, 땅을 파고 구멍을 내는 행위, 사냥뿐 아니라 야수나 새를 놀라게 하는 행위, 주변을 더

훕스굴 아이막 차강 우링 어워
12개 어워에 12지신을 각각 모셔 놓은 어워로 겐덴다람이라는 사람이 덕을 베풀기 위해 세웠다고 한다.

1
2
3

1 흡스굴 아이막 바잉 보랄 산의 제의 어워

2 바양헝거르 아이막 알타이 산맥
 지산의 개인 어워

3 서부 하르 오스의 호수 어워

럽히는 행위 등을 금한다. 이를 어기면 산신을 노하게 하여 재앙과 재난을 만나게 된다고 생각한다.

길(고개) 어워는 고개의 꼭대기, 숲 가운데 바위가 많은 험한 길옆에 세운 어워를 말한다. 해마다 행하는 큰 제의는 없지만 어워 옆을 지나는 사람은 모두 반드시 말에서 내려 돌을 올리고 사찰을 드리며 길의 안전을 기원한다. 돌을 올리는 실제적인 이유 중 하나는 사람이나 가축이 가는데 방해가 되는 돌을 치우는 데 있다.

샘 어워는 강과 샘의 원천 또는 샘 옆에 세운 어워이다. 샘은 가축에게 마실 물을 제공하는 곳으로 이에 대한 감사의 마음으로 어워를 세운다. 샘 어워에 젖으로 사찰을 드리지만 젖이 든 통 등을 샘이나 강물에 넣는 행위를 금한다. 기름 등 여러 가지 더러운 것이 물에 들어가지 않도록 한다. 특히 샘에서 물을 길을 때는 매우 주의한다. 만약 샘이나 강물에 더러운 것이 닿으면, 수신의 노여움을 사 인간과 가축에 전염병이 퍼지거나 샘물이 마르게 된다고 생각한다. 일반적으로 목자들은 물을 매우 소중히 생각하여

몽골의 생활과 전통

헙드 시 지역 경계 어워

옷을 빨 때도 물을 떠서 적당한 거리에서 빨며 구정물을 강에 쏟지 않는다. 강 가까이에서 소변이나 대변을 보는 것도 금했다.

약수 어워는 약수 가까이에 있는 높고 위용 있는 산의 정상에 세운 어워를 말한다. 몽골 사람들은 성수에 들어가 몸을 치료할 때 가장 먼저 성수 어워에 가서 가지고 있는 유제품 가운데 가장 좋은 것으로 사찰을 드리고 병이 낫기를 소원한다. 적당한 기간이 지나 몸의 상태가 호전되어 떠날 때 다시 어워에 올라가 돌을 더하고 사찰을 드려 감사를 표한 후, 병의 징후를 나타내는 사물 가운데 하나를 두고 간다. 다리가 좋지 않아 목발을 짚고 다녔던 사람들은 다리가 나으면 목발을 올려놓고 가기 때문에 약수 어워뿐 아니라 어떤 어워에서나 목발을 흔히 볼 수 있다.

초원 어워는 광대한 초원 가운데 세운 어워로 이것은 주로 어두운 저녁 시간에 목자牧者가 가축이 간 곳을 찾아갈 때, 장소의 대략과 방향을 가늠할 때 도움을 주는 표식으로 삼는 어워이다. 그밖에 기념 어워는 특별한 모임이 있었던 장소나 어떤 왕, 귀족이 머문 곳, 영웅의 위업을 기념할 목적으로 세운 어워이다. 때로는 왕이나 귀족의 자녀가 태어났을 때, 종족의 지도자 등을 기념하기 위해 세우는 경우도 있었다.

경계 어워는 종족 간의 경계를 삼는 어워로 상호 종족 간에 대화를 통해 정한 경계선을 따라 적당한 곳에 세운 어워이다. 이 어워는 종족이나 그 소속원이 해마다 정기적으로 제의를 드리는 풍습이 있다. 헙드 아이막의 하롤xаруул이라는 어워는 그 높이가 6~7m에 이른다고 한다. 하롤 어워는 지역의 경계를 나타낼 뿐만 아니라 지방을 수호하는 역할을 한다.

어워 제의로는 국가적인 규모 또는 종족이나 가족 등의 단위로 치루는 제의가 있으나 제의에는 일반적으로 여자들은 참여할 수 없다. 예전에는 제의를 반드시 무당이 주관하였으며 여수신인 경우는 남자 무당이, 남수신인 경우 여자 무당들이 제의를 드렸다고 한다. 무당들은 제의를 드릴 때 산천신을 불러 모시며 어워를 9번 돌고 9번 무

덤버 전통 주전자

릎을 끓어 신께 말씀을 고하고 제물을 뿌려 올렸다. 이러한 무당 중심의 어워제를 지
금은 불교의 승려가 주관하는 경우가 많다. 이것은 무속의 의례를 불교가 흡수한 한
예라 할 수 있다. 어워제가 끝나면 대개 신을 즐겁게 하고, 인간이 신과 함께 동락同樂
하는 의미의 나담 축제가 열린다.

　종족 단위의 제의가 있는 어워에는 다른 이웃 종족이 와서 제의를 드릴 수 없으
며, 이 때 말이나 양 등을 신에게 제물로 드린다. 이것을 '세테르сэтэр'라고 하는데, 제
물을 죽여서 바치는 것이 아니라 목에 하닥을 묶여 산 채로 드린다. 이것은 다분히 불
교의 영향을 받은 의례라고 할 수 있다. 이렇게 신성하게 구별된 말은 사람이 타는 것
으로 사용하지 않으며 거래를 한다거나 죽이는 법이 없다.

　어워를 세울 때는 장소를 선택한 다음 어워를 세울 장소의 중앙을 깊이 파서 앞서 준비해온 덤버(주전자의 일종)에 금, 은, 산호, 진주, 구리, 터키석 등의 아홉 가지 귀금속과 오곡의 종자 등을 함께 넣어 덤버의 입구를 밀봉하여 묻고 땅을 평평하게 고른다. 곡식을 넣는 것은 지역민들이 곡식처럼 번성하고 풍부하게 살아갈 것을 상징하는 뜻을 지닌다.

이렇게 한 다음 위에 돌을 둘러가면서 어워를 만든다. 어워의 한 가운데에는 하닥으로 장식한 나무를 꽂아 둔다. 일반적으로 나무를 꽂아 세울 때는 주로 버드나무를 사용하며 지역에 따라 낙엽송을 쓰기도 한다. 여기에는 여러 가지 경전을 쓴 천 등을 묶기도 한다. 또 말의 갈기털을 묶어 놓기도 한다. 어떤 지역에서는 양이나 염소 새끼의 귀를 묶어 놓은 곳도 있다.

알탄 어워는 보통 13개의 어워를 세우는데, 중심의 큰 어워와 동서쪽으로 6개씩 혹은 사방으로 3개씩의 어워를 세운다. 그 밖의 어워에도 중심 어워의 주변에 작은 어워들을 같이 세운 어워들이 많이 있다. 주변의 어워를 지역에 따라 '샤비 어워'(제자 어워), '젤 어워'(줄 어워), '솜 망 어워'(화살 어워)라고 한다.

일반적으로 어워가 있는 곳을 '덕싱 가자르догшин газар'(지신이나 수신이 머물고 다니는 곳이므로 인간이 함부로 행동을 하면 신이 노여워하기 쉬운 곳으로 매우 조심하고 근신해야 하는 장소를 이른다.)라고 하여 그 주변을 더럽히는 행위를 일체 금한다. 또한 그 장소의 지명이나 어워의 이름을 어워 가까이에서 말하지 않는

어워에 바친 말털

다. 대소변을 보는 행위는 더욱더 금한다.

알탄 어워인 경우는 여자는 참여하지 못하며 산 밑에서 어워를 바라보며 절을 할수는 있다. 그러나 일반 어워는 남녀노소 제한 없이 어워를 만나면 그냥 지나치지 않고 말에서 내려 돌을 더하고 말의 갈기나 꼬리털 또는 천을 나무에 묶고 돈이나 음식의 가장 좋은 것을 바치는데, 가진 것이 없을 경우 자신의 머리털을 조금 잘라 바치기도 한다. 일반적으로 공물로는 흰쌀(차강 보다), 좁쌀(샤르 보다) 등의 곡물과 흰 사탕, 유제품, 술 등으로 사찰을 드리며 어워를 시계 방향으로 3번 도는 풍습이 있다.

풍속

21
불교

 불교는 기원전 5세기경에 인도에서 발생하여, 7세기 경 티베트에 전파되었다. 티베트 불교를 일명 라마교라 하는데 '라마'란 티베트 불교에서 '정신적 스승'을 지칭하는 말이었다. 이렇게 원래는 사원의 지도자나 위대한 스승에게만 붙일 수 있었던 '라마'라는 명칭이 오늘날에는 일반 승려에 대한 경칭으로 불리게 되었다.

 몽골에 들어온 티베트 불교를 라마교라고 한 이유는 티베트 불교의 새로운 개혁 종파가 경전보다는 스승의 가르침 즉 '라마'를 존중한 데서 붙여진 명칭으로 생각된다. 11C 인도에서 도

간단사

총카파

래한 티베트 불교의 개혁가인 아티샤 Атиша(982~1054)는 경전과 개인적 가르침 중 어떤 것이 더 중요한가를 묻는 한 제자의 물음에 직접적인 스승의 가르침만이 올바른 이해를 보증한다고 하여 스승의 가르침이 더 중요하다고 답하였다. 그 후 티베트 불교에서 라마는 더욱더 중요한 존재로 부각되었으며, 이러한 영향 관계로 인해 티베트의 불교를 라마교라고 하게 된 것이 아닌가 생각된다. 아티샤는 인도의 고승으로 티베트 제자들의 간청으로 마음을 닦는 수행법을 가르쳤다. 그 수행법을 '람림'이라 하는데, 람림에서는 가장 먼저 정신적인 스승에게 완전히 귀의하라고 가르친다. 이처럼 개혁파 불교에서 스승을 강조하기는 했지만, 이 불교를 곧바로 라마교라고 부르는 것은 올바르다고 할 수 없다. 라마교라는 것은 청나라 시대 중국인들이 몽골 불교를 비하하기 위해 붙여진 명칭이다.

티베트 불교는 불교의 전통적인 계율을 따르면서 티베트 재래 종교인 본교의 무속적 특색을 포용하는 특색을 지닌다. 티베트 불교는 황건파와 홍건파(티베트의 카르마파 승려들이 붉은 모자를 쓰고 다녔다면, 새로운 겔룩파의 승려들은 노란색 모자를 쓰고 다닌 것에서 생겨난 말)의 두 경향의 경쟁적 관계 속에서 매우 빠르게 퍼져나갔다. 불교를 현대적인 형태를 가지도록 변화시킨 사람은 티베트의 승려 정호브Зонхуба(총카파)였기 때문에, 티베트 불교를 때때로 '총카파교'라고도 부른다.

13세기 티베트 불교는 정치와 종교를 장악하여 심한 부패에 이르게 된다. 승려들의 수행은 겉치레에 불과했으며 참다운 수행과 종교적인 모습이 사라졌다. 14세기 후반 총카파가 등장하면서 세속화된 불교에 종교적 수행과 금욕을 강조하는 개혁을 이룬다.

불교가 몽골에 강하게 전파된 것은 16세기 말 경이지만, 그 이전에도 몇 차례 불교가 전파되었던 역사가 있었다. 일반적으로 흉노 시대부터 간헐적으로 불교가 전파되었다고 본다. 흉노 이후 유목 종족들 가운데 투바에 불교가 전파되었던 역사자료가 있다. 투바의 웨이국 시대(386~534) 불교를 국교로 삼고 정치와 종교의 예법에 따라 정책을 세웠다. 투바 사람들은 당시 몽골 땅에 있던 유연жужан(400~552) 사람들이 불교를 접하게 하는 데 중요한 역할을 했다. 그러나 이 시대에 불교 유물은 거의 발견되지 않고 있다. 그 다음 몽골 땅의 지배적 다수를 차지했던 투르크에는 불교가 전파되었었다는 분명한 자료가 있다. 투르크의 제3대 왕은 불교 사원과 스투파를 세우는 등 불사에 적극적으로 힘썼으며, 그 다음 왕인 이쉬파르도 불교도였다. 그러나 그 다음 왕대부터는 불교가 쇠퇴의 길을 걸었다. 그 다음 종족 국이었던 위구르에서도 불교가 상당히 널리 퍼졌으나 점차 그 지위가 약해졌다.

불교가 몽골에 들어온 역사적 시기는 13세기이다. 칭기스 칸은 몽골의 여러 종족을 통합하고, 세계 정복에 이르게 되었을 때, 여러 나라의 종교 문제에 있어 상당히 관대한 입장을 취했다. 가족 간에 종교를 선택하는 데 있어서도 각자 자유로운 선택권을 가지도록 했다. 그래서 가족의 어떤 이는 이슬람교도, 천주교 신자가 되었으며, 어떤 이는 불교를 선택했다. 이란의 역사가 조웨이니는 "칭기스는 어떤 한 가지 종교나 신앙을 신봉하는 자가 아니었기 때문에 고착된 신앙적 태도나 어떤 종교를 다른 종교보다 더 낫다고 차별적으로 보는 것을 피했다. 그리고 어떤 종류의 종교적 현자나 수도자라도 차별 없이 존중했다."라고 기록했다. 이렇게 칭기스 칸은 종교적으로 상당히 관대한 입장에 있었지만 스스로는 전통적인 무속을 신봉하여 결정적인 사건에 마주치면 영원한 푸른 하늘의 가호를 비는 의식을 행하고 무당의 조언을 받아들였다. 또한 외국의 용한 점쟁이나 점성가들의 예언이나 조언을 진지하게 받아들이기도 했다. 칭기스 칸은 거란인 야율아해나 야율초재와 같이 양의 견갑골로 점을 치는 점쟁이들을 주위에 데리고 있었으며, 원정을 떠나기 전 점을 쳐보게 하기도 했다. 또한 도교 교단의 장로인 장춘진인長春眞人에게 방문해 줄 것을 요청하여 장생의 비법을 묻기도 했다고 한다. 칭기스 칸 이후 우구데이, 구육, 뭉흐, 쿠빌라이에 이르기까지 '영원한 푸른 하늘'은 다종교를 수용하는 가운데 중심 신앙이자 중심 사상으로 이어져 갔다. 당시 궁중에는 네스토리우스교도들이 재상을 지내는 경우가 적지 않았다. 뭉흐 칸의 어머니, 아내 역시 네스토리우스교도들이었다. 기독교뿐 아니라 이슬람, 불교, 도교 등의 지도자들이 궁에서 함께 어우러져 지내고 있었으며, 대칸들은 이들 신앙을 모두 존중해 주고, 각 종교의 특별한 행사가 있을 경우 행사에 직접 참여하여 예를 표하기도 했다.

우구데이 칸 시대 수도 하라호름에는 여러 나라의 다종교가 혼재되어 있어 그 대표자들이 상주하여 살았다. 즉, 불교, 이슬람교, 기독교 등의 사원이 있었으며 시에서 활발한 전도 활동을 벌였다. 종교적인 포용 정책으로 몽골에 들어온 다종교 가운데 점차 불교가 몽골에 큰 영향을 미치게 되는 조건을 형성시켰다. 하라호름에 있는 사원에 위구르 승려들이 법회를 열었으며, 불교 경전을 번역하는 작업이 진행되어 불교를 중앙아시아에서 몽골에 전파시키는 데 중요한 역할을 했다.

불교의 전개와 발전

원나라가 중국에 세워지기 전에 몽골 군주국의 초기 칸들은 티베트의 불교와 가까워져 불교를 지원하는 정책을 폈다. 1220년대부터 몽골과 티베트의 관계가 크게 발전했으며, 1227년 탕구트를 침공한 후 몽골은 티베트의 넓은 지역을 차지하게 되었다.

몽골 칸들은 그 당시 불교국이었던 티베트를 직접 무력으로 점령하는 것이 아니라 유화적인 방법으로 자신의 지배하에 복속시키려는 정책을 썼다. 또한 그들은 티베트 불교를 많은 복속국들을 지배하는 통치 수단으로 삼고자 했다.

불교를 국교로 삼은 쿠빌라이 대칸

칭기스 칸 시절에 일곱 명의 티베트 승려가 몽골에 왔으나, 그들은 몽골 무당들의 저항으로 인해 오래 머물러 있지 못하고 탕구트로 돌아가고 만다. 그들 승려 가운데 찬바·돈고르바 린보체라는 자가 있었는데, 그는 칭기스 칸을 만나 불교의 가르침을 전하기도 했다. 그 다음으로 칭기스 칸이 탕구트를 침공하고 돌아올 때 즉, 1227년에 다시 그와 만나 승려들에게 세금과 공무를 면제해 주는 것에 관한 명령을 내렸으며 또 탕구트에 있는 절과 사원을 복원하는 일에 관한 그의 제안을 받아들였다. 또 그 해 칭기스 칸은 탕구트의 보르항 칸을 만났으며, 그로부터 황금 불상과 황금, 은제 그릇을 선물 받았다고 전한다.

몽골의 칸들은 또 중국 불교 승려들과도 적지 않은 교류를 가졌는데, 1219년 중국 불교 승려인 해융이라는 자가 칭기스 칸을 처음으로 만나게 되었다. 칭기스 칸은 그에게 불교에 대해 적지 않은 지식을 들었던 것으로 보인다. 실제로 그 시절 칭기스 칸은 중국의 불승들에게 공무와 세금을 감해주라는 명을 내렸으며, 그러한 특혜를 다음 왕들도 계속 시행했다. 구육, 뭉흐 칸은 해융을 북중국의 불교 지도자로 임명하기도 했다.

우구데이 칸은 아버지의 포용 정책을 계승하여 실천했으며, 티베트의 승려들과 우호적인 교류를 가졌다. 이 시절 북인도에서 승려들이 몽골에 왔으며, 그들은 궁에 머물면서 융숭한 대접을 받았다. 구육 왕은 티베트 승려 나모Наму를 모셔와 자신의 스승으로 모셨으며, 뭉흐 칸은 승려 나모를 국사로 삼고 왕국의 불사를 통괄하도록 했다.

몽골 군주국의 초기에 불교가 대단한 영향력을 미쳤던 것을 확증해 주는 중요한 자료는 1346년 쓰여진 에르덴 조 사원의 터에서 발견된 돌비석이다. 여기에 언급된 것을 보면 우구데이 칸은 불교 사원의 큰 터를 처음 정했으며, 1256년 뭉흐 칸이 절을 지어 완성한 일이 있다고 기록되어 있다.

이 시대 티베트에 가장 영향력 있는 사원은 1073년에 세워진 사쯔 사원이었다. 몽골의 지도자들은 무엇보다 먼저 사원의 영향력 있는 주지들과 친밀한 관계를 맺고, 불교를 몽골 제국에 널리 전파시키는 정책을 폈다. 이러한 일을 위해 티베트에 있던 몽골의 대신 거당과 북중국을 다스리고 있던 쿠빌라이 등이 사쯔 사원의 주지들을 자신들이 살고 있던 곳에 자주 모셔와 만난 것은 불교를 제국에 전파시키는 데 큰 도움이되었다. 1244년 티베트에 주재하던 대신 거당은 사쯔 사원의 대주지 스님인 공가잘창 Гунгажалцан에게 초청 서한을 보낸다. 공가잘창과 거당의 만남은 티베트와 몽골의 관계를 가깝게 하는 데 기폭제가 되었으며, 이로 인해 몽골 칸과 귀족들은 티베트 불교를 상당히 존숭하게 된다. 이런 가운데 몽골과 티베트의 관계는 더욱 확대되고, 티베트 불교의 영향이 몽골 왕족들 가운데 더욱 큰 영향력을 갖게 되는 조건을 형성했다.

티베트 불교는 쿠빌라이 칸이 다스리던 원나라 시대에 몽골 대제국의 중심 종교로 발전한다. 쿠빌라이는 1260년 칸이 되기 전 북중국을 지배하고 있을 때, 불교를 제국의 지배 수단으로 삼으려 했던 거당의 정책을 계속 추진하여 티베트의 사쯔 사원과 관계를 긴밀히 했다. 그리고 1253년 경 거당의 궁으로 사신을 보내 사쯔 사원의 주지 승인 공가잘창을 모셔오도록 한다. 거당은 2년 전인 1251년에 공가잘창이 죽었다는 사실을 쿠빌라이에게 알렸으며 한편 공가잘창의 손자 파스파 러더이잘창(1235~1280)이 자신의 옆에서 지내고 있다는 사실을 보고했다. 1247년 공가잘창이 거당을 방문할 때 손자 파스파(팍파)와 그의 동생 착그나더르지를 데리고 온 적이 있었는데, 그 당시 거당은 공가잘창의 두 손자들에 관심을 갖고 유심히 살펴보았었다. 거당의 명으로 파스파에게 불경을 공부시키고, 착그나더르지에게는 몽골 문자를 가르치게 했다. 이렇게 사쯔 사원의 두 아이들은 몽골 대신의 궁 가까이서 교육을 받게 된다.

쿠빌라이 칸은 1253년 당시 18세가 된 파스파를 상도에 있는 자신의 궁에 데리고 와 자신의 제의 승려로 삼았다. 1258년 쿠빌라이 주도로 파스파를 위시한 불교 승려와 도교의 도사들이 서로 선문답을 벌였을 때 파스파가 도사들을 이긴 일이 있었다. 그 이후 쿠빌라이는 도교를 금하고 불교를 모든 면에서 적극 지원하였으며, 승려들에게 여러 가지 혜택과 특권을 주게 되었다.

1260년 쿠빌라이 칸은 왕좌에 오르면서 파스파를 국사로 추대하고 불교를 제국의 종교로 삼았다. 칸과 왕비, 신하와 귀족들은 파스파에게 계를 받고 불교도가 되기 시작했다. 쿠빌라이 칸이 1264년 샨도 시에 있을 때 썼던 〈숩단 자르릭Сувдан зарлиг〉이라는 칙서 가운데 몽골 왕에게 보내는 불교 정책을 자세히 언급했다. 그 문서에는 "불법대로 살아가는 불교 승려들은 몽골 대칸에게 순종적이어야 한다. 그들은 여러 가지 공적인 의무에서 완전히 자유로울 수 있다. 불교의 사원에 사신이 거주하거나, 사원 관할 하의 지역과 재산을 사용하거나 소유하는 것을 엄격히 금한다."라고 언급하고 있다. 이러한 여러 공문서 등을 살펴보면 원나라 시대에 불교가 특별한 지위를 가지게 되었다는 것을 분명히 알 수 있다. 파스파는 몽골 제국의 정치를 불법의 질서로 바로 잡고자 하였으며, 몽골 왕들을 고대 인도와 티베트 왕들과 동등하게 보아 그들에게 전륜성왕轉輪聖王이라는 칭호를 내려 주었다.

그러나 쿠빌라이 칸은 다른 종교에도 상당히 관대하여 카톨릭의 많은 수사들을 받아들이도록 지시했으며, 로마 교황에게 서한을 보내기도 했다. 이러한 태도의 배후에는 카톨릭 신부들은 국사에 이용해 중국 내에서 자신의 지배력을 더욱 확고히 하려는 의도가 숨어 있었다. 또 신부들의 앞선 지식과 능력을 이용하려는 계략도 있었다.

만다라

몽골의 생활과 전통

원나라 시대 쿠빌라이 칸은 서방 카톨릭 신부와 수사에게 나라의 점성술사들과 함께 계절과 천체에 관한 책을 저술하게 하였으며, 천문대를 짓는 일을 맡겼다. 1289년 쿠빌라이 칸의 명으로 최초의 서방 종교인들(주로 카톨릭)의 사원을 짓게 했다. 일반적으로 몽골에 기독교는 상당히 이른 시기부터 전파되기 시작했다. 예를 들면, 나이만, 헤레이드, 옹고드 부족이 기독교를 믿었다는 기록이 있다. 그러나 그 당시 서방의 종교는 몽골에 그렇게 큰 영향을 미치지는 못했다.

원나라 시대에 이슬람교도들은 몽골 칸들의 정치적인 행사에 신뢰를 주는 일들을 했으며 비교적 큰 권한을 가지고 있었지만, 실제로 몽골의 많은 종교 가운데 이슬람교 역시 그리 대단한 영향력을 갖지는 못했다. 원나라의 몽골 칸들은 이슬람교도들을 이용해 주로 중국을 통치하는 정책적 수단으로 삼았다.

원나라 시대에 몽골의 칸들은 중국에 널리 퍼져있던 유교와 도교를 금지하지 않았으며, 다른 종교와 마찬가지로 지원하는 입장을 견지했다. 그러나 이러한 융화적 태도는 매우 치밀한 계획에 따라 이루어졌다. 무엇보다 중국인들 가운데 큰 명성을 얻었거나 영향력이 있는 유가 혹은 도사들을 자신의 편으로 끌어들여 정치적으로 이용하려고 했다. 특별히 도사들에게 공적인 세금을 면제해 주고, 유교 사당을 부흥시키고 재를 드리게 하는 등의 일을 지원했다. 그와 동시에 유교와 도교의 영향을 몽골 지역에 전파되는 것을 보이지 않게 엄격히 규제하는 이중 정책을 썼다. 일반적으로 그 시대 몽골 칸들은 유교와 도교의 가르침을 나라의 중심 종교로 삼지 않았다. 또한 그러한 종교적 확산과 영향력을 막기 위해 티베트에서 불교를 받아들였는데, 이것은 사상적으로 중국화 되는 것을 막기 위한 정책의 한 방편이었다.

그러나 불교를 적극 받아들였던 가장 주된 이유는 다종교, 다언어의 나라와 종족들을 불교라는 하나의 정신적 구심점 즉 정치적 통치이념으로 통일시켜 지배하려고 했던 정책에서 비롯되었다. 몽골의 칸들은 종교의 권익을 보호하기 위해 여러 가지 엄중한 법을 만들었다. 예를 들면, 쿠빌라이 칸의 한 칙령에 티베트의 스님, 수도승 등에게 함부로 손을 댄 사람의 손을 자르고, 함부로 모욕하고 멸시한 사람의 혀를 뽑는 등에 관한 잔혹한 법을 제정하고 스님들에게 접근할 수 없는 신성한 권한을 법으로 부여했다.

종교적인 면으로 쿠빌라이 칸이 행한 정책을 다음의 칸들이 계속해서 지켜나갔으며 티베트 사쯔 사원의 함바(주지승) 등 영향력 있는 승려들을 수도에 차례로 모셔와 티베트 승려와 친분을 맺고 다방면으로 종교적 지원을 아끼지 않았다. 몽골의 칸들은 사쯔 사원과 교류하는 데서 그치지 않고 티베트의 영향력 있는 다른 사원과도 관계를 가지게 되었다. 몽골의 칸들은 또 티베트의 공탕Гунтан 사원과도 밀접한 관계를 맺었는데, 13~14세기에 공탕 사원은 티베트의 사원들 가운데 상당한 영향력을 가지고 있던 사원이었다. 공탕 사원의 주지승들은 찰 지역의 지도자 역할을 함께 수행했다. 몽골의 칸들은 이 강성한 사원과 관계를 맺어 사원을 통해 티베트를 자신의 힘 아래 복속시키는 정책을 적극적으로 펴나갔다. 쿠빌라이 칸은 공탕 사원의 함바들을 궁에 자주 모셔와 친분을 유지하며 그들에게 매우 호의적으로 대했다.

쿠빌라이를 위시하여 몽골의 칸들은 많은 지역에 절과 사원을 짓고 옛 사원을 보수하는 일을 했으며, 많은 불교 경전을 몽골어로 번역하여 출판하는 작업을 했다. 이렇게 이 시대에 상당수의 사원을 짓고, 승려에게 특별한 혜택을 주는 등 불교를 보호하려고 했던 정책에 저항하는 움직임이 일어났다. 특별히 티베트 민중들 사이에서 종교의 명분으로 몽골 칸들과 공모했던 사쯔 등의 사원 권력자들에게 반대하고 저항하는 움직임이 거세게 일어났다. 이것은 근본적으로 몽골의 피정복자들에 대한 저항 운동이었다. 이러한 저항으로 마침내 티베트에서 오는 승려들의 수가 제한적으로 줄어들게 되었다.

원나라 시대 불교는 몽골 지배 계급에 어느 정도 영향을 미치기는 했지만, 민중

의 대부분은 여전히 무속을 신봉하였다. 이 시대에 조상숭배와 어워제, 화제(火祭) 등의 전통적인 제의를 드릴 때에는 여전히 많은 무당들을 불러 모아 굿을 하게했다. 마르코 폴로는 기행문에서 쿠빌라이 시대 몽골 무당들은 옹고드를 모셨다고 했으며, 다른 한 여행가는 몽골의 해몽가, 점쟁이, 민간 주술 요법사 등의 대부분이 무당들이었다고 기록했다. 이런 상황 속에서 전통적인 무교와 불교 및 도교의 갈등이 적지 않게 배태되었다.

쿠빌라이 칸은 불교를 원나라의 정치적 중심 종교로 삼았지만, 실제로 몽골에 무속을 압박하고 없애는 칙령을 내리지는 않았다. 14세기 몽골의 알탄 칸Алтан хаан은 티베트의 달라이 라마 서드넘잠츠Содномжамц와 불교를 몽골에 전파시키고 무속을 금하는 것에 관한 약조를 했다면, 쿠빌라이 칸과 승려 파스파 사이에는 다만 불교를 전파시키는 것에 대해 의견을 나누었을 뿐 무속을 금하는 것에 대해서는 어떠한 논의도 하지 않았다.

이처럼 13, 4세기 귀족 사회에 불교가 퍼져나가기는 했지만, 내부적으로 여전히 무속 신앙이 자리 잡고 있었기 때문에 불교가 사회 전반에 그렇게 강하게 침투되지는 못했다. 원나라 멸망한 후 불교의 영향은 상당히 약화되었으며, 몽골인들은 자신들의 기층 신앙인 무속을 신봉함으로써 무속은 생활 속에서 확실한 위치를 점했다. 그렇기는 하지만 그 시대에도 불교 전통은 끊어지지 않았다. 티베트 황교가 16세기 말엽 몽골에 다시 부흥해 힘 있게 전파되기 전에도 티베트와 중국의 국경에 근접되어 있던 몽골 서부와 남부 일부 지역에서는 불교가 여전히 적지 않은 영향을 미치고 있었다. 대칸의 권력을 빼앗으려 했던 오이라드의 권문세족들은 큰 스님들에게 국사라는 지위를 주고 명나라에 조공을 보내는 사절단들의 구성원에 명성 있는 티베트, 몽골 스님들을 포함시켜 명나라 황제에게 청해 불교 제의 용품을 가져오도록 했다.

그 당시 불교는 지역적으로 산재하여 그 생명을 지속하다가, 16세기에 이르러 몽골에 널리 전파되기 시작한다. 이 때 불교가 짧은 기간 안에 무속을 제압할 수 있었던 이유는 불교를 정치적 힘으로 포교시킨 점 이외에 불교가 의례와 위엄 있는 외관 등의 면에서 무속보다 훨씬 문화적인 모습을 가지고 있었기 때문이다. 그뿐 아니라 승려들은 피를 흘리게 하는 것을 금하고 온유하고 관대한 가르침을 폈다. 이러한 가르침은 봉건주의의 오랜 싸움과 참화에 시달리며 고통을 받던 몽골 민중의 정서를 위무해 주었기 때문에 불교는 매우 빠르게 민중 속으로 파고들었다. 원시 시대부터 몽골인들의 사고와 정서를 지배해 왔던 무속은 16세기 말엽에 이

몽골에 불교를 부흥시킨 알탄 칸

르러 핍박을 받음으로써 쇠퇴의 길을 걷게 된다.

티베트 불교는 16세기 중기를 지나 더욱 활발하게 전파된다. 몽골의 투멩 자삭그트 칸(1558~1593)은 1576년 티베트의 홍건파의 종수인 일동Илдун을 자신의 궁에 초대해 사제 관계를 맺고, 동부 조르간 투멩 가운데 홍교를 전파시켰다. 투멩 칸은 귀족들과 의논하여 1576년에 불법을 중심으로 하는 대법령을 선포하였으며 이를 정치적 지배 원리로 삼았다. 투멩 칸은 처음에는 홍교를 받아들였으나 나중에 황교의 뛰어난 점을 알고 황교를 신봉하게 된다.

투메드의 알탄 칸Алтан хан(1507~1582)도 달라이 라마와 만나기 몇 년 전인 1570년 초부터 티베트 황교의 승려들을 중국 명나라를 통해 모셔 왔다. 중국의 확실한 자료에 따르면 1573년 20명 이상의 티베트 승려들을 자신의 지역으로 모셔오게 하여 법회를 열었다고 한다. 몽골에 불교 전통이 끊이지 않고 이어지고 있었지만 실제로 황교를 몽골 전역에 강하게 전파시키는 데 큰 공헌을 한 사람은 알탄 칸이다. 그는 불교를 전파시키는 정책을 대단히 적극적으로 폈으며, 1578년에 티베트 황모파(일명 '겔룩파'라고도 함)의 조종인 서드넘잠츠를 모셔와 귀족 및 신하들과 함께 불교에 귀의했다. 그리고 불교를 자신의 지역에 널리 전파시킬 것을 공식적으로 선포했다. 이 만남에서 알탄 칸은 티베트 황교의 종수인 서드넘잠츠에게 '오치르다라 달라이 라마Очирдара Далай лам'라는 불교의 큰 칭호를 하사한다.

그는 고대부터 내려오던 순장 제도를 금지시키고, 모든 우상들을 불태웠으며 말이나 가축의 피로 제의를 드리는 행위를 하지 못하도록 하는 포고령을 내렸다. 알탄 칸은 명나라와 우호 관계를 맺는 동시에 티베트의 황교를 받아들여 불교의 힘으로 칭기스 칸의 직계 계승자들에 부족하지 않은 권력과 힘을 얻어 황제에 추대되기 위해 노력하였다. 그는 명나라의 황제에게서 '슈니―왕'(정의의 왕)이라는 칭호 이외에 티베트 조종으로부터 법왕法王이라는 불교의 큰 칭호를 얻게 된다.

에르덴 조 사원. 황교 최초의 사원

　　몽골의 다른 지역장과 귀족들도 알탄 칸에 뒤쳐지지 않기 위해 자신의 지역에 불교를 전파시키는 데 주력하게 된다. 동부 할하 몽골의 아브타이 샌 칸(1554~1588)은 1581년부터 시작하여 세 번에 걸쳐 달라이 라마 서드넘잠츠와 만났으며, 1586년 달라이 라마가 두 번째로 투메드 지역에 왔을 때 황교에 입교하였다. 달라이 라마는 그에게 불상을 선물하였으며, '오치르바트 투셰트 칸'이라는 칭호를 수여했다. 아브타이 샌 칸은 할하 몽골에 1586년 황교 최초의 사원인 에르덴 조를 세워 불교의 본거지로 삼고, 불교를 몽골에 전파시키는 데 힘을 기울였다.

　　17세기 중엽부터 할하 몽골에 최초의 버그드 자브장담바인 자나바자르(1635~1723), 롭상페렌레이Лувсанпэрэнлэй(1642~1715) 등 학식 있는 큰 스님들이 나왔으며, 이들은 몽골에 불법 포교 활동을 적극적으로 펼쳤다.

　　몽골에 불교가 크게 전파된 데에는 몽골의 국내외적 상황과 연관이 있다. 내적인 상황으로 보면 봉건제가 무너지는 상황에 놓여 있었으며, 그 기층 부류인 통치자 즉, 지역 왕과 귀족들 간에 더 나은 권력과 명성을 얻기 위해 수단 방법을 가리지 않고 경쟁하고 투쟁하는 상황에 있었다. 서로 경쟁하고 있던 권력자들은 황교를 전파시키는 데 있어 전 몽골민중의 권력과 이익을 생각하는 것보다 자신들의 명성과 권력을 확고히 하는 데 중점을 두었다. 그들은 달라이 라마에게서 가능한 한 높은 칭호를 얻기 위해 경쟁하였으며, 황교의 힘으로 자신의 지위를 확고히 하려고 애썼다.

다른 한편 칭기스 칸의 직계 왕들인 투멩 칸(1588~1592), 바양 세첸(1593~1602), 리그덴 칸(1604~1643) 등은 전체를 통합하는 힘이 부족했을 뿐만 아니라 황교를 그렇게 주목하지 않았다. 반면 원나라의 종교 정책의 전통을 고수하여 카르마파(전통파, 홍교) 특히 사쯔의 불교 가르침을 더 지지했다. 몽골 마지막 칸인 리그덴 호트그트는 쿠빌라이 칸의 본을 따라 사쯔 사원과 우호적인 관계를 맺고 큰 스님들을 자신의 궁에 모셔와 정치와 종교가 결합된 정책을 펼침으로써 몽골의 통일을 확고히 하기 위해 힘을 기울였다. 리그덴은 16세기 말엽부터 몽골 문화의 회복과 발전을 위해 적지 않은 노력을 했지만, 나라를 통합하고자 했던 국가 정책은 성공시키지 못했다. 옛 사쯔의 가르침을 크게 고수했던 것은 새로이 발전해 가는 황교도들의 저항에 부딪치게 되었으며, 그것은 리그덴을 만주 앞에 외톨이로 몰아넣었다.

불교가 몽골에 전파된 것은 통치자들의 개인적인 야심 이외에 그 시대 상황에 몇 가지 긍정적인 측면이 있었던 것도 사실이다. 즉, 귀족과 봉건 영주들 간에 투쟁과 위기를 어느 정도 약화시키고, 한 집단의 정치적인 결집을 확고히 하며 민중들에게 문자를 전파시키고 불교문화를 받아들임으로써 자국의 문화를 발전, 확대시키는 데 도움이 되었다.

그러나 몽골의 지방 통치자들과 귀족들은 불교의 서로 다른 분파를 옹호하면서 불필요한 경쟁을 하고, 자신의 확고한 지위를 굳히기 위한 일환으로 가능한 한 불교의 높은 칭호를 얻기 위해 애썼던 것은 마침내 그들의 이익과 관심에 도움이 되지 않았을 뿐 아니라 나라의 독립을 잃게 하는 한 원인이 되었다.

만주 지배기와 그 이후의 불교

이 시기에 이웃 나라 만주족은 점차 강성해져, 몽골을 침략할 때 무력으로뿐 아니라 그 당시 몽골에 새로운 힘으로 침투했던 황교를 자신들의 지배 정책에 교묘하게 이용했다. 무엇보다 먼저 만주의 왕들은 티베트 황교의 권력자들과 직접 관계를 맺고 불교를 옹호하고 지원하여, 몽골 지배를 위한 정치적 기반을 다졌다.

만주 왕들은 비록 몽골인들과 가까운 종족이었지만, 그들은 칭기스 칸의 가계와 아무런 관계도 없었기 때문에 스스로를 몽골인들의 황제로 자처할 만한 근거가 부족

만주 아바하이 칸(태종)

했다. 그렇기 때문에 그들은 이러한 부족함을 이념적으로 제거하고 보충하기 위해 불교를 끌어들였다. 만주 왕들은 앞서 쿠빌라이 칸이 실행했던 종교와 정치의 양면 정책을 새로이 진행하고, 더 나아가 자신들을 몽골 대왕의 유업을 이을 타당한 계승자로 만들어 사람들에게 믿음을 심어 주려고 애썼다.

만주의 아바하이 칸Абахай хаан(1592~ 1643)은 처음에 많은 양의 금으로 원나라 시대 국사 파스파의 상을 만드는 등 불교에 우호적인 태도를 취함으로써 몽골 사

람들의 인심을 사려고 노력했다. 1630년 중엽 남부 몽골인들은 특별한 저항 없이 만주를 따라 그들의 지배하에 들어가게 되었다.

만주는 동·서부 몽골의 지배 정책을 시행할 때도 불교를 이용했다. 그 당시 만주는 여러 가지 기만적인 방법으로 티베트를 자신의 권력 하에 포섭하고, 불교 권력자의 힘과 노력을 이용하여 몽골을 장악하는 정책에 적절히 이용하였다. 몽골 전역이 만주의 통치에 들어간 200년 이상의 기간 동안 황교의 지위는 대단히 확고해졌다. 몽골의 기층 신앙인 무속을 여러 가지 방법으로 핍박하였으며, 그 의례와 습속의 적지 않은 부분을 불교에 습합시켜 몽골 유목민들의 특수한 생활에 불교를 놀랍게 조화시켰다.

고대 인도 기원의 불교가 티베트 황교의 형태로 몽골에 전파되어 독점적인 지위를 점하게 되면서, 몽골 민중의 생활과 문화, 도덕, 관습 등에 지대한 영향을 미쳤다. 몽골의 유목 문화는 자신의 수천 년의 역사에 외래 종교, 문화의 영향에 그렇게 큰 힘으로 침투된 적이 없었다. 만주가 1644년부터 150년 이상 정책적으로 불교를 몽골에 전파하는 데 상당한 노력을 경주한 결과, 1800년대 초에는 몽골에 1,000개 이상의 사원이 생겨났다. 승려들은 사회적으로 특별한 지위를 누리게 되었을 뿐 아니라 정치적인 일에도 참여하게 되었다. 그러나 실제로 만주는 불교의 지도자를 비롯해 일반 승려들을 그다지 존중하지 않았다. 1826년 5대 자브장담바가 북경에 가서 만주 황제를 찾아가 인사를 하려고 했으나, 만주 정부에서 그다지 달가워하지 않았으며 활불의 나이가 어리다는 이유로 방문을 허락하지 않고 접견을 미루었다. 1830년 자브장담바가 다시 황제를 찾아갔을 때 그를 만나주기는 했으나, 여행 경비를 국고에서 내주지 않고 승려들에게 추렴해 충당하라고 명했다. 이와 같이 만주는 몽골의 불교 지도자의 권한과 행동을 제한했으며, 자신의 이익이 되는 방향으로 불교를 이용하고자 했다.

만주는 불교를 이용하여 몽골인들의 마음을 유하게 하고 지배를 용이하게 하려했으나, 오래지 않아 만주 정부는 불교가 몽골 전체를 결집시키는 커다란 힘이 될 수

금강저와 금강령

있다는 사실을 인식하고 이를 경계하기 시작했다. 이렇게 경계를 가지게 된 동기는 불교 성인의 15번째 화신인 자브장담바 몽골 최초의 버그드(불교의 종교적 최고 지도자)를 칭기스 칸의 황금 가계인 투셰트 항Түшээт хан 겜버더르지의 아들 자나바자르Занабазар로 삼은 데 있었다. 이렇게 몽골의 불교 지도자가 몽골의 지배력 있는 가문에서 나왔다는 것은, 만주의 정책과 움직임에 반대하는 세력을 중심화시킬 수 있는 가능성이 있다는 것을 의미했다. 이 점을 경계해 만주는 제3대 버그드로부터 티베트에서 출생한 활불을 데려와 버그드로 삼았다.

　20세기 초 몽골의 종교와 정치의 지도자였던 제8대 버그드 자브장담바 활불은 1869년 티베트에서 태어났다. 그는 1874년 5세 때 몽골에 의도적으로 보내진 종교의 지도적 인물이었다. 그는 어린 시절 궁전의 많은 선생과 그를 모시는 승려들의 가르침에 따라 엄격하게 짜여진 일과에 따라 생활을 했다. 궁전의 몽골 스승들은 그를 다른 사람들과의 교제를 삼가고 몽골의 생활과 풍습, 몽골 사고방식에 젖도록 특별히 유념하여 가르쳤다. 이러한 이유로 해서 자브장담바는 비록 티베트 혈통이지만 어떤 일에든 몽골 풍습과 예법을 기본으로 하였으며, 몽골어를 티베트어보다 더 능통하게 잘했다. 그는 젊어서부터 종교와 일반서, 그 가운데 동양 문학의 진수인 많은 작품을 스스로 번역했다. 어려서부터 신앙시되고 존숭을 받았으며 상당한 특권을 누렸지만 자브장담바는 자만하지 않고 사려 깊게 처신하였으며, 생각한 것을 이루기 위해 일관성 있

8대 버그드 자브장담바

게 분투하는 용기있고 기민한 사람이었다.

그가 성인이 되었던 20세기 초 몽골과 세계는 매우 심한 변환기에 있었다. 만주 지배에 이백 년 이상 고통을 받으며 지친 몽골 민중들의 민족의식이 크게 회복되었고, 몽골이 왜 세계 발전에서 뒤처져 있는가, 어떻게 하면 나라를 다른 나라와 같이 발전시킬 수 있을까를 지위고하를 막론하고 고심하게 되었으며, 외세의 압박에서 벗어나 국가와 민족을 한 단계 위로 끌어올릴 방법을 모색하기 시작했다. 이렇게 불교를 보호하고 정치적 독립을 회복하려는 경향이 표면화된 것을 만주 정부는 예의 주시하였다. 그리고 새로운 정책의 중요한 일부분이 종교 문제에 있다는 것을 알고 있었기 때문에 승려들을 정치로부터 멀리 떨어져 있게 하는 데 특별히 주의를 기울이게 되었다.

버그드 자브장담바는 1898년 몽골에 만주 독재자들이 보내온 새 정부 정책이라는 것에 즉각 반대 입장을 취했을 뿐 아니라, 만주로부터 독립할 방법을 모색하기 시작했다. 이러한 생각을 실천에 옮기기 위해 내몽골의 진보적 사상을 가진 귀족들과 이 문제를 논의하였으며, 조국 해방에 대한 강한 염원을 주변 사람들에게 알리고 독립 문제를 비밀리에 상의하기 위해 버그드 산에서 법회를 연다는 명분으로 회의를 소집했다. 또 이 대사를 자력으로 이룰 수 없었기 때문에 러시아에 도움을 요청하기 위해 대표자들을 보냈다. 그 당시 몽골 전역에서 자유와 독립의 움직임이 거세게 일어나고 있었고, 몽골의 정치 · 종교적 활동가들이 8대 버그드 자브장담바와 연합하고 있었기 때문에 러시아 조정은 그들의 희망을 긍정적으로 받아들였다. 이렇게 국내 · 외적인 조건이 이루어지자 몽골의 영향력 있는 사람들은 적극적으로 일을 추진하였으며, 1911년 겨울 이흐 후레의 귀족들이 다시 모임을 갖고 독립 문제를 논의했다.

몽골의 불교는 역사의 오랜 기간을 함께 하면서 몽골 민중의 삶과 문화, 도덕, 관습에 깊은 영향을 미쳤다. 몽골의 사원의 수는 해마다 늘어 20세기 초에는 750개 정도에 이르렀으며, 사원에 거주하는 수행자 및 승려의 수는 115,000명가량 즉 전체 인구의

1 부라트 울란우데에 있는 린포체 박시 다창(사원학교)
2 울란바타르 간단사의 어린 학승들

5분의 1을 차지했으며, 남자의 3분의 1 이상이 승려가 되었다. 수도의 사원들은 교육과 문화의 온상이 되었으며, 상업과 교역의 중심지가 되었다. 사원은 문화적으로뿐 아니라 경제적인 면에서도 대단히 확고한 지위를 가지게 되었다.

그러나 200년 이상 만주 지배하에 있던 몽골은 외국의 문화적 접촉과는 별리되어 있었으며, 세계의 발전적 상황과는 상당히 동떨어지게 되었다. 이런 고립된 상황에서 지성과 문화, 교육의 자리에 불교가 제한 없이 지배적인 위치를 점했다. 교육의 처음 단계로 5~6세가 된 어린이들은 승복을 입고, 절에서 생도로 살면서 티베트어로 된 책을 암송하였다. 이렇게 몇 년을 공부하다가 사원의 학부дацан(다창)에 들어가 공부를 했다.

몽골에 황교가 전파되던 초기에는 승려들이 모국어인 몽골어로 가르치고 책을 몽골어로 바꾸는 일에 적지 않은 노력을 기울였으나, 점차 그러한 풍속은 사라지고 모든 책들이 티베트어로 사용되었다. 몽골의 승려 가운데는 티베트어에 통달한 사람들이 적지 않게 배출되었으며, 그들은 모국어가 아닌 티베트어로 저술 활동을 했다.

1 사회주의 시절 유일하게 법회를 드렸던 간단사
2 숙청 박물관

몽골 사람의 대다수가 불교 신자가 되었으며, 그들은 마침내 불교문화의 커다란 세계에 흡수되었다. 몽골의 불교는 만주가 의도했던 것과는 달리 그 힘이 커져 승려들이 나라의 정치, 독립 운동에까지 참여하게 되어 결국 1911년 만주로부터 나라를 찾게 된다.

1921년 러시아 볼세비키의 영향으로 몽골에 이루어졌던 민주 혁명의 결과 몽골의 종교적 운명은 돌연 반전했다. 새로운 정부는 여러 가지 방법으로 불교를 제압하였으며, 1924년부터 "불교는 마약이요, 승려는 혁명의 적이다."라고 선포하고 종교적 활동을 억압했다. 1929년 1월 자브장담바의 화신이 현현되는 것을 완전히 금했으며, 10월에는 많은 이름 있는 승려의 사진을 파는 행위를 금지시켰다. 이와 같은 결정은 몽골의 종교사에 미증유의 사건이었기 때문에 승려뿐 아니라 신자, 전체 국민들의 정서에 깊은 상처를 주었으며 당과 정치의 명예를 떨어뜨리는 결과를 초래했다. 이때부터 사원의 재산과 건물, 사원의 모든 재정에 세금을 더욱 가중되게 부과하게 되었으며, 사

326

원이 부를 축적하지 못하도록 하는 정책을 시행했다.

　1930년 국가 6차 대회의에서 18세에 이르지 않은 젊은이들이 승려가 되어 사원에서 지내는 일을 완전히 금지시켰다. 1937년 스탈린의 노선을 따르지 않는 모든 정치인과 지성인들에 대한 무자비한 탄압과 암살 등이 자행됐다. 1937~39년에는 승려들을 반동분자라 하여 숙청하고 수많은 사원을 폐쇄시켰다. 확인되지 않은 기록에 의하면 약 17,000명의 승려들을 체포하고 이중 13,680명을 사형에 처했다고 한다. 그때까지 존재했던 771개의 사원 가운데 1938년에는 11개의 사원만이 남았으며, 1940년에는 유일하게 간단사에서만 법회가 열렸다. 1980년대 말부터 몽골에 민주화와 개혁의 물결을 타고 불교는 다시 민중 대다수의 신앙심을 일깨우기 시작하였으며, 1997년에는 절의 수가 200개 이상으로 늘어났다. 현재 불교를 나라 발전을 위한 정신문화의 한 힘으로 보고, 여러 면에서 불교 장려정책을 펴고 있다.

자나바자르(1635~ 1723)
　자나바자르Занабазар는 칭기스 칸 가계인 할하의 투세트 항 검버더르지의 아들로

1 아르항가이와 우워르항가이 아이막의 경계에 있는 투브흥 사원
2 자나바자르가 수도하던 투브흥 사원의 바위동굴

| 1 | 2 |

제1대 버그드 자나바자르의 자화상

태어났다. 그는 5세에 할하의 불교의 종수인 제1대 버그드 자브장담바 즉 활불 버그드 칭호를 받는다. 자나바자르는 어려서 티베트의 5대 달라이 라마 악그왕롭상잠츠 아래서 제자로 지내며 불교의 이론과 교훈, 여러 학문을 습득했다. 20세 고향 가까운 어워르항가이의 투브홍Төвхөн이라는 곳에 절을 세우고 그곳 동굴에서 명상을 하며 지냈다. 그는 이곳에서 몽골의 정치, 언어, 문화 발전의 위대한 작품들을 창작했다. 또 1686년 이곳에서 몽골의 독립을 상징하는 소욤보 문장과 문자를 만들었다.

운두르 게겡 자나바자르는 정치, 종교에 영향을 미쳤을 뿐 아니라 17세기 건축, 미술, 조소 등 예술의 우수한 기념물들을 창작한 몽골의 위대한 불교 예술가였다. 그는 자신의 독창적인 예술적 기법으로 수많은 건축, 미술품들을 창작하였으며, 유목민의 지성적 사고와 상징이 혼재되어 있는 그의 작품들에는 몽골 특유의 예술혼이 깃들여 있다고 평가된다. 그의 작품은 처이진 람 박물관과 버그드 칸 박물관, 예술 박물관 등 울란바타르 시의 중요 박물관에 전시, 보존되어 있다.

총카파(정호브: 1357~ 1419)

총카파는 티베트 불교의 개혁자이며 황건파 불교의 기초자이다. 그는 몽골 예술·종교·철학 사상의 전통 유산과 불가분의 관련이 있는 위대한 인물 중 한 사람이다. 총카파는 1357년 티베트 동북의 총카 지역에서 태어났으며, 7살에 출가하여 16세 종교철학을 공부하기 시작했다. 25세 때에 카규르, 텐규르, 인도 철학을 연구하기 시작했으며 36세 때 부처님의 연기설에 대한 참된 깨달음을 얻게 된다. 그는 불교의 의례와 신앙적 도덕성으로 승려의 본령과 이름을 높이는 데 크게 주력했다.

53세 티베트에서 고승들을 참여케 한 대법회를 인도하게 되었는데, 그것이 불교 예법을 새롭게 개혁하는 계기가 되었다. 불교 의례와 재를 드리는 의식을 개선하고자 했던 것은 일반 신도들의 생각과 부합하여, 불교 개혁의 폭넓은 지지 기반을 마련한다. 그의 개혁 정신은 티베트에 있던 종교의 수많은 흐름을 바꾸고, 점차 황건파(겔룩파) 혹은 '총카파교'가 널리 퍼지는 근거를 마련했다.

총카파는 불교의 쇄신을 도모하고 신앙의 규례를 새롭게 했으며, 불교 의례를 신자들이 쉽게 알 수 있도록 개선했다. 그는 불교의 실천적인 활동 이외에 높은 철학적 지식을 바탕으로 313권의 수준 높은 불교 이론서를 저술했다. 그의 이러한 탁월한 활동으로 인해 그는 티베트에서뿐 아니라 몽골에서도 신성으로 추앙되었다.

참

1 불교 교화극 참
2 호법신중의 참 탈

참Цам은 종교와 신앙의 적대자를 제압하는 불교 활동을 상징적으로 보여주는 가면 의식무이다. 참은 고대 인도에서 발생하여 8세기 말에 티베트를 거쳐 18세기 중엽에 몽골에 전해졌고 본다. 처음 인도에서 발생할 때는 예술적인 춤의 하나였으나, 불교 발생 이후 불교의 주제를 가진 공연물이 되었으며 나중에는 불교적인 주제만을 가지게 되었다. 참은 순수한 불교 의식무의 형태로 아시아 여러 나라에 퍼졌다. 현재는 종교적인 성격에서 문화 예술적인 방향으로 변화되고 있다.

티베트 참은 고대 인도의 시바 신앙과 불교, 본교(무속)가 혼합되는 성격을 가지고 있으며, 몽골에 퍼진 참에도 불교적인 것에 몽골 무속과 신화적 사고, 장인들의 예술적 사고가 혼재되어 있다. 참은 기존의 종교와의 투쟁과 갈등 속에서 생겨났기 때문에 처음부터 비밀스러움과 상징적인 성격을 띠었다. 처음에 참은 사원에서 매우 비밀리에 행해졌으며, 승려 가운데 계를 받은 승려의 일부가 참여할 수 있는 권한을 가졌던 매우 분명한 목적을 가진 불교 의례였다. 몽골 참은 티베트에서 전해져 몽골에 널리 행해지는 발전 과정에서 티베트 참과 구별되는 몽골 참의 특수한 성격과 형태를 띠게 되었을 뿐만 아니라 지역마다 서로 다른 특징을 갖게 되었다. 그것은 지역의 절 내지 사원의 수호신과 산천신이 서로 다른 데 기인하며, 한편 각 지역민들의 풍속의 특수성에 따라 참의 형식적인 면에 차이가 생겨났다.

몽골에서 참이 처음 행해진 것은 1723년 오이라드의 중가르зунгар에서였으며, 그 다음에는 1786년에 에르덴조 사원에서 행해졌다. 이흐 후레의 경우는 1811년에 처음 참의식이 베풀어졌으며, 그 후 1937년까지 127회에 걸쳐 참이 행해졌다. 1937년 이후에는 정치·사회적인 이유로 참 의식이 행해지지 못하다가 1999년 후레 참이 예전대로 복원되어 울란바타르의 간단테그치렌(간단사)에서 행해졌다.

역사
유적지

22
하라호름

어르헝(오르혼) 강 주변 평야는 몽골의 도시 건설의 기원과 발전을 보여주는 고고학적인 역사, 문화 기념물의 유적지이다. 하라호름 시는 1220년에 처음 세워졌으며, 1238년(어떤 학자는 1235년이라고도 함) 이곳에 우구데이 칸의 궁전을 세움으로써 하라호름은 더욱 발전하고 확장되어 몽골 대제국의 경제, 문화, 정치의 중심지가 된다. 이 도시에서 몽골의 여러 나라들을 통치하였으며, 이곳을 통과하는 비단길의 교차 길을 통해 400여 년 동안 유라시아와의 상업이 이루어졌다. 어르헝 평야는 13~16C 몽골 군주국의 광대한 지역을 잇는 중요한 정주 도시였다.

그러나 하라호름은 어르헝 평야의 최초의 시는 아니었다. 이 지역을 도시로 세운 것은 8세기 위구르 시대였다고 본다. 하르 발가스Хар Балгас라 했던 이 도시는 715년 위구르의 페이로Пейло 왕에 의해 건설되었으며, 840년 예니세이 키르기스의 침략으로 파괴되었다. 오늘날 그 유적들이 몽골 군주국 시대 이전 도시 건설이 시작되고 발전되었다는 것을 분명히 증거해 준다. 어르헝 평야에 구석기, 청동기, 철기시대, 투르크, 위구르, 몽골 시대의 상당한 문화적 자취가 남아있다. 이 도시에는 투르크, 위구르 문자로 된 기념비와 동물석상이 있다. 성의 서남쪽에는 상공업의 중심지가 있었으며, 어르헝 강의 물줄기를 끌어 들여 사용했던 흔적이 남아있다.

이 평야에는 빌게 칸Билгэ хаан, 쿨테겡Күлтэгэн 등의 투르크의 유명한 왕과 장군들의 기념비 등 역사 유물들이 풍부하게 남아있으며, 쿨테겡의 매장지는 1958년 엘. 이슬을 단장으로 한 몽골·체코 합동조사단에 의해 상세히 조사되었다.

19세기 말엽부터 국내외 많은 학자들이 하라호름 성터를 조사하기 시작했다. 오랫동안 학자들은 하라호름의 터를 확정짓지 못하고 있었는데, 1889년 엔. 엠.야드린체프가 에르덴 조 사원 주변에서 큰 규모의 도시의 흔적을 발견했다. 1년 후 웨.웨.라드로프가 그 사원의 성벽을 조사하다가 하라호름의 문서인 왕의 칙령이 새겨있는 석판을 발견했다. 1912년에는 웨.엘.코드비치가『몽골비사』의 항목이라고 추정되는 세 개의 문서 조각을 발견했다.

1948 ~1949년 러시아 학자 이스.웨.키시레프, 몽골의 학자 헤.페르레 등이 주도가 된 몽골 역사·민속학 학술연구팀이 하라호름을 처음 발굴 조사하기 시작했으며, 그 결과 커다란 규모의 새로운 증거를 얻었다. 이 시는 벽돌로 지어졌으며 정방형의 성채, 사방의 문, 문을 통해 난 길들이 있었던 자취가 발굴되었다. 연구 자료에 의하면 이 시는 몽골 귀족이었던 어트치긴이 200명의 인부와 함께 지었다고 한다. 우구데이 칸의 궁전은 오른쪽 부분의 인공 호숫가에 있었으며, 그 호수는 강에서 물줄기를 끌어 만들었다.

우구데이 칸 당시 이 궁을 '투멩 암갈랑Түмэн амгалан'이라 했으며, 64개 기둥이 있는 넓은 객실이 있었던 것으로 보인다. 궁의 바닥은 녹색 에나멜로 칠해진 도판이 깔려 있었고, 벽은 여러 가지 벽화로 장식했으며, 지붕은 녹색과 붉은색 기와로 덮여 있었다. 또 궁에는 은나무가 있었는데, 이 나무는 프랑스 파리의 빌헬름 보쉬예라는 장

1 하라호름의 거북석상
2 성터 발굴 현장

인의 기술로 만들어졌다. 명절이나 큰 잔치가 있을 때 기계 장치를 움직이면 꼭대기에 있는 은으로 만든 사람이 나팔을 불고, 사방을 바라보고 있는 용의 입에서 술, 포도주, 꿀과 마유주가 흘러내렸다고 한다. 이 은나무는 현재 몽골 지폐에 문양으로 들어 있다. 현재 궁터와 그 주변에 4개의 거북석상이 있는데, 하나는 우구데이 칸의 궁터에 또 하나는 시의 동쪽 폐허 입구에, 세 번째 것은 폐허의 남쪽 2km 지점에 있다. 네 번째 거 북은 에르덴 조Эрдэнэ зуу 사원에서 12km 떨어진 어르헝-텔에 있는데, 중국 군대가 하 라호름 시를 파괴할 무렵 이 거북은 화강암 더미 속에 머리를 묻고 있어 위험을 피할 수 있었다는 전설이 전한다.

　　1995~1997년 실행된 몽골 정부, 유네스코, 일본 정부의 〈몽골 고대 수도 하라호름 성터 보존〉이라는 공동안에 따라 위치 조감도 작성, 고고학적 발굴, 지하 연구가 진행 되었다. 하라호름 시는 사방에 문이 있는 사각지형의 성 안에 왕궁, 절, 상점, 군인 막 사, 일반 주거지 등의 구역이 있었던 사실이 밝혀졌다. 마르코 폴로는 그의 여행기에

서, "이 도시는 둘레가 3마일 정도 된다. 석재가 부족하기 때문에 성내 건물은 모두 목재·점토로 되어 있고, 주위 성벽은 흙으로 되어 있다. 이 토성에서 그다지 멀지 않은 곳에 대규모 보루가 있는데 그 안에는 상당히 화려한 궁전이 있으며, 이 지방 지도자가 그곳에 거주한다."고 기록하고 있다.

하라호름은 140년 간 존속하지만 몽골제국의 수도였던 시기는 32년의 기간이었다. 1215, 1268년 큰 화재가 있었으며, 1380년, 1466년 중국인에 의해 파괴되었으나 그때마다 다시 복구되었다.

웨.루브룩은 〈동방여행기〉에서 이 도시에 대해 이렇게 언급했다. "하라호름에는 두 개의 구역이 있다. 그 중 하나는 사라센(이슬람) 구역으로 많은 거리가 있고, 다른 하나는 장인들이 사는 중국인 지역이다. 이 두 구역 외곽에는 여러 종족과 민족들의 12개 예배소가 있다. 시 외곽에 이슬람 사원이 두 곳이 있고, 기독교 교회가 한 곳이 있다." 이 성곽도시의 저택에는 우구데이 칸의 자식과 친척들이 살았다. 그러나 대다수의 몽골인들은 목축을 하며 초원에서 유목생활을 했으며, 추운 겨울과 봄에만 성 안에서 살았던 것으로 보인다.

하라호름은 우워르항가이 아이막에 있으며, 수도에서 남서쪽으로 약 400km 거리에 위치해 있다. 울란바타르에서 차로 6~8시간 정도 걸린다.

23
에르덴 조 사원

에르덴 조 사원은 몽골에서 가장 오래된 불교 사원이다. 이 사원은 1586년 아브타이 샌 항에 의해 하라호름 성시 가까이 세워졌으며, 나중에 불교의 큰 중심이 되었다. 사원 외벽은 108개의 스투파(소브룩)가 있는 400×400m 규모의 성채로 되어 있으며, 동서남북 조망대, 4개의 성문이 있다. 1792년 사원 성 안에 62개의 절과 500개 이상의 건축물이 있었으며, 만 명 가량의 승려들이 생활했다. 1586년부터 1840년까지 새로운 절과 전이 계속 지어졌으며 낡은 곳은 부분적으로 보수공사를 했다. 20C 초에는 건축물이 600여 개에 이르렀다. 현재는 11개의 전과 2기의 기념탑과 몇 개의 스투파가 남아 있다.

에르덴 조 사원은 중세기 몽골 역사문화의 귀중한 유산이다. 몽골의 현자들이 이 사원을 세운 목적은 첫째, 불교의 자비와 불법에 의지하여 몽골의 분열을 극복하고, 민중의 정신을 하나로 집결시켜 화목을 다지기 위해서였다. 둘째, 불교의 자비의 가르침으로 새로운 정신문화를 일깨우려는 데 있었다. 이러한 요구와 필요에 따라 할하의 오치르바트 투셰트 항 아브타이 항이 1577년 불교의 종수 달라이 라마 서드넘잠츠와 몽

1 에르덴 조 사원
2 108개 스투파로 조성된 에르덴 조 사원의 외벽

골에 불교 포교를 위해 회동을 갖고, 그의 제안으로 1586년 몽골 불교의 첫 번째 사원을 세웠다.

이 사원을 세움으로써 몽골에 불교 포교와 불교 발전의 문이 열렸을 뿐 아니라, 이 사원은 동양 문화와 과학의 중심지로 발전했다. 어르헝 강변, 우구데이 칸의 궁 앞쪽, 아브타이 샌 항의 궁전 옆에 이 사원을 세운 것은 역사·정치적인 중요한 의의를 갖는다. 칭기스 칸이 선택한 수도 하라호름, 그 다음 에르덴 조 사원을 세운 그곳에 우구데이, 구육, 뭉흐, 터겅투무르, 바트 뭉흐 등의 대칸들이 살면서 궁전을 지었다.

에르덴 조 사원을 지을 때 중심 전, 오른쪽, 왼쪽의 세 개의 절을 지었다. 세 번째 지은 오른쪽 절에는 성을 쌓고 그 가운데 에르덴 조 사원을 지은 투셰트 항의 조상과 아브타이 샌 항, 그의 손자 투셰트 항 겸버더르지를 기념하는 탑을 세웠다. 아브타이 샌 항은 20세기까지 65개의 절을 짓고 다창(사원 학교)과 경전연구소 등을 꾸준히 지어나갔다.

이 사원은 1701년부터 보수를 시작하였고, 1730년부터 에르덴 조 사원의 108개 스투파가 있는 성벽을 쌓기 시작했다. 1930년대 정치적 대숙청기에 모든 사원과 승려들이 위기에 처해졌을 때 이 사원 역시 상당한 어려움을 겪었다. 몽골에 스탈린 시대 종교 억압에서 남아 있던 몇몇 사원 가운데 하나인 에르덴 조 사원은 몽골에 있는 불교 사원들 가운데서 가장 잘 보존되어 남아 있다.

사원의 예술적인 건축물들은 13세기부터 변화되지 않았으며, 도나이 강에서 샤르 강까지 드넓은 지역에 이르는 불교 사원 양식에 영향을 준 이 사원은 몽골 건축예술의 모든 특징을 잘 보여준다. 에르덴 조 사원은 몽골의 전통적인 도시 구조에 따라 지어진 유일한 사원이며, 그 예술적인 건축 양식과 구조는 하라호름 시의 궁전 예술 건축물과 같다. 1944년부터 국가의 보호를 받고 있으며, 현재는 박물관으로 일반인들에게 개방되고 있다.

이 사원의 앞쪽 산에는 남자 성기 모양의 제법 모양새를 갖춘 자연석이 놓여있어, 사람들의 주목을 끈다. 이 돌이 놓여진 일에 대한 재미있는 전설이 전한다. 에르덴 조 사원의 승려들이 어느 때부턴가 도를 닦는 일은 뒷전에 둔 채 동네 처녀들과 바람이 나는 일이 잦아졌다. 아무리 막아도 그러한 일이 그치지 않자, 한 선사가 그 원인을 생각하며 주변을 살펴보니 앞쪽 산의 지형이 여자의 음부 모양을 하고 있었다. 그래서 여성

1 여성 음부 모양의 산세
2 성기 모양의 자연석

1	2

의 지기를 달래기 위해 남자 성기 모양의 돌을 그 앞쪽에 가져다 놓았다. 그러자 승려들은 부정한 행동을 그치고 불도에 매진하게 되었다고 한다.

돌성기는 하단으로 금줄이 쳐져 보호되고 있으며, 이 희한한 돌을 보기 위해 사람들이 줄을 잇는다. 주변에는 기념품을 파는 상인들이 즐비하게 앉아 호객을 한다.

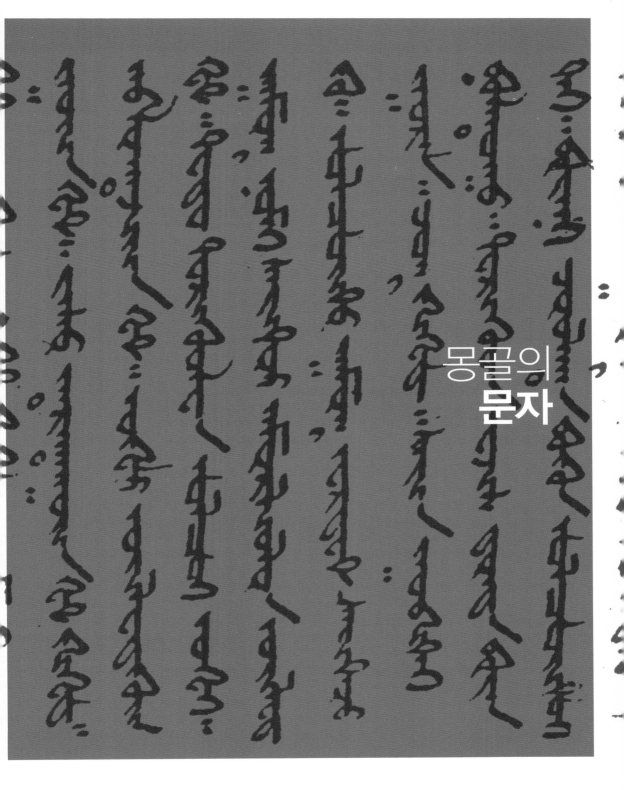

몽골의
문자

24
몽골 문자 약사

몽골 사람들이 사용해 온 기원적인 문자는 소그드Согд 문자, 티베트—나가르Harap 문자, 러시아 키릴 문자 등이며, 이들은 모두 음소 문자이다. 몽골 민족들이 고대로부터 사용해 온 문자는 수적인 면에서 10가지 이상에 이른다. 이렇게 많은 문자를 사용해 온 역사를 가진 나라도 그리 많지 않을 것이다. 몽골 사람들이 왜 이렇게 많은 문자를 사용해 왔는가하는 이유를 고찰해 보면,

첫째, 국가 정책으로 인해 문자가 바뀐 경우

둘째, 몽골 문자를 당대 구어 방언에 가깝도록 적기 위한 노력에 기인하는 것으로 나누어 볼 수 있다. 몽골은 다종족 국가이며 지역마다 방언이 다르기 때문에 그에 대한 통일된 발음을 적을 수 있는 노력을 기울여 왔으나, 어느 때에도 전체 몽골 사람들이 공통으로 사용할 언문일치가 되는 문자에까지 이르지는 못했다.

그러나 몽골 사람들이 사용해 온 여러 종류의 문자가 가지는 한 가지 공통적인 특징은 문자 자모에 티베트어, 산스크리트어, 중국어, 터키어, 러시아어 등 많은 외국어

를 그 해당 언어로 적는 전사문자가 반드시 포함된다는 점이다.

몽골계 기원의 문자들

몽골족과 같은 계통이라고 보는 흉노족에게 문자가 있었는지에 대해 학자들은 두 가지 견해를 가지고 있다. 하나는 문자가 없었다는 것이고, 다른 하나는 문자가 있었다는 견해이다. 이 견해는 고비—알타이 아이막의 차강 골의 바위에 새겨있는 문자와 흉노 사람들의 무덤에서 발견된 부장품에 새겨진 인장 문자 형태에서 그 증거를 찾고 있다. 이러한 인장 문자는 고대 투르크의 '룬' 문자와 유사한 것으로 생각하기도 한다. 흉노족들이 문자를 사용했다는 것을 증빙할 만한 자료를 살펴보면, 흉노와 한 나라 사이에 국경선을 만리장성으로 하자고 조약을 한 일, 기원후 46년 흉노가 지도를 만들어 다른 나라에 전한 일, 그리고 흉노에 '사관'이라는 관원이 있었던 점 등을 들 수 있다.

투브 아이막 에르덴 솜에 있는 룬문자로 기록된 톤유쿡 기념비

고대 룬 문자의 형태는 고고학적인 여러 유물, 바위 위에 새겨진 글자, 가축 낙인 등으로 전승되어 왔다. 룬 문자의 기념물은 어르헝, 셀렝게, 예니세이 강 유역과 동부 투르키스탄, 바이칼 호수 주변, 레나 강 유역, 중앙아시아, 페르강, 탈라스의 넓은 들에서 발견되었다. 룬 문자를 몽골 사람들과 같은 기원을 가졌다고 여겨지는 흉노, 선비, 유연, 거란 사람들이 사용했다.

기원후 7~10세기 투르크 종족들이 사용했던 전체 40개가량의 글자로 쓰여진 룬 문자를 처음 발견한 장소를 이름하여 '어르헝의 룬', '예니세이 문자'라고 불렀다. 룬 문자의 유적을 처음 1893년 베.톰센Б.Томсен이 해독하여 읽고, 1894년 베.라드로프Б.Радлов가 투르크 문자 번역물을 출판했다. 룬 문자의 기원을 고대 소그드, 남유럽의 문자, 라틴어 혹은 종족의 인장과 관련하여 설명하는 견해가 제기되었다. 동유럽에서는 룬 문자를 기원후 2~3세기부터 중세기 마지막 시기까지 사용했다.

고대 비문 연구 결과, 유럽으로 이주해 간 흉노인들은 자신들이 사용하던 룬 문자를 가지고 감으로써 중앙아시아와 유럽 사람들의 문자에 영향을 주었으며, 투르크와 흉노인들의 룬 문자를 유연국으로 전하게 된 것으로 본다. 어르헝의 문자 유적은 930년대까지 아우르며, 예니세이의 투르크 비문은 대부분 기원후 9~10세기 것들이다. 룬 문자의 기념물은 동서양 문자 관계를 연구하는 데 귀중한 고고학적 자료가 된다.

중국 측 기록을 보면, 투바 사람들은 339년 대학을 세워 나라의 자제들을 가르쳤으며, 425년 새로운 문자를 만들어 수백 편의 서적을 편찬했다는 기사가 전한다. 그 외에 선비족들은 방언인 타브가치Табгач 어로 많은 책을 편찬했다는 기록이 있다.

거란(907~1125)의 요나라Ляо улс가 세워진 뒤 거란 학자들은 920년에 대문자(이흐 비칙), 925년 소문자(박그 비칙)를 만들어, 상당히 많은 기념물들을 박그 비칙로 남겼지만 지금까지 그 기념물들을 완전히 해독하지 못하고 있다. 고대 아버즈 칸Абоож хаан 시대에 그의 손자 루구부와 학자 톨류이보 등이 920년에 국가 문자인 이흐 비칙을 만들 때 낭기아드(중국)의 문자에서 착안하여 만들었다고 한다. 또 925년 암박양Амбагян의 아들 엘류이 델라Елюй Дэла가 만든 소문자는 위구르 문자에 기초한 자모 순서를 가진 문자라고 본다.

거란 문자로 기록된 것으로 석상, 청동 거울의 약어, 옛 성터의 벽돌 등에 눌려있는 몇 개의 기호, 물고기 문양의 증명패, 그릇에 새겨진 문양과 유적 등이 남아있다. 거란 사람들은 10세기 초 고대 문화국인 중국, 투르크, 한국과 정치 · 문화적인 교류를 맺고 있었으며, 문자를 가지게 됨으로써 그들의 문예가 상당히 발달하기 시작한다. 10세기 서적을 발간하는 작업은 거란의 문화를 발전시켰으며 청동, 구리, 돌, 목판본의 기법으로 서적을 발간하는 작업이 활발히 이루어지면서 24년 동안 즉 1031~1055년의 기간 동안 180권의 대장경의 경부인 카규르를 완간하여 한국에 선물했다.

1125년 금과 송나라가 합세하여 거란을 친 이후에도 거란 문자의 전통은 끊어지지 않았으며, 대거란 국(요나라)이 멸망하여 그 일부가 무너졌지만 다른 일부 사람들은 서쪽 중앙아시아 지역으로 이동하여 서요西遼(Хар хятан)를 세우고 13세기까지 존속하였는데, 그들은 거란 문자의 전통을 고수하며 살았을 것으로 보인다.

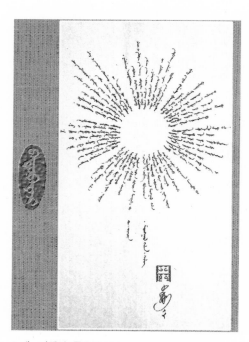

1 베·린첸의 '몽골어 시'
2 잎새(나브츠)라고 쓴 몽골 비칙

| 1 | 2 |

몽골의 문자

몽골 비칙мОНГОЛ бичиг (몽골 문자)

몽골 비칙은 중앙아시아의 정신 문화사에 매우 중요한 지위를 차지하며, 수백 년 동안 몽골인의 전통적인 생활과 정서적 특수성을 간직해 온 문자이다. 이 문자는 8~9C 경 위구르 사람들이 소그드에서 받아들여 사용하다가, 13C 경 몽골 사람들에게 전해져 사용되었다고 본다. 그러나 최근에 학자들은 위구르를 통해서가 아니라 몽골인들이 소그드로부터 직접 문자를 받아들인 것이라는 견해를 제기하고 있다. 소그드 문자는 아람어에서 기원한 표음문자이다.

몽골 비칙은 '호칭 몽골 비칙'(구 몽골 문자), '호칭 비칙'(구 문자), '위그르징 몽골 비칙', 서부 몽골과 칼묵에서는 '호담 몽골 비칙' 등으로 불리기도 했으나, 그대로 '몽골 비칙' 즉, 몽골 문자라고 부르는 것이 마땅할 것이다.

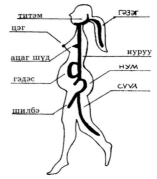

1 세첸항의 인장
2 인체 기관에 상응하는 몽골 문자 음운

몽골 비칙은 위에서 아래로 쓰는 종서 규칙을 가지고 있으며, 왼쪽에서 오른쪽으로 써나간다. 기본적으로 7개의 모음과 26개의 자음으로 이루어져 있으며, 이 문자의 정서법과 오늘날 따르고 있는 형태의 기본자는 19세기에 형성되었을 것으로 본다. 몽골 비칙은 자모의 음운이 적고, 몇 개의 기본 그림으로 이루어지기 때문에 배우고 가르치기가 쉽다고 하지만, 실제로 외국인이 배울 때는 그렇게 쉽지만은 않다. 특히 현대 음운과 글자가 일치하지 않기 때문에 읽어서 무슨 뜻인지 알기 위해서는 많은 노력을 기울여야만 한다.

기본 그림 형태자는 티템(冠), 노로(축), 슈드(이), 게데스(배: 둥근 오, 우 표시), 쉴립(종아리, 이 표시), 놈(활 모양의 굽은 것, 헤나 게의 첫 머리 부분), 에웨르(뿔), 슐드(꼬리), 어르히츠(삐침 형태) 등이 있으며, 한 단어는 시작, 중간, 끝의 세 부분으로 이루어진다. 현대 몽골어에는 뜻이 다른데 같은 형태로 쓰는 단어들이 있지만, 몽골 비칙에서는 의미가 다른 단어를 서로 구별해 적는 특징이 있다.

몽골 문자는 천 년 이상의 시대를 거쳐 오면서 안정적으로 사용되어 오늘날까지 사용되는 몽골 유일의 문자이다. 몽골 비칙은 쓰는 사람의 예술적 재능을 드러낼 수 있으며 그림 문양으로 표현할 수 있다. 옛날에 달리는 말 위에서 썼던 글자라는 말처럼 매우 빠르게 써내려 갈 수 있는 특징을 지닌다.

사각 문자 Дөрвөлжин бичиг

중세기 몽골 사람들이 사용했던 사각 문자(두르불징 비칙)는 쿠빌라이 칸이 1269년 티베트의 승려 파스파 러더이잘창 Пагва Лодойжалцан에게 만들게 했던 문자이다. 이 문자는 티베트 문자를 기초로 하여 만들어졌으며, 국가의 공식 문자로 삼아 몽골 제국이 멸망한 1368년까지 사용되었다. 이 문자는 그 당시 '몽골의 새 문자', '몽골 문자', '국문' 등으로 불렸으며, 유럽의 연구서에는 이 문자를 만든 사람의 이름을 따서 〈파스파 문자〉라고 기록했다. 쿠빌라이는 파스파를 '국사國師'로 추대하고, 다른 많은 민족들의 언어, 방언을 자세하게 기록하게 했다.

사각 문자로 된 패

이 문자는 책이나 국가 공문서, 종교적인 가르침을 하나의 범주로 하여 공통적으로 적을 수 있는 문자를 갖고자 하는 희망에서 만들어졌다. 그렇기 때문에 이 문자는 원나라의 공적인 문자로 사용되었을 뿐 아니라 제국의 경계 안에 있는 많은 언어 민족들의 문자를 하나로 통일하는 역할을 했다. 그러나 사각문자는 국사 파스파가 죽은 후 그 영향이 점차 감소하였으며, 특히 배울 때에 복잡하고 쓰는 것이 어려워, 원나라 때 궁전에서 사용되었지만 밖으로 그렇게 널리 사용되지 못했다.

쿠빌라이 칸은 여러 번 칙령을 내려 이 문자 사용을 다각적으로 권장하였으며, 1278년에는 몽골 비칙으로 쓰던 증명패의 글자를 사각 문자로 바꾸어 사용하도록 명했다. 1287년 쿠빌라이 칸은 송나라의 주전을 모방해 돈을 만들게 하고 돈에 사각 문자를 사용토록 했다. 원나라의 통치 구조 속에 편입되어 있던 많은 민족들을 문자로 통일시키려고 만들어졌던 이 문자를 널리 보급시키기 위해 쿠빌라이 칸은 몸소 상당한 노력을 기울였다. 그러나 사각 문자가 오랜 기간 동안 만인의 지지를 얻는 나라의 문자가 될 수 없었던 이유는 무엇일까? 그 이유는,

첫째, 사각 문자는 왕궁의 소수인의 방언 즉, 한 지역의 방언에 근거해서 만들어졌기 때문에 몽골의 전체 방언을 적는 데는 적합하지 않았다.

둘째, 원나라 구성원이었던 몽골, 중국, 티베트, 위구르가 서로 다른 문학적 언어, 문자를 가지고 있었기 때문에 왕명으로 만들어진 새로운 문자를 곧바로 받아들여 사용하는 데 어려움이 있었다.

셋째, 사각 문자는 그 시대에 적합한 음절문자이기 때문에 시대가 변하면서 숫자, 단어 형태 변화가 많았으며 또 복잡한 언어를 적기에는 적합하지 않았다.

이러한 보편적 사용의 한계성에도 불구하고 이 문자는 한 시대의 역사 · 문화적 필요에 의해 지어진 특수한 문자였기 때문에 몽골의 자부심이자 몽골인의 정신문화의 귀한 유산으로 평가된다.

사각 문자는 형태면에서 티베트 문자에 근거하였으며, 표기 면에서는 몽골 비칙을 따라 위에서 아래로 적는 종서법을 사용하였다. 45개의 표기자가 있었으며, 이 문자로 몽골, 티베트, 산스크리트, 중국, 아랍, 투르크 등의 많은 언어권의 글자와 발음을 적을 수 있었으며, 세계의 전사 자모에 전해졌을 것이라고 본다. 이 문자는 15세기 초반까지 한국에서도 사용되었다고 하며, 1920년대까지 몽골과 티베트에서 사용되었던 기록이 있다.

사각 문자로 쓰여진 기념물은 정치와 종교적인 범주의 상부 명령서, 인장, 엽전, 지폐, 서적, 사원 장식, 증명패 등을 아우른다. 이러한 사각문자 유적은 정치 · 사회 발전의 역사적 증거가 되는 동시에 언어적으로 보면 그 시대 상황과 특수성을 자세히 반영하고 있기 때문에 언어 발전사의 귀중한 연구 자료가 된다. 아카데미치 베.야.블라디미르초프는 사각 문자를 '13세기 세계의 자모' 라고 불렀다.

사각 문자는 원나라 시대에 공적인 문자로 사용되었으며 폭넓은 지지를 받지는 못했지만, 그 이후에도 문자 전통이 끊이지 않고 계속되어 오늘날에 이르렀다. 광대한 영토를 가진 원나라 왕들은 많은 민족들의 자녀 교육을 위해 학교를 세우고 이 문자를 널리 보급하고 전파하는 데 주력하였으며, 20세기 초 이흐 후레(울란바타르의 옛 지명)의 예술학교에서 3~5년의 기간 동안 사각문자, 소욤보, 란즈문자 등을 가르쳤다.

터드 문자 Тод бичиг

터드 문자는 1648년 오이라드의 자이야 반디다 남하이잠츠(1599~1662)가 1648년 추이 강에서 겨울을 지내고 있을 때 만들었다. 이 문자가 만들어진 데에는 특별한 시대적 의미가 있다. 이 시기는 동남쪽에서 만주가 강성해지면서 몽골 경계를 잠식해 들어오던 때였으며, 내몽골을 잠식하고 몽골의 투셰트 항과 자사흐트 항을 달래고 위협하는 양면 공세를 취하면서 전 몽골을 강점하려 했던 시기였다. 이러한 시대에 두르붕

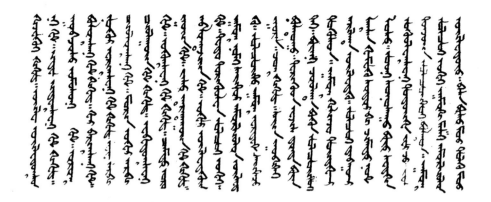

터드 문자

오이라드(16~17세기 몽골 서부 처러스, 허쇼드, 터르고드, 두르워드 등의 오이라드 내 중심 종족)를 문자로 통일하려고 했던 것은 서부 지역을 전체 몽골을 대표하는 지역으로 생각했기 때문이다.

터드 비칙이 만들어지게 된 이유를 만주에서 잘 알고 있었기 때문에 이 문자로 경전이나 책을 만들고 새기는 것을 저지하려고 했다. 구비문학이나 역사의 많은 귀중한 자료가 터드 비칙으로 쓰여졌다는 것은 몽골 문학사에 매우 중요하고 흥미로운 일이다. 이러한 자료에 나오는 용어는 티베트 문학 연구에 매우 중요한 자료를 제공해 준다. 자이야 반디다는 대 언어학자였기 때문에 몽골 경전어로 사용했던 인도, 티베트어의 문화 용어를 세밀하게 연구하여 터드 문자에 반영함으로써, 번역 용어에 있어서 이전 시대보다 좀 더 깊이 있는 모습을 보여준다. 또 터드 비칙의 저서는 인도, 티베트 음운학, 철학, 의학, 수학, 점성학, 법, 역사, 문학의 여러 용어를 자세히 대응시켜 적었기 때문에 인도, 티베트의 학자들에게도 매우 중요한 자료가 되었다.

'터드'란 '분명한'이라는 뜻이며, '터드 비칙'은 분명하게 구별하여 적지 못하는

353

음운을 당시 구어에 가깝게 적으려는 목적에서 만들어진 문자이다. 이 문자는 몽골 비칙과 형태가 같으나 몽골 비칙에서 구별이 안 되는 o와 y 모음, θ와 γ 모음 등을 분명하게 구별할 수 있도록 했다. 터드 비칙은 7개의 모음과 19개의 자음으로 되어 있으며, 장모음을 몇 가지 방법으로 기록하는 특수한 기호를 가지고 있다. 또한 티베트, 산스크리트어 등 외국어를 적는 별도의 전사어가 있다.

그러나 터드 문자를 사용하면 오이라드 방언을 따라야 하는 것 같은 인식을 주었으며, 다른 한편 속필을 할 경우 분명히 하려했던 모음들이 구별하기 어려운 단점 등은 몽골 전체로 확산되지 못하는 원인이 되었다. 이 문자는 오이라드 사람들 가운데 끊이지 않고 전승되어 이질 강(볼가 강)의 칼묵에서 1924년까지 사용되었으며, 오이라드, 칼묵, 터르고드인들 사이에서 1930~40년까지 공통적으로 사용되었다. 지금은 신장에서 출판물과 신문 등을 이 문자로 출판되고 있다. 이 지역에서는 내몽골자치구와 통일된 언어생활을 위해 일반적으로는 몽골 비칙을 사용한다.

몽골 문자 역사에 터드 비칙은 320여 년의 짧은 기간 사용되었지만 현재 공공도서관, 언어문학 연구소, 옵스, 헙드 아이막, 레닌그라드, 칼묵(할리막)의 서고에 터드 비칙으로 된 필사본이 수십 편씩이 보관되어 있다. 또한 17세기 이후 몽골인들은 이 문자로 역사적 사실을 기록함으로써 만주에 어떻게 저항했는지 보여준다.

소욤보 문자

소욤보 문자는 투세트 항 검버더르지의 작은 아들이며 제1대 버그드인 자나바자르(1635~1723)가 만든 문자이다. 이 문자는 인도의 '란즈Ланз' 문자를 기초로 하여 1686년 버그드의 나이 52세에 만들어졌다. 소욤보라는 것은 '스스로 생겨난 빛의 문자'라는 의미를 가지고 있으며, 이 문자를 만들 때 공중에 이들 문자가 명백히 나타나 보였다는 전설이 전한다. 란즈 문자는 11세기 아티샤, 브롬이라는 학승들이 티베트에 불교

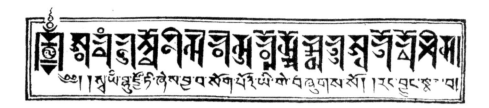

소욤보 문자

를 전파시킬 목적으로 퍼뜨렸는데, 그것을 계승하여 몽골에서 불교의 최고 지도자였
던 제1대 버그드가 이 문자를 만들었다.

몽골 문화의 걸출한 지도적 인물이었던 자나바자르는 소욤보 문자를 만든 이유
를 말할 때, 당시 번역된 저서를 검토하여 바르게 정정하고 티베트, 산스크리트어의 단
어들을 자세하게 기록할 목적으로 만들었다고 언급했다. 그러나 그 이면에는 이 문자
를 통해 만주인들의 침략에 저항하고 몽골 독립의 상징물로 삼고자 했던 측면이 다분
하다.

소욤보 문자의 첫 머리부호는 만주 침략에 저항했던 리그덴 칸Лигдэн хаан(칭기스 칸
혈통의 마지막 왕) 때부터 몽골의 자유와 독립을 상징하는 문장으로 사용해왔다. 또 1911
년 만주로부터 독립한 후 이 문자를 정치적이고 종교적인 것에 사용하게 된 것은 이 글

355

자가 독립의 상징으로 만들어진 것과 관련이 있으며, 1924년부터 머리부호를 몽골 국기의 표장으로 사용했다.

소욤보 문자는 고대 인도의 란즈 문자를 기초로 하여 만든 90개가량의 문자를 가지고 있으며, 이 문자로 몽골 이외에 티베트, 산스크리트어의 문자를 적을 수 있었다. 보통 좌에서 우로 적는 횡서 방법을 사용하였으나, 때로는 위에서 아래로 적는 종서를 사용하기도 했다. 횡서로 적는 것을 '헤브테 소욤보'(수평 소욤보), 종서로 적는 것을 '버서 소욤보(수직 소욤보)라고 하며, 두 가지 필기법은 정확히 같지는 않다. 글자를 쓸 때 산스크리트어와 티베트 문자의 형태와 마찬가지로 음절 음절을 묶음으로 하여 만들어 쓴다. 란즈 문자는 인도 발브의 불교도들 사이에서 사용되었던 나가르 문자를 장식적으로 변용시킨 문자이다. 이러한 문자의 장식적 특성으로 인해 소욤보 문자를 인쇄체로 쓸 경우 매우 복잡하고 어려우며 상당한 기술이 요구되기 때문에 그렇게 널리 확산되지는 못했다. 소욤보 문자는 대부분 종교적인 목적에 사용되었지만, 몽골 언어학사를 연구할 때, 특별히 할하 방언 연구에 중요한 자료가 된다.

소욤보 문장

1924년 소욤보 문자의 머리부호가 몽골의 자유와 독립의 상징적 문장으로 정해지면서 이 문장은 학자들의 지대한 관심을 끌기 시작했다. 소욤보 문장은 일반적으로 7가지 상징적 기호로 이루어져 있다고 본다. 1. 불 2. 태양 3. 달 4. 2개의 삼각형 형태 5. 2개의 수평 직사각형 6. 물고기 7. 수직의 사각형 등으로 구성되어 있으며, 이러한 구성 요소에 대한 상징적 해석은 18세기부터 스님들에 의해 이루어지다가 현대에 이르러 베.린첸과 체.담딩수렝에 의해 구체적으로 소개되었다.

소욤보의 가장 위에 있는 문양은 불, 태양, 달이다. 태양과 달은 몽골의 고대 자연 신앙과도 관계가 있으며, 고대 인장과 그림 문자를 새긴 돌이나 바위 등에서 볼 수 있

1 소욤보 문장
2 소욤보 문장과 국가가 새겨진 기념탑

으며 각각 양과 음을 상징한다. 불은 고대로부터 갈 걸럼트를 계승하고, 지속적인 발전의 상징적 의미를 가지고 있는 문장이다. 소욤보 문장에 불을 세 개의 화염으로 표현한 것은 과거, 현재, 미래를 상징하며, 영원한 발전과 번영의 의미를 내포하고 있다.

해와 달 아래와 가장 아래쪽으로 향한 두 개의 삼각형 문양은 전쟁의 도구인 화살이나 창의 날카로운 삼각형 촉을 묘사한 것이며, 그 끝을 아래로 향하게 한 것은 적을 누른다는 상징적인 의미가 들어있다. 이러한 두 개의 삼각형 문양은 나라와 민족의 적이 소멸되기를 바라는 소망이 담겨있다.

소욤보 중앙에 있는 두 마리 물고기의 위, 아래 있는 두 개의 직사각형은 '정의, 올곧은 원칙'을 나타내는 것이며, 부귀빈천, 지위고하를 막론하고 모두 나라를 위해 곧은 원칙을 가지고 진실과 정직함으로 힘을 바치는 국민들의 충성된 마음을 상징한다. 물고기는 24시간 밤이나 낮이나 눈을 감지 않는 동물로 경계의 상징으로 사용했다. 두 마리 물고기는 음, 양을 상징하며, 남녀 구별 없이 모든 국민들이 적의 계략에 말려들지 않는 지략apra(양의 의미)과 지혜билиг(음의 의미)를 쌍으로 하여, 눈도 깜빡이지 않고 적을 경계하여 나라를 지킨다는 의미를 지닌다.

소욤보 양쪽에 수직의 직사각형은 고대 몽골 그림문자 등에서 성城을 묘사하는 문양이다. 이 문양의 의미는 몽골의 모든 민중이 조국을 위해 화합하는 하나의 마음을 가진다면 쇠로 된 성보다 더 강하게 된다는 생각을 내포하고 있다. 소욤보 문자를 구성하는 이러한 문양의 의미는 한 마디로 '몽골의 영원한 자유와 독립'을 상징한다고 할 수 있다.

소욤보 문장을 음양 철학에서 보면 이 세계를 비추는 태양과 달 그리고 만물을 생성시키는 5원소와 '영원한 하늘, 어머니 대지'의 영원히 존재하는 음양을 상징적으로 나타내고 있다. 소욤보 문장 안에는 불火, 태양日, 달月, 쇠金, 물水, 흙土, 나무木의 7가지 구성 요소가 포함되어 있다. 물고기는 물을 상징하고, 그 아래 위쪽에 있는 수평의 사각형은 평평한 대지를, 아래쪽으로 향한 두 개의 삼각형은 쇠라고 보았다. 양쪽의 수직의 사각형은 나무로 보아 전체적으로 태양과 달(음양), 5원소木, 火 土, 金, 水(오행)로 해석하기도 한다. 소욤보 문자는 해와 달 그리고 5원소로 이루어진 영원한 하늘과 대지를 존숭하는 상징적 문장이며, 세상 만물을 이루는 이러한 원소들이 무궁히 존재하고 발전한다는 의미를 지닌다. 이것을 정리하면 다음과 같다.

음양

해와 달

암수 물고기

오행

목木 : 양쪽 기둥─성城

화火 : 가장 위쪽의 불(3 : 과거, 현재, 미래)—번영, 발전

토土 : 위, 아래 직사각형 - 온 국민의 정직하고 충성된 마음

금金 : 위, 아래 역삼각형 - 적을 누름

수水 : 물고기 - 경계, 벽사辟邪

헤브테 두르불징 비칙Хэвтээ дөрвөлжин бичиг(수평 사각 문자)

이 문자는 소욤보 문자를 만든 언더르 게겡 자나바자르가 1686년 소욤보 문자와 거의 동시에 만든 것이라고 한다. 66개의 문자로 되어 있으며, 몽골어뿐 아니라 티베트, 산스크리트어를 적을 수 있다. 1952년 베.린첸Б.Ринчен은 이 수수께끼 같은 글자에 대해 소욤보를 만든 언더르 게겡이 만든 것이라는 사실을 밝혔다. 그러나 이 문자가 어떻게, 어떤 목적으로 만들어졌는지 확실하지는 않다. 이 문자로 쓴 기념물은 비교적 적은 편이며, 사원의 벽장식에 나타나는데 주로 에르덴 조 사원주변에서 발견된다.

수평 사각 문자

헤브테 두르불징 비칙의 쓰는 방향과 자모의 구성은 소욤보 문자와 거의 같으나 소욤보 문자가 인도 란즈 문자 형태에 근거하였다면, 헤브테 두르불징 비칙은 티베트의 두르불징 즉 인장문자에서 모형을 취하고 있으며 단어를 음절로 적는 음소문자이다.

이 문자로 남긴 유물은 그리 많지 않고 제한되어 있지만, 소욤보 문자와 마찬가지로 17~18세기 할하 방언의 특징을 반영하고 있어 언어학적으로 귀중한 가치를 지닌다.

와긴드라 비칙Вагиндра бичиг

이 문자는 부랴트의 아그왕 함바Агваан хамба라고 알려진 승려 아그왕도르지(1850~1938)에 의해 1905년 만들어졌다. '와긴드라'라는 명칭은 그의 이름 아그왕을 산스크리트어로 이른 것이다. 이 문자는 터드 비칙을 기초로 하여 만든 것으로 보이나, 몽골 비칙처럼 글자의 처음, 중간, 끝의 구별이 없다.

유럽 문자의 영향이 와긴드라 문자 체계에 반영된 것은 이 문자로 러시아와 부랴트 방언 및 몽골 문자를 분명하게 기록할 수 있는 가능성을 모색했음을 말해준다. 이 문자는 쓸 때 몽골 비칙과 같지 않고, 글자마다 차이점을 매우 주의해서 인지해야 하는 노력 등이 요구되어 전 몽골 지역에서 사용될 수 없는 문제점이 있었다.

이 문자로 1905~1910년 사이에 상페테르부르크 시에서 언어, 역사, 종교서 등 적은 수의 소책자가 목판본으로 나왔다. 이 문자는 부랴트인들 사이에서 1910년 정도까지 사용되었다.

몽골 비칙이 키릴 문자로 대치된 과정

몽골 비칙은 1940년대까지 모든 공문서와 출판에 사용되었으나 1930년대부터 몽골 비칙을 새로운 문자로 바꾸려는 준비가 시작되었다. 1930년 4월에 있었던 몽골인민혁명당의 제8차 대회에서 새로운 문화 발전을 위해서는 기존의 몽골 비칙이 언문일치가 되지 않는 불편함을 가지고 있다고 하여, 공공이 편리하고 쉽게 사용할 수 있는 새로운 문자에 대한 대안이 제기되었다. 이 회의에서 라틴어를 몽골어에 적합하게 사용하는 일을 추진하도록 결정하였으며, 이에 따라 라틴어 선생을 준비하는 임시학교를 세워 라틴어 교과서를 출판하고 라틴어를 가르치게 하였다. 그와 동시에 새로운 문자로 라틴어 사용을 면밀히 검토할 위원회를 조직하였으며, 1941년 2월 21일 몽골인민혁명당은 러시아와 공동으로 라틴어를 사용할 것을 서명하였다.

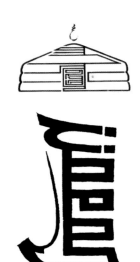

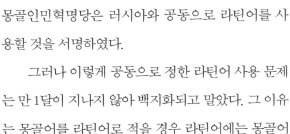

1 1 게르라는 글자를 도형화했다.
2 2 구두인 고탈을 몽골문자로
     도형화한 것

그러나 이렇게 공동으로 정한 라틴어 사용 문제는 만 1달이 지나지 않아 백지화되고 말았다. 그 이유는 몽골어를 라틴어로 적을 경우 라틴어에는 몽골어에 사용되는 기호가 부족하여 출판 등 기술적인 면에서 많은 어려움이 따른다는 것이었다. 이렇게 하여 12년 동안 몽골 비칙을 공권력으로 바꾸려 했던 언어 정책은 많은 재정적 손실을 남기고 끝이 나고 말았다.

다시 몽골 비칙을 러시아 문자인 키릴을 기초로 하여 사용하자는 견해가 제기되었고, 1941년 5월 9일 러시아·몽골 공동회의에서 이에 대한 일이 추진되었으며, 1945년 5월 회의에서 1946년 1월 1일부터 모든 출판 및 공문서에 새로운 문자인 키릴을 사용할 것을 결정했다. 언어 연구의 전문가들이 새 문자의 정서법을 더욱 다듬고 개선하는 방향으로 여러 번 이론과 견해를 제시하고, 올바른 정서법의 안을 숙고해 언어 정책에 반영시키려고 했지만 그렇게 좋은 결과에 이르지는 못했다.

새 문자의 자모 구성을 보면 러시아 자모 33자에 θ, Y를 더했다. 기본 모음 7자와 보조 모음 6자е, ё, ю, я, й, ы 20개의 자음, 발음이 없는 부호자 Ъ, ь로 되어 있다. 새 문자의 문법 규칙은 음운론의 원칙 즉 구어에 가깝도록 하는 것을 주된 목적으로 하였으며, 형태적인 면에서 알타이어의 특징인 교착어의 특수성을 보다 분명하게 했다.

오랜 시행착오를 거친 일련의 언어 정책에는 일반 대중과 언어학자들의 견해가 전혀 반영되지 않았으며, 이는 다만 체뎬발 의장과 국가 고위위원들이 일방적으로 결정한 정책이었다. 이러한 역사적 과정에 의해 몽골 문자는 대중의 생각과 관계없이 러시아 문자로 바꾸어 사용하게 되었다. 지금도 통일 문자에 대한 논의는 끊이지 않고 있다.

만주 문자

16세기 말 몽골 문자를 기초로 '도살 빈트'дусал бинт라는 개별적인 부호를 더해 만주어 음운에 맞추어 만주 문자를 만들었다. 만주인들은 일정한 기간 몽골어로 국사를 이끌었으며, 몽골 문자 형태를 받아들여 공적으로 만주 문자를 만드는 일을 진행시켰다. 만주의 황제 누루하치 때에 에르뎬(연구자들은 이 사람은 몽골인이었다고 본다.), 판관 가가이Гагай라는 두 신하에게 1643년 만주 문자를 만드는 책임을 맡겼으며, 이 작업은 30년 동안 계속되었다.

1599~1632년 사이에 만주 문자를 만들어 시행하기까지 사용했던 문자를 '도살 빈트귀'(점이 없는) 문자라고 한다. 만주 정부는 몽골의 뛰어난 문인과 신하, 사서 등을 동원하여 만주 문자를 배우게 하였으며, 몽골을 통치하는 관리의 사서로 일하도록 했다.

유네스코 몽골 세계유산

◆ 옵스 호수 유역(2003)

◆ 어르헝(오르혼) 평야의 문화적 경관(2004)

◆ 몽골 알타이의 암각화(2011)

몽골 인류문화유산

◆ 마두금(머린 호르) 음악(2008/2005*)

◆ 장가(오르팅 도)(2008/*2005)

◆ 나담, 몽골 전통 축제(2010)

◆ 매사냥, 인간문화유산(2010)

◆ 몽골 전통예술 후미(2010)

몽골 긴급보호무형유산

◆ 몽골 비엘게 : 몽골 전통 민속춤(2009)

◆ 몽골 서사시(토일)(2009)

◆ 텁쇼르의 전통음악(2009)

◆ 림베(피리) 공연의 장가민요 공연 기술 - 순환 호흡(2011)

몽골 세계 기록유산

◆ 몽골의 텐규르(2011)

◆ 알탄 토비치(1651년 저술된 황금사)(2011)

◆ 9가지 보석으로 쓰인 칸조르(2013)

몽골 문자 하서

참고 문헌

Д. Алтаннавч, Богд хааны ордон музей(танилуулга), УБ, 2001.

Н. Амарзаргал, Р. Самдандорж, Малчны удам танаа, УБ, 2004.

Ч. Аръяасүрэн, Х. Нямбуу, Монгол ёс заншил бага тайбар толь, УБ, 1990.

Ч. Аръяасүрэн, Х. Нямбуу, Монгол ёс заншил дунд тайбар толь, УБ, 1991.

Ч. Аръяасүрэн, Х. Нямбуу, Монгол ёс заншил их тайбар толь, УБ, 1992.

Ч. Аръяасүрэн, Ж.Бат-Ирээдүй, Монгол ёс заншил их тайбар толь II, УБ, 1999.

Ч. Аръяасүрэн, Д. Мөнхбод, Монгол ёс заншил их тайбар толь III, УБ, 2000.

Ч. Аръяасүрэн, Д. Батмөнх, Монгол ёс заншил их тайбар толь IV, УБ, 2001.

Ч. Аръяасүрэн, Б. Балжинням, Монгол түүх соёл иргэншлийн хураангуй тайлбар бичиг, УБ, 2001.

Ч. Аръяасүрэн, С. Ашидмөнх бусад, Монголын хүүхдин нэвтэрхий толь 1, 2, 3, 4, УБ, 2003.

Х. Бадамхатан, БНМАУ-ын угсааны зүй 1, Улсын хэвлэлийн газар, 1987.

Х. Бадамхатан, Малчин ардын зан үйлийн уламжлал, Улсын хэвлэлийн газар, 1985.

Ж. Бадраа, Монгол ардын хөгжим, УБ, 1998.

Ж. Бат-Ирээдүй бусад, Монгол ёс заншил их тайлбар толь 1, МУИС хэвлэл, 1999.

Ж. Батбаяр, Монгол уран бичлэгийн түүх, УБ, 2001.

Г. Батнасан, Монгол ардын хувцас, Улсын хэвлэлийн газар, 1989.

С. Батэрдэнэ, Төв азийн нүүдэлийн соёл иргэншлийн зарим асуудал, ШУА Чингис судлалын төв, 1977.

Д. Баяр, Алтан ургийн язгууртны нэгэн булшийг судадсан нь, УБ, 2000.

Х. Баярмаа, Монгол ёс заншил, УБ, 2003.

Г. Буянбат, Монголчуудын модны шүтлэг, Өвөрмонгол, 1990.

Н. Баярцэцэг, Ойрадын Хутуга бэхи, Монгол Алтай, УБ, 2007.

Д. Бямбадорж, Мөнх тэнгэрийн амин судар, УБ, 2004.

Ш. Гаадамба, Х. Сампилдэндэв, Монгол ардын аман зохиол, ШУА, 1988.

М.Ганболд, Алтайн урианхайн сурын харваа, Ховд хот, 2006.

Р. Галиндив, Эрийн гурван наадам, Улсын хэвлэлийн газар, 1977.

Д. Гангаа, Хүрээ цам, УБ, 2003.

Н. Ганбаатар, Цагаан дэвтэр, УБ, 1997.

О. Ганхуяг, Монгол улсын нийслэл Улаанбаатар хотын түүх, соёлын дурсгал, УБ, 2010.

Д. Дагвадорж, Монголын шашин суртахууны тайлбар толь, УБ, 1995.

Ч. Далай, Монголын түүх 3-р дэвтэр, Эрдэм Пүүс, 1992.

Ц. Дамдинсүрэн, Монголын нууц товчоо, Улсын хэвлэлийн газар, 1990.

Р. Дарьхүү бусад, Эрхэмлэх ёс, УБ, 2007.

Д. Дашбадрах, Монголчуудын нум сум шүтэх ёс, Угсаатан судлал, УБ, 1997.

Н. Дашзэвэг, Хүрээ дөрвөн уул хатан туул, УБ, 1992.

С. Дулам, Монгол домог зүйн дүр, Улсын хэвлэлийн газар, 1989.

С. Дулам, Тооны бэлгэдэл зүй, УБ, 1999.

С. Дулам, Цагаан сар, УБ, 1992.

С. Дулам, Хүрээ дөрвөн уулын тахилга, бэлгадал, УБ, 2004.

Дүгэрсүрэн, Улаанбаатар хотын түүхээс, УБ, 1999.

Т. Жамбадорж, С. Цолмон, Эх түүх 7, УБ, 1998.

Л. Жамсүрэн, Ж. Урангуа, Монголын түүхийн бага нэвтэрхий толь 1, МУИС түүхийн тэнхим, 1998.

Л. Жамсүрэн, Ж. Урангуа, Монголын түүхийн бага нэвтэрхий толь 2, МУИС түүхийн тэнхим, 2000.

Л. Жамсүрэн, Монголын түүхийнн бага нэвтэрхий толь, УБ, 2002.

Л. Жамсүрэн, Дарьганга, УБ, 1999.

Жимбэ, "Монголчуудын галын шүтлэг", Монгол зан үйлийн судлал,

                Өвөр Монгол соёлын хэвлэлийн газар, 1992.

Б. Катуу, Монголын туульсын бэлгэдэл, УБ, 1996.

Б. Катуу, Монгол тууль судлалын зарим асуудал, Ховд, 1999.

Г. Ловор, Хүн болгоны унших л ном, УБ, 2002.

З. Лонжин бусад, Эх түүх, Монгол Улсын Гэгээрлийн Яам, УБ, 1998.

Лувсанданзан, Алтан товч, УБ, 1990.

Д. Майдар, Монголын түүх соёлын дурсгал, Москва, 1982.

Д. Майдар, Л. Дарьсүрэн, Гэр, УБ, 1976.

Марко Поло, Орчлонгийн элдэв сонин, УБ, 1987.

Ч. Мөнхбаяр, Н. Батжаргал, Сүлд хийморь Монгол домын гайхамшиг, УБ, 2002

МУИС түүхийн тэнхим, Монголын түүхийн бага нэвтэрхий толь II, УБ, 2003.

Э.М. Мурзаев, Монголын уудам нутгаар, УБ, 1956.

Г. Мэнд-Ооёо, Морин хуурын зохионгүй, УБ, 2002.

Н. Нагаанбуу, Н. Маралмаа, Монгол төрийн ёс заншлын үндэс, УБ, 2005.

Х. Намбуу, Өнөөдөр Монгол ёс, ШУА хэвлэл, УБ, 1976.

Х. Намбуу, Ц. Нацагдорж, Монголчуудын цээрлэх ёсны хураангүй толь, Ардын цэргийн хэвлэл, 1993.

Т. Намжил, Монголын эрт ба эдүгээ, УБ, 1996.

Т. Намжил, Н. Итгэл, Монголын өнөө ба хойч, УБ, 2003.

Т. Намжил, Монголчуудын гэр бүлийн хүмүүжлийн уламжлал, УБ, 1996.

Ш. Нэргүй, Хөтөч тайлбарлагч нарын мэдлэгийн санд, УБ, 2003.

Ш. Нэргүй, Аялал жуулчлалын лавлах, УБ, 2010.

М. Нямаа, Хөвсгөл аймгийн лавлах товчоо, УБ, 2008.

Х. Нямбуу, Монголын угсаатны зүй, УБ, 1992.

Ч. Онгоодой, Монгол идээн товчоо, УБ, 1991.

Ж. Өлзий, Өвөр Монголын өөртөө засах орны зарим үндэстн, ястан гарал үүсл зан заншил,

Улсын хэвлэлийн газар, 1990.

О. Пүрэв, Монгол бөөгийн шашин, УБ, 1999.

О. Пүрэв, Монгол бөөгийн шашны нэр томьёоны тайлбар толь, УБ, 2003.

Ж. Самбуу, Мал аж ахуй дээрээ яаж ажиллах тухай ардад өгөх сануулга сургаал, УБ, 2001.

Х. Сампилдэндэв, Малчин ардын зан үйлийн уламжлал, Улсын хэвлэлийн газар, 1985.

Х. Сампилдэндэв, Өрх гэрийн монгол ёсон, ШУА-ийн Эрдэм компани,1999.

Х. Сампилдэндэв, Монгол домог, Улсын хэвлэлийн газар, 1984.

Х. Сампилдэндэв, Монгол домгийн чуулган, ШУА-хэл зохиолын хүрээлэн, 1999.

Х. Сампилдэндэв, Монголчуудын хуримлах ёс, ШУА-ийн Эрдэм компани,1997.

Х. Сампилдэндэв бусад, Монгол ардын аман зохиол, УБ, 1988.

Х. Сампилдэндэв, Монгол домгийн цоморлиг, УБ, 2005.

Х. Сампилдэндэв, Н. Уртнасан, Т. Доржидагва, Монгол зан үйл, баяр ёслолын товчоон, УБ, 2006.

Б. Сумьяабаатар, Монгол Солонгос туургатны угсаа гарал,хэлний холбооны асуудалд, УБ, 1975.

Л. Сүхбат бусад, Богд Очирвааны оттон тэнгэр хайрханы түүх шастир,

тайлга тахилга, зан үйлийн товчоон оршвой, УБ, 2004.

Ш. Сүхбат, Монголчуудын нүүдэллэх соёл, УБ, 2008.

Б. Сүхбаатар, Монгол хэлний харь үгийн толь, УБ, 1997.

Г. Сүхбаатар, Монголчуудын эртний өвөг, УБ, 1980.

Г. Сүхбаатар, Монгол нирун улс, УБ, 1992.

Х. Сүхбаатар, Монголын газар усны нэрийн домог, УБ, 2001.

М. Төмөржав, Н. Эрдэнэнцогт, Монголын нүүдэлчин, УБ, 1999.

Ж. Төмөрцэрэн, Монгол хэлний үгийн сангийн судлал, УБ, 1974.

Л. Түдэв, Хүүхэд залуучуудын нэвтэрхий толь 1, Улсын хэвлэлийн газар, 1983.

Л. Түдэв, Аман хууль, УБ, 2000.

Г. Уламбаяр, Сүм музей, УБ, №989.

Л. Хүрэлбаатар бусад, Билгийн толь, УБ, 2001.

С. Цэвэгмид, С. Даваабаяр, Хүн ба байгаль орчны шүтэлцээ, УБ, 2008.

Я. Цэвэл, Монгол хэлний товч тайлбар толь, Улсын хэвлэлийн хэрэг эрхлэх хороо, 1966.

Ш. Цэгмэд, Монгол орны Физик газарзүй 7, УБ, 1995.

Д. Цэдэв, Монголын соёлын түүх(1, 2), УБ, 1999.

Ж. Цэрэннадмид, Гал зул цай, УБ, 1999.

Д. Цэрэнсодном, Монгол ардын домог үлгэр, УБ, 1989.

Д. Цэрэнсодном, Монгол нууц товчоо, УБ, 2000.

Г. Цэрэнханд, "Гал голомт эрхэмлэх монгол ёсон", Сибир болон Монголын ард түмний угсаатны зүй,
УБ, 2000.

Х. Чагдаа, Малчин ардын уламжлалт хүмүүнлэг сайхан жаран заншил, тэргүүн дэвтэр, УБ, 2007.

Б. Чадраа, Монголын нэвтэрхий толь(1, 2), УБ, 2000.

Г. Чингэл, Ч. Арьяасүрэн бусад, Чингис хааны тухай товч тайлбар толь, УБ, 1992.

Ц. Шагдарсүрэн, Монголчуудын утга соёлын товчоон, ШУА-ийн Эрдэм пүүс, 1991.

Ш. Шагдар, Монгол орноор жуулчлах зуун зам, УБ, 2001.

Х. Шаравдорж, Монгол гэр, УБ, 1999.

Н. Эрдэнэцогт, Монголын нүүдлийн мал аж ахуй, УБ, 1998.

Ж. Чойнхор, Занабазар, УБ, 1995.

Монгол улсын үндэсний статистикийн хороо, Монгол улсын статистикийн эмхэтгэл, 2011, 2012.

강톨가 외 지음, 김장구·이평래 옮김, 『몽골의 역사』, 동북아역사재단, 2009.

김태곤 외 편저, 『한국의 신화』, 시인사, 1998 4쇄.

박원길, 『유라시아 초원제국의 역사와 민속』, 민속원, 2001.

이규보, 『동명왕편』, 을유문화사, 1974.

이무열, 『세계사 작은 사전』, 가람기획, 1999.

이안나, 『몽골 민간신앙 연구』, 한국문화사, 2010.

돌람. 이스, 다욱도르지 체 외, 이안나 역, 『현대몽골시선집』, 문학과 지성사, 2003.

라츠네프스키, 김호동 역, 『칭기스칸』, 지식산업사, 2002.

데. 마이달, 엔. 츄르템, 김귀산 역, 『몽고문화사』, 동문선, 1991.

진 쿠퍼, 이윤기 옮김, 『세계 문화 상징사전』, 까치, 2000.

데. 체렌소드놈, 이안나 옮김, 『몽골인의 기원신화』, 울란바타르대학출판부, 2001.

"몽·한 타임스", 2000년 2월 11호.

"잡지 위대한 민족" 통권4, 울란바타르, 2005.

『한몽 어휘집』, 몽골국립대 국제관계대학 한국학과, 1999.

한국문화 상징사전, 동아출판사, 1996.

찾아보기